KB059648

THE
RUSSIAN
REVOLUTION

BY
SHEILA FITZPATRICK

러시아혁명

1917-1938

쉴라 피츠패트릭 지음
고광열 옮김

THE
RUSSIAN
REVOLUTION

BY

SHEILA
FITZPATRICK

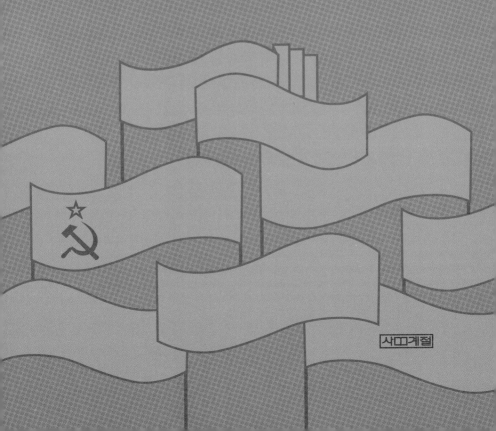

사계절

러시아혁명과 적백 내전
(1905~1922)

무르만스크

아르한겔스크

페름
예카테린부르그

페트로그라드

모스크바

카잔

사마라

브레스트리토프스크

옴

키예프

차리친

로스토프

타슈켄트

- - - - 1905~1917년의 국경선

▦ 1918년 브레스트리토프스크 조약으로 상실한 영토

■ 1919년 10월의 볼셰비키 점령 지역

☆ 볼셰비키의 봉기 지역(1917~1918)

✸ 적백 내전의 주요 전장

↖ 백군과 연합군의 진격로(1918~1920)

↖ 볼셰비키의 진격로(1918~1920)

━ 1922년의 국경선

╋╋╋ 시베리아 횡단 철도

보시비르스크

이르
쿠츠크

블라디보스토크

차례

일러두기

1. 이 책의 러시아어 고유명사 번역은 모두 국립국어원의 외래어표기법 중 러시아어 표기 세칙을 따랐다. 단, 논쟁이 있는 어말무성음화, 무성 자음 앞의 파열음·마찰음 표기법, 연음 부호 표기법은 따르지 않았다.
2. 동유럽의 도시명의 경우 20세기의 역사적 격변 때문에 하나의 언어로 정해서 표기하기에는 무리가 있다. 원칙적으로 현재 그 도시가 위치한 나라의 언어로 표기하되, 러시아어 지명이 더 유명한 경우는 주석에서 설명한다.
3. 러시아·소련 행정구역에는 다음과 같은 번역어를 적용했다; губерния: 도道, область: 주州, край: 지역.
4. 러시아·소련 국가 행정조직에는 다음과 같은 번역어를 적용했다; союз: 연맹, совет: 회의, комитет/комиссия: 위원회, народный комиссариат: 인민위원부, министерство: 부部, бюро: 국局, управление: 실室, отдел: 처處.
5. 지은이가 단 주석은 미주로, 옮긴이가 추가한 주석은 각주로 달았다.

서문

　1972년 미국의 닉슨 대통령*이 중국을 방문했을 때 거의 두 세기 전에 일어난 프랑스혁명이 화제에 올랐다. 이때 저우언라이 총리**는 프랑스혁명의 영향을 평가해달라는 질문을 받고 아직 답하기는 이르다고 대답했다. 나중에야 저우언라이가 질문의 '프랑스혁명'을 1968년에 파리에서 일어난 사건***으로 오해하고 '답하기 이르다'라고 말한 것이 밝혀졌지만, 어쨌든 이 대답은 현답賢答이었다. 중대한 역사적 사건이 끼친 영향을 이야기하기엔 **언제나** 너무 이르다. 그 영향이 한 시대에 머무르지 않고 우리의 현재

---

*　Richard Milhous Nixon(1913~1994). 1969년부터 1974년까지 미국의 제37대 대통령으로 재임했다. 닉슨은 1972년에 미국 대통령으로서는 처음으로 중국을 방문하여 미중 국교 정상화의 길을 열었다. 민주당 선거운동 본부를 도청하려 하다가 발각되어 이를 은폐하려 한 워터게이트 사건으로 사임했다.

**　周恩來(1898~1976). 1949년부터 1976년까지 중화인민공화국 제1대 총리를 역임했다. 1920년대부터 공산당 활동에 매진했으며, 중화인민공화국 수립 이후에는 외교부장을 겸임하고 1954년 제네바 회의와 1955년 반둥 회의에도 참석했다. 1970년대에는 미중 국교 정상화를 시도하여 1972년 닉슨과 마오쩌둥 사이의 정상회담을 성사시킨다.

***　68운동, 혹은 68혁명이라고도 한다. 샤를 드골Charles de Gaulle 정부의 실정에 맞서서 대규모 저항운동과 총파업 투쟁이 벌어졌으며 대학과 공장 점거가 프랑스 전역에 만연했고, 결국 드골 정권을 무너뜨렸다. 그러나 68혁명은 더 넓은 의미에서 1968년을 전후로 전 세계에서 일어난 여러 운동과 혁명을 하나로 묶어서 표현하는 용어이기도 하다. 정치 질서나 경제 질서의 변화에는 유의미한 영향을 끼치지 못했지만, 권위주의나 기존 사회질서의 붕괴에는 커다란 영향을 끼쳤다.

상황과 과거의 변화를 바라보는 관점에 따라 계속 변하기 때문이다. 러시아혁명의 영향도 역시 그렇다. 러시아혁명의 기억은 그동안 숱한 부침을 겪었고, 미래에는 더욱 그럴 것이다. 이 책의 제2판(1994)은 1991년 말 공산주의 체제의 몰락과 소비에트연맹*의 해체라는 파란만장한 사건이 지나간 뒤에 등장했다. 이 사건은 러시아혁명을 연구하는 역사가에게 다양한 영향을 미쳤다. 예전에는 접근하기 힘들었던 문서보관소가 개방되고 서랍장에 숨겨놓았던 회고록이 공개되면서, 스탈린** 시대와 소련에서 있었던 탄압의 역사가 담긴 온갖 종류의 새로운 사료가 흘러넘치게 됐다. 그 결과 국제 학계와 다시 관계를 맺은 역사가(소련 해체 이후의 러시아인 학자들도 여기에 포함된다)들은 특히 1990년대부터 2000년대 초까지 새로운 결실을 거뒀다. 제3판(2008)의 확장된 참고문헌 목록에는 이렇게 만들어진 최신 정보를 반영했다. 이제 제4판의 출간과 더불어 러시아혁명은 100주년을 맞이했다. 재평가가 필요한 시간임은

---

* 소비에트사회주의공화국연맹Союз Советских Социалистических Республик. 한국에서는 '연맹'을 '연방'이라고 번역해왔지만, 역사가 E. H. 카가 말했듯이, 러시아어 소유즈союз는 '동맹alliance'과 '연합union'의 의미를 같이 지니며, '연방federation'이라는 의미는 전혀 없다. 한국에서 연방이라는 번역을 채택한 것은 일본의 영향으로 보이며, 중국에서는 연맹联盟으로 정확히 번역한다. 소련은 1917년 10월 혁명 이후 수립된 러시아사회주의소비에트연방공화국과 우크라이나·벨라루스·자카프카지예, 네 개의 소비에트사회주의공화국의 연맹으로 1922년 12월 30일에 수립됐다. 소련의 구성국은 1956년에 최종적으로 15개국이 됐고 해체 때까지 이어졌다.

** Иосиф Виссарионович Сталин(1878~1953). 그루지야의 혁명가이자 소련의 정치가. 본래 이름은 그루지야어로 이오세브 베사리오니스 제 주가슈빌리 იოსებ ბესარიონის ძე ჯუღაშვილი이다. 어릴 때 신학교에 다니다가 공산주의 사상에 빠져 볼셰비키당에 가입했다. 1922년부터 당 서기장 지위에 올랐으며, 1924년 레닌 사후 당내 권력투쟁을 거쳐 당-국가의 최고 권력을 장악했다. 1922년부터 1952년까지 소련공산당 중앙위원회 서기장을 맡았으며, 1941년부터 1953년까지는 정부 수반인 인민위원회의(1946년부터 장관회의) 의장을 맡았다.

명백하다. 그러나 기묘하게도 러시아에서는 그들의 혁명을 재평가하려는 열의가 거의 없다. 소련 해체 이후 러시아는 새로운 민족 정체성의 기반으로 삼을 과거를 필요로 한다. 문제는 혁명을 어떻게 여기에 딱 끼워 맞추느냐이다. 현대 러시아인들은 스탈린에 대해서는 제2차 세계대전에서 러시아(소련)를 대승리로 이끌고 전후에 그들을 초열강의 지위로 올려놓은 국가 건설자로 상대적으로 쉽게 이해할 수 있다. 그러나 러시아인들이 레닌과 볼셰비키를 어떻게 받아들여야 할지 이해하기란 그리 쉽지 않다.

　러시아인과 그 밖의 옛 소련 시민들은 소련이 붕괴되자 러시아혁명의 의미를 근본적으로 재검토해야 했다.[1] 과거에 러시아혁명은 세계 '최초의 사회주의 국가'를 건설하기 시작한 기념비적인 사건이었지만, 이제는 이후 74년간 러시아가 잘못된 방향으로 나아가도록 만든 사건으로 평가된다. 서양의 역사가들은 러시아혁명의 의미를 다시 쓸 필요는 없었지만, 그들이 혁명을 바라보는 관점은 소련이 붕괴되고 냉전이 끝나면서 미묘하게 바뀌었다. 러시아혁명에 대한 지적 재조정은 아직 끝나지 않았다. 그러나 한 가지는 확실하다. 러시아혁명은 그 의의에 관심을 두는 한 의미를 확정하기엔 여전히 너무 이르고, 러시아혁명을 계속 진지하게 다루는 이상 근대 유럽사 및 세계사의 분수령으로 항상 존재할 것이다. 나는 이 책에서 혁명을 이야기하려 하고, 당시 혁명에 직접 투신했던 이들이 본 쟁점을 명확히 하려 한다. 러시아혁명의 의미는 프랑스혁명의 의미처럼 끝없이 논쟁의 대상이 될 것이다.

혁명의 기간

혁명은 복잡한 사회적·정치적 격변이기에, 혁명을 연구하는 역사가들은 가장 기본적인 여러 질문, 즉 원인, 목표, 사회에 미친 영향, 정치적 결과, 그리고 심지어 혁명 자체의 기간을 놓고 견해를 달리하기 마련이다. 러시아혁명의 경우 시작점은 이견이 없다. 거의 모두가 황제 니콜라이 2세*를 끌어내리고 임시정부를 수립한 1917년 '2월 혁명'[2]을 그 시작점으로 본다. 그렇다면 러시아혁명은 언제 끝났는가? 볼셰비키가 권력을 장악한 1917년 10월인가, 아니면 1920년 내전**에서 볼셰비키가 승리했을 때인가? 스탈린의 '위로부터의 혁명'은 러시아혁명의 일부였는가? 혁명이 소비에트 국가Soviet state가 존재하는 동안 계속 이어졌다는 시각을 취해야만 하는가?

크레인 브린턴***은 『혁명의 해부The Anatomy of Revolution』에

---

* 니콜라이 알렉산드로비치 로마노프Николай Александрович Романов(1868~1918)는 1894년부터 1917년까지 러시아제국의 마지막 황제로 재위했다. 1905년 혁명이 일어나자 입헌정치를 약속했지만 지키지 않았다. 1차 세계대전 중에는 최고사령관으로 직접 전쟁을 지휘하려고 수도를 자주 비웠다. 2월 혁명으로 퇴위한 이후 가족과 함께 여러 장소에 감금되었고 최종적으로 우랄산맥의 도시 예카테린부르그로 옮겨졌다. 백군이 니콜라이를 구출하려 한다는 소문이 돌자, 우랄 소비에트는 니콜라이와 그 가족을 모두 총살했다.

** 적백내전赤白內戰. 10월 혁명 이후 볼셰비키가 권력을 장악하자, 옛 러시아제국 영토에서 발생한 내전. 붉은색은 볼셰비키를 상징했고, 흰색은 느슨한 반볼셰비키 연합군을 상징했다. 그러나 미국, 영국, 일본 등을 포함한 외국 군대가 개입하고, 우크라이나 민족주의 녹군, 탐보프 일대의 청군, 우크라이나 무정부주의 흑군이 개입하는 등 전쟁의 양상이 매우 복잡했다. 1920년 말이 되면 볼셰비키의 승리가 확실해졌으나, 여러 잔존 세력들의 청산은 몇 년이 더 걸렸다.

*** Crane Brinton(1898~1968). 프랑스혁명 시기를 전공한 미국 역사학자이다. 1923년에 옥스퍼드대학에서 박사학위를 받고 같은 해에 하버드대학 교수로 부임했다. 1963년에는 미국 역사학회American Historical Association 회장직을 맡기도 했다.

서 혁명에는 수명 주기가 있다고 주장했다. 급진적으로 변모하려는 열정과 열의가 최고조에 도달할 때까지 증가하는 국면을 통과하고 나면, 미몽에서 깨어나 혁명의 활력이 쇠퇴하고 점진적으로 질서와 안정을 복구하는 '테르미도르'[*] 국면으로 나아간다는 것이다.[3] 러시아 볼셰비키[**]는 브린턴이 혁명 연구의 모델로 삼았던 프랑스혁명을 기억하고 있었고, 자신들의 혁명이 테르미도르처럼 퇴보할까봐 두려워했다. 그리고 내전이 끝나갈 무렵 볼셰비키는 그 퇴보의 단계가 도래한 것은 아닌지 의심했다. 왜냐하면 이미 1921년에 경제 붕괴를 막으려고 신경제정책(네프)[***]을 도입하는 '전략적 후퇴'를 할 수밖에 없었기 때문이다.

1920년대 말에 러시아는 또 다른 격변에 뛰어들었다. 스탈린이 주도한 '위로부터의 혁명'이다. 그는 1928년부터 공업화 추진, 농

---

[*]   Thermidor. 원래 테르미도르는 프랑스혁명기에 나타난 혁명력의 제11번째 달을 의미하는 말이다. 한국어로는 열월熱月로 번역한다. 테르미도르는 7월 19일 혹은 20일에 시작해 8월 17일 혹은 18일에 끝난다. 혁명력 제2년 테르미도르 9일(1794년 7월 27일)에 프랑스혁명의 지도자 막시밀리앵 로베스피에르와 21명의 동료들이 체포됐고, 프랑스혁명을 사실상 종결시킨 이 사건을 '테르미도르의 반동'이라 부른다. 이후 테르미도르는 혁명에서 급진 목표나 전략에서 후퇴하게 만드는 사건이나 행위를 의미하게 됐다.
[**] большевики. 러시아사회민주노동당에서 1903년 제2차 당대회 이후 떨어져 나온 분파. 그 뜻은 러시아어 다수большинство에서 유래했다. 복수형 표현이며, 단수형은 볼셰비크 большевик이다. 주요 지도자는 레닌이었으며, 민주집중제 원칙에 따라 활동했다. 볼셰비키는 권력을 잡은 직후인 1918년 이름을 러시아공산당(볼셰비키)로 바꿨으며, 1925년에는 다시 그 이름을 전연맹공산당(볼셰비키)로 바꿨다. 1952년에는 마지막으로 명칭을 소련공산당으로 바꾸면서 괄호를 떼어냈다. 볼셰비키의 사상과 관행을 볼셰비키주의라 한다.
[***] Новая экономическая политика. 내전 기간에 볼셰비키가 유지했던 전시 공산주의 정책을 폐기하고 1921년에 새로 도입한 경제정책. 신경제정책의 골자는 레닌이 '국가자본주의'라고 묘사한 혼합경제 방식으로, 자유시장과 사적 거래를 허용하고 소매업이나 경공업 분야에서 사적 소유와 경영을 허가하지만 주요 기간산업은 국가의 통제 아래 놓았다. 농민들에게 가혹했던 현물세가 폐지되고, 잉여 곡물을 시장에서 판매하는 일이 허용되기도 했다.

업집단화, 옛 인텔리겐치아*를 직접 겨냥한 '문화혁명'을 목표로 제1차 5개년 계획을 추진하기 시작했다. 이때 러시아 사회가 받은 충격은 1917년 2월 혁명과 10월 혁명, 1918~1920년의 내전 때 받은 충격보다 훨씬 컸다. 혁명적 열정과 호전성의 퇴조, 질서와 안정을 복구하려는 여러 새로운 정책, 전통적 가치와 문화의 부흥, 새로운 정치적·사회적 구조의 공고화 등 고전적 테르미도르의 징후는 이 격변이 지나가고 난 1930년대 초가 되어야 식별할 수 있었다. 그러나 테르미도르조차도 혁명의 끝은 아니었다. 스탈린은 1937~1938년의 대숙청 시기에 혁명 초기에 몰아쳤던 혁명적 테러보다 더 엄청난 박해를 가해 수많은 고참 볼셰비키** 혁명가를 숙청했고, 정치·행정·군사 엘리트를 대거 교체했다. 또한 이 시기에 100만 명이 넘는 사람들이 죽거나 굴라그***에 수감됐다.[4]

러시아혁명의 기간을 정할 때 첫 번째 쟁점은 1920년대의 네프

---

* интеллигенция. 지식인이나 교양인을 일컫는 인텔리겐치아는 러시아에서 독특한 의미를 갖게 되었다. 러시아에서 인텔리겐치아는 기존 체제를 비판하고 그들과 화합을 거부하며, 새로운 사회를 만들겠다는 책임 의식을 지닌 사람들이었다. 러시아 인텔리겐치아는 인민의 희생으로 문화와 교육을 습득했다는 부채 의식이 있었다. 그래서 그들은 인민들에게 그 빚을 갚아야 한다는 생각에 경도되었고, 그 방식은 인민에게 무엇이 그들에게 진정한 이익인지를 알려줘서 사회주의 사회로 나아가게 하는 것이었다. 인텔리겐치아의 사상은 인민주의와 '인민 속으로' 운동으로 이어지면서 러시아 사회를 뒤흔들게 된다.
** Old Bolsheviks. 1917년 러시아혁명이 있기 전부터 볼셰비키당원이었던 사람들을 가리키는 비공식 표현이다. 혁명 이후에 가장 먼저 사망한 저명한 고참 볼셰비크는 1919년에 병사한 야코프 스베르들로프Яков Свердлов이고, 가장 늦게까지 살아남은 고참 볼셰비크는 라자르 카가노비치로 1991년 8월, 소련 붕괴를 불과 몇 달 앞두고 97세의 나이로 사망했다.
*** Главное управление лагерей, ГУЛАГ. 교정 노동 수용소. 볼셰비키는 범죄자를 노동으로 교화해서 사회주의적 인간으로 다시 태어나게 할 수 있다고 믿었다. 이는 인종 절멸을 목표로 한 나치 강제수용소와는 전혀 다르다. 1920년대 말 공업화 추진 이후로 굴라그 수감자의 강제 노동은 소련 경제 발전에서 중요한 한 축을 차지했다. 인간 개조와 노동 생산성 제고라는 굴라그의 두 축은 일종의 길항 관계로서 이후 굴라그의 역사에서 큰 부분을 차지했다.

라는 '전략적 후퇴'의 성격이다. 네프는 혁명의 끝이었는가, 아니면 끝이라고 여겨진 것인가? 1921년에 볼셰비키는 혁명적 공격을 재개하는 힘을 모으기 위해 이 정책을 도입한다고 공언했지만, 혁명적 열정이 가라앉으면 볼셰비키의 의도가 변할 가능성이 상존했다. 일부 학자들은 (1924년에 죽은) 레닌*이 본인의 만년에 러시아가 사회주의로 더욱 진보하려면 점진적으로 주민들의 문화 수준을 높이는 방법을 병행해야 한다고 믿게 됐다고 생각한다. 그럼에도 러시아 사회는 네프 시기 내내 불안정했고, 당의 분위기도 여전히 공격적이고 혁명적이었다. 볼셰비키는 반혁명을 두려워했고, 국내외 '계급의 적'들의 위협에 정신이 팔렸으며, 네프에 대한 불만과 혁명의 최종 결과물로 네프를 받아들이기가 꺼림칙함을 걸핏하면 드러냈다.

두 번째 쟁점은 1920년대 후반에 네프를 끝내버린 스탈린의 '위로부터의 혁명'이 지닌 성격이다. 일부 역사가들은 스탈린의 혁명과 레닌의 혁명 사이에 진정한 연관성이 있다는 생각을 거부한다. 또 다른 역사가들은 스탈린의 '혁명'이 혁명이라는 이름을 받을 가치가 없다고 생각하는데, 스탈린 '혁명'은 대중 봉기가 아니라 오히려 사회의 급진적 변모를 목표로 집권당이 사회를 공격한

---

* Владимир Ильич Ленин(1870~1924). 러시아의 혁명가이자 정치가. 본명은 울랴노프 Ульянов이다. 1890년대부터 마르크스주의 혁명 활동에 투신했다. 1898년부터 러시아사회민주노동당에서 활동했으며, 1903년 사회민주노동당이 볼셰비키와 멘셰비키 분파로 쪼개지는 데에 일조했다. 주로 외국에서 망명 생활을 하면서 볼셰비키당을 이끌었으며, 1917년 2월 혁명이 터지자 러시아로 돌아와서 사회주의혁명을 촉구하는 4월 테제를 발표했다. 그 이후에 볼셰비키당을 10월 혁명으로 이끌었으며, 혁명 이후에는 신생 소비에트 국가의 정부인 인민위원회의 의장을 맡았다.

행위에 더 가깝다고 믿기 때문이다. 이 책에서 나는 레닌의 혁명과 스탈린의 혁명 사이에 연속성이 있다는 주장을 따라간다. 러시아혁명에 스탈린의 '위로부터의 혁명'을 포함해야 하는가는 역사가들이 의견을 달리할 수도 있는 문제이다. 그러나 여기서 쟁점은 1917년과 1929년이 닮았는지 여부가 아니라, 과정의 일부였는지 여부이다. 우리는 나폴레옹*의 혁명전쟁을 프랑스혁명의 일반 개념에 포함할 수 있다. 나폴레옹전쟁이 1789년의 정신을 구현하지 않았다고 생각할지라도 말이다. 러시아혁명에도 유사한 접근법이 합당해 보인다. 혁명의 기간은 구체제가 몰락하고 신체제가 공고화되는 사이에 나타나는 격변과 불안정성의 시기와 거의 동일하다. 1920년대 말 러시아에는 새로운 체제의 윤곽이 아직 나타나지 않았다.

혁명의 기간을 가늠하는 마지막 쟁점은 1937~1938년의 대숙청을 러시아혁명의 일부로 간주해야 하는지 여부이다. 대숙청은 혁명적 테러였는가? 아니면 기본적으로 다른 유형의 테러, 아마도 확고히 뿌리내린 체제 전체의 목적에 도움이 되는 전체주의 테러였는가? 내 생각으로는 이 두 정의 모두 대숙청을 충분히 설명하지 않는다. 대숙청은 혁명과 혁명 이후 스탈린주의 사이에 자리잡은 독특한 현상이었다. 대숙청은 수사법修辭法이나 목표, 눈덩이처

---

* Napoleon Bonaparte(1769~1821). 1804년부터 1814년까지, 그리고 1815년에 잠시 프랑스의 황제였다. 육군 포병으로 군 생활을 시작한 나폴레옹은 프랑스혁명전쟁에서 승승장구하며 진급했다. 1799년 브뤼메르Brumaire 18일 쿠데타로 총재정부Directoire를 전복하고 통령정부Consulat를 수립한 뒤, 1804년에는 제1제정을 수립하고 황제가 됐다. 1803년부터 유럽의 강대국들과 전쟁을 벌여 승승장구했으나, 러시아 원정에서 실패하고 워털루 전투에서 최종적으로 패배한 뒤 유배지에서 삶을 마쳤다.

럼 커지는 진행 과정을 본다면 혁명적 테러였다. 그러나 대숙청은 구조가 아니라 개인을 파괴했고 지도자 개인에게는 위협이 되지 않았다는 점에서 전체주의 테러였다. 스탈린이 추동한 국가 테러였다는 사실 때문에 대숙청이 러시아혁명의 일부가 될 자격을 빼앗기지는 않는다. 예컨대 무엇보다 1794년의 자코뱅* 테러에도 같은 설명을 적용할 수 있기 때문이다.[5] 두 사건 사이의 또 다른 중요한 유사성은 두 경우 모두 주요 파괴 대상이 혁명가였다는 점이다. 극劇을 극답게 완결하기 위해 프랑스혁명 이야기에 자코뱅 테러가 필요하듯이 러시아혁명 이야기에는 대숙청이 필요하다.

이 책에서 러시아혁명의 기간은 1917년 2월부터 1937~1938년 대숙청 시기까지로 잡는다. 1917년 2월과 10월 혁명, 내전, 네프라는 막간, 스탈린의 '위로부터의 혁명', 혁명의 '테르미도르적' 여파, 대숙청으로 이어지는 20년의 시간을 각 장에 소개한다. 그 20년이 끝날 무렵 혁명의 활력은 철저히 소모됐고, 사회는 기진맥진했으며, 집권 공산당[6]조차 격변에 지쳐서 '정상으로 돌아가기'라는 보편적 갈망을 공유했다. 그러나 여전히 정상상태에 도달하기는 어려웠다. 독일의 침공과 2차 세계대전이 대숙청 이후 몇 년 안 되어 찾아왔기 때문이다. 전쟁으로 더한 격변이 일어났지만, 적어도 소련의 1939년 이전 영토에 관해서만큼은 혁명 때처럼 혼란스럽지 않

---

* Jacobins. 프랑스혁명에서 가장 영향력 있었던 급진 정치 세력으로, 1789년에 창설됐다. 원래는 자코뱅 클럽이라는 다양한 정치색을 띤 모임이었으나, 1791년 7월에 입헌군주제 지지 세력인 푀양파Feuillants가 떨어져나가고, 혁명전쟁 문제를 놓고 산악파Montagne와 지롱드파Gironde로 다시 분열했다. 1793년 6월 2일 파리 시민들의 봉기로 지롱드파가 축출당하고 권력을 잡은 산악파는 공안위원회를 중심으로 한 공포정치를 펼치는 동시에 여러 사회 개혁 조치들을 취했다. 1794년 7월 27일 테르미도르 봉기로 몰락했다.

왔다. 소비에트 역사에서 혁명 이후 새 시대가 시작된 것이다.

혁명을 다루는 저작들

혁명은 격렬한 이념 논쟁을 불러일으키는 주제이다. 예를 들어 1989년 프랑스혁명 200주년에는 일부 학자와 평론가가 혁명을 역사의 쓰레기장*으로 던져넣으면서 오랫동안 이어진 해석 투쟁을 끝내려고 맹렬하게 시도했다. 러시아혁명에 관한 역사 서술은 프랑스혁명보다 더 짧은데, 십중팔구 우리가 프랑스혁명보다 한 세기 반은 덜 썼기 때문일 것이다. 나는 이 책의 참고문헌 목록에 최근의 학술 저작을 담는 데 집중했다. 이는 지난 10~15년간 서양에서 러시아혁명을 다룬 학문의 성과가 급성장했음을 반영한 것이다. 이제부터 나는 시간이 흐르면서 나타난 역사적 관점의 가장 중요한 변화를 간략하게 서술하고, 러시아혁명과 소련의 역사를 다룬 일부 고전 저작의 특징을 묘사할 것이다.

2차 세계대전 이전까지는 서양 역사가들이 쓴 러시아혁명 저작이 별로 없었다. 대신 혁명을 눈으로 직접 목격한 이들이 남긴 훌륭한 서술과 회고록은 많았는데, 존 리드**의 『세계를 뒤흔든 열흘

----

* 트로츠키가 10월 혁명 당시 열린 제2차 전소러시아소비에트대회에서 볼셰비키의 봉기에 반대하는 비볼셰비키 정당 대표들에게 역사의 쓰레기장으로 사라지라고 했던 표현의 활용.
** John Reed(1887~1920). 미국의 기자이자 사회주의 운동가. 1913년 멕시코에서 멕시코혁명 을 취재했으며, 다음 해에 1차 세계대전이 발발하자 유럽 여러 나라를 돌아다니며 전쟁의 참상을 경험했다. 1917년 8월 코르닐로프 쿠데타 실패 직후에 페트로그라드에 도착했다. 리드는 10월 혁명 당시 겨울 궁전이 함락될 때 그 자리에 있었다. 이후 미국으로 돌아와서

Ten Days that Shook the World』이 가장 유명하고, W. H. 체임벌린*과 루이스 피셔** 같은 기자가 쓴 역사책도 있다. 피셔가 소련 외교사를 내부자의 관점에서 다룬『세계 정세 속의 소련The Soviets in World Affairs』은 여전히 고전이다. 혁명을 해석한 책 가운데 가장 오랫동안 영향을 미친 것은 레프 트로츠키***가 쓴『러시아혁명사История русской революции』와『배반당한 혁명Преданная революция』이다.『러시아혁명사』는 그가 소련에서 추방된 이후에 쓴 첫 책으로, 정치적 논쟁보다는 참가자의 관점에서 혁명을 생생하게 묘사했다. 그는 이 책에서 마르크스주의**** 시각으로 1917년을 분석했다.『배반당한 혁명』은 1936년에 스탈린을 고발할 목적으로 쓴 책이다. 트로츠키는 이 책에서 신흥 관료 계급의 지지에 의존하고 관료의 부르주아적 가치를 반영하는 스탈린 체제를 테

공산노동당 창당에도 힘쓰는 등 급진 정치 활동에 적극적으로 참여했다.

* William Henry Chamberlin(1897~1969). 미국의 기자이자 역사가. 러시아와 우크라이나, 국제 정세에 관한 많은 저술을 남겼다. 1922년부터 1934년까지『크리스천 사이언스 모니터 The Christian Science Monitor』의 모스크바 특파원을 지냈다.

** Louis Fischer(1896~1970). 미국의 기자.『뉴욕 이브닝 포스트New York Evening Post』의 특파원으로 1921년에 독일로 건너갔고, 그다음 해에는 모스크바로 갔다. 이후 줄곧 소련에 머물면서 여러 저작을 남겼다. 1938년에 미국으로 돌아왔고, 죽을 때까지 프린스턴대학에서 소련을 주제로 강의했다.

*** Лев Давидович Троцкий(1879~1940). 본명은 브론슈테인Бронштейн이다. 초기에는 멘셰비키로 알려졌고, 2월 혁명 이후 볼셰비키당에 가입했다. 10월 혁명 이후 소비에트 러시아의 외무인민위원을 거쳐 육해군인민위원을 맡으며 내전에서 볼셰비키의 승리를 이끌었다. 권력 투쟁에서 스탈린에게 패배하고 소련에서 추방된 이후, 멕시코에서 암살됐다.

**** Marxism. 카를 마르크스Karl Marx(1818~1883)와 프리드리히 엥겔스Friedrich Engels (1820~1895)에게서 유래한 사상이다. 마르크스주의 시각에 따르면 모든 역사는 착취계급과 피착취계급 사이에 계속된 계급투쟁으로, 자본주의 사회에서는 생산수단을 소유한 유산자인 부르주아지와 생산수단이 없는 프롤레타리아트 사이의 계급투쟁으로 나타난다. 이 투쟁은 노동자계급의 혁명으로 이어져 부르주아지의 생산수단을 몰수하고 사회주의경제 체제를 건설하는 프롤레타리아트 독재의 수립으로 나아가게 된다.

르미도르 체제로 묘사한다.

전쟁 이전 소련의 역사서 중에서 가장 중요한 저작은 스탈린의 엄격한 감독하에 1938년에 출간된 악명 높은 『소련공산당사 단기 강좌Краткий курс истории ВКП(б)』이다. 제목에서 추측할 수 있듯이 이 책은 학술서가 아니다. 이 책은 소련사의 모든 문제를 다루는 올바른 '당의 노선', 즉 공산주의자라면 모두 받아들여야 하고 모든 학교에서 가르쳐야 하는 정설을 규정하려 했다. 이 책은 차르* 체제의 계급적 성격과 내전에서 붉은 군대가 승리한 이유에 서부터 '유다 트로츠키'가 이끌고 외국 자본주의 열강이 지원하는 소비에트 권력 전복 음모에 이르는 내용을 다룬다. 『단기 강좌』 같은 저작은 소비에트 시기를 다루는 창의적 학술 연구를 할 여지를 거의 남겨두지 않았다. 엄격한 검열과 자기 검열은 소련 역사학계의 풍조였다.

1930년대에 소련에서 확립된 이래 최소한 1950년대 중반까지 그 권위를 인정받은 볼셰비키 혁명에 대한 해석을 마르크스주의적 공식 해석이라고 표현할지도 모른다. 이 해석의 핵심은 10월 혁명이야말로 볼셰비키당이 프롤레타리아트**의 전위 역할을 했던 진정한 프롤레타리아혁명이었다는 것이다. 그리고 혁명은 시기상 조도 우연도 아니었으며, 혁명 발발은 역사법칙이 좌우했다. 중요

---

* цар. 러시아나 불가리아 등 동유럽 국가에서 전통적으로 군주를 부르는 호칭이다. 러시아에서는 1547년 이반 4세가 친정을 시작하면서 러시아 군주의 칭호로 처음 사용됐다. 1721년 표트르 대제는 러시아 군주의 칭호를 라틴어에서 온 임페라토르император로 변경했으나, 차르 역시 병용됐다.

** proletariat. 고대 로마에서 무산계급을 뜻하던 프롤레타리우스proletarius에서 온 말로, 자본주의 사회에서 생산수단 없이 자신의 노동력을 팔아 생활하는 노동자계급을 말한다.

하지만 대개 막연한 이 역사법칙들закономерности은 소련 역사에서 모든 것을 결정했으며, 이는 모든 정치적 결정이 옳았다는 주장의 근거가 되었다. 레닌, 스탈린, 젊어서 죽은 소수를 제외한 모든 혁명 지도자가 혁명의 배반자였던 것으로 드러났다. 그들이 '존재하지 않는 사람', 즉 공식적으로 언급할 수 없는 사람이 됐기에, 진정한 정치사는 쓰이지 않았다. 사회사는 사실상 단독 행위자이자 주체인 노동계급, 농민계급, 인텔리겐치아와 같은 계급 용어로 쓰였다.

서양에서 소련사는 2차 세계대전 이후에야, 주로 적을 알아야 한다는 냉전의 맥락에서 큰 관심의 대상이 됐다. 관심의 바탕에는 조지 오웰*의 『1984』와 아서 케슬러**의 『한낮의 어둠Darkness at Noon』(1930년대 후반의 고참 볼셰비키 대숙청 재판을 다룬다)이 있었다. 그러나 학술 분야에서는 미국의 정치학이 우세했다. 나치 독일과 스탈린의 러시아를 다소 악마로 묘사하면서 두 체제를 융합한 전체주의 모형이 가장 인기 있는 해석 틀이었다. 전체주의 모형은 전체주의 국가와 '통제 수단'의 전능함을 강조했고, 이념과 선전에 상당한 관심을 기울였으며, (전체주의 국가 때문에 수동적이고 파편화한 듯 보이는) 사회 영역은 대개 무시했다. 서양 학자 대부분은 볼셰

---

* George Orwell(1903~1950). 본명은 에릭 아서 블레어Eric Arthur Blair로 영국 작가이자 언론인이다. 공산주의 사회를 비판했다는 『동물농장』으로 잘 알려져 있으나, 오웰 자신은 무정부주의적 성향의 사회주의자였고, 소설의 풍자 대상도 공산주의 사회뿐만 아니라 근대 사회 전체였다.

** Arthur Koestler(1905~1983). 헝가리에서 태어난 영국 작가 겸 기자이다. 부다페스트에서 태어나 오스트리아에서 교육받았다. 1931년부터 1938년까지 독일공산당에서 활동했다. 2차 세계대전이 발발하자 영국으로 건너가 왕성한 활동을 펼쳤다.

비키 혁명이 어떠한 대중의 지지나 합법성도 지니지 못한 소수파 정당의 쿠데타였다는 견해에 동의했다. 그들은 소련 전체주의의 기원을 해명하려고 혁명과 혁명 이전의 볼셰비키당의 역사를 연구했다.

1970년대까지 러시아혁명을 포함한 소련사 연구에 뛰어든 서양 역사가는 거의 없었다. 이 주제가 정치적으로 꽤 부담스러웠고, 러시아 문서보관소와 1차 사료에 접근하기 어려웠다는 점도 장애물이었다. 두 명의 영국 역사가가 쓴 선구적 저작은 언급할 가치가 있다. E. H. 카*의 『볼셰비키 혁명 1917-1923The Bolshevik Revolution 1917-1923』은 그가 쓴 『소비에트 러시아사A History of Soviet Russia』 시리즈의 첫 번째 책으로 1952년에 출간됐다. 아이작 도이처**는 트로츠키 전기의 첫 권인 『무장한 예언자The Prophet Armed』를 1954년에 출간했다.

소련에서는 1956년 제20차 당대회에서 흐루쇼프***가 스탈린을 고발한 이후 부분적 탈스탈린화가 진행되면서 러시아혁명의 역사적 재평가와 학문 수준의 제고 작업이 시작됐다. 문서보관소 자료

---

*   Edward Hallett Carr(1892~1982). 영국의 외교관 · 기자 · 역사가이다. 카는 1916년부터 20년간 외교관으로 일했고, 1919년 베르사유 평화회담에도 영국 대표로 참석했다. 1941년부터 1946년까지 『타임스』의 부편집장을 지내기도 했다. 카가 반평생을 바친 총 14권의 대저인 『소비에트 러시아사』의 첫 권은 피츠패트릭의 말과는 달리 1950년에 출간됐으며, 마지막 권은 1978년에 나왔다.

**   Issac Deutscher(1907~1967). 폴란드 태생의 기자이자 정치 활동가로, 2차 세계대전 발발과 함께 영국으로 이주했다. 마르크스주의자이자 헌신적 트로츠키주의자로서 스탈린과 트로츠키의 전기를 비롯한 많은 주요 저작을 남겼다.

***   Никита Сергеевич Хрущёв(1894~1971). 소련의 정치가. 공장과 광산에서 일하던 노동자 출신으로 1918년에 볼셰비키당에 가입해서 활동했다. 1953년 스탈린 사후에 소련공산당 제1서기가 됐고, 몇 년 동안 벌어진 권력투쟁에서 승리해서 소련의 최고 권력자가 됐다. 1956년 제20차 당대회에서 스탈린의 실정을 비판한 '비밀연설'을 하면서 '해빙оттепель' 정책을 통해 유화적 사회 분위기를 만들었으나, 1964년에 실각했다.

를 이용해서 1917년과 1920년대를 다룬 연구가 등장하기도 했다. 노동계급의 전위인 볼셰비키당의 지위 등 여전히 정론과 그에 따른 제약이 있었지만 말이다. 트로츠키와 지노비예프*처럼 그동안 '존재하지 않았던 사람'을 언급할 수 있게 됐지만, 오직 비난만 가능했다. 흐루쇼프의 비밀 연설은 역사가들에게 레닌과 스탈린을 떼어놓을 수 있는 중요한 기회를 제공했다. 개혁 지향적인 사고를 지닌 소련 역사가들은 다양한 영역에서 '레닌주의 원칙'이 스탈린 시기의 관행보다 더 민주적이었고 관대했으며 덜 억압적이고 덜 자의적이었다고 주장하면서 1920년대를 다루는 많은 책과 논문을 출판했다.

1960년대와 1970년대의 '레닌주의' 추세는 1971년에 로이 A. 메드베데프**의 『역사가 판단하게 하라: 스탈린주의의 기원과 결과Let History Judge: The Origins and Consequences of Stalinism』가 출간되면서 서양 독자들에게 알려졌다. 그러나 브레즈네프*** 시기의 분위기를 고려할 때 메드베데프는 스탈린을 너무 신랄하고

---

* Григорий Евсеевич Зиновьев(1883~1936). 러시아의 혁명가이자 정치가. 볼셰비키 지도자였으며 정치국원이었고 코민테른 집행위원회의 초대 의장이기도 했다. 레닌 사후 후계자를 둘러싼 승계 투쟁에서 스탈린에게 패배하며 모든 권력을 잃었다. 1936년 8월 모스크바 재판에서 스탈린과 다른 지도자들을 암살하려는 테러 조직을 만든 반혁명 혐의로 재판을 받고 처형당했다.

** Рой Александрович Медведев(1925~). 러시아의 저술가이자 반체제 역사가이다. 스탈린을 비판하는 저술을 출간해서 소련공산당에서 출당됐다. 1989년 복당해서 고르바초프 개혁으로 신설된 대의 기구인 인민대표대회Съезд народных депутатов СССР 의원에 선출되기도 했다.

*** Леонид Ильич Брежнев(1906~1982). 소련의 정치인. 1964년에 니키타 흐루쇼프를 실각시킨 후 소련공산당 중앙위원회 서기장이 되었다. 1982년까지 최고 권력자로서 소련을 통치했다. 브레즈네프는 흐루쇼프 시기에 시도된 여러 개혁을 중단했고, 스탈린 시기처럼 극단적이지는 않았지만 어느 정도 억압적인 정책을 펼쳐나갔다.

공공연하게 비판했기에, 자신의 저작을 소련에서는 출간할 수 없었다. 이 시기는 사미즈다트самиздат(소련에서 비공식으로 발행된 필사본)와 타미즈다트тамиздат(해외에서 불법으로 출판된 작품)가 꽃피는 시기였다. 이 시기에 출현한 가장 유명한 반체제 작가는 위대한 소설가이자 역사 논객인 알렉산드르 솔제니친*으로, 『수용소 군도 Архипелаг ГУЛАГ』는 1973년에 영어로 출간됐다.

1970년대에 서양 독자들이 소련의 반체제 학자가 쓴 저작을 읽기 시작했는데도, 소련에서는 러시아혁명을 다룬 서양의 학술 연구가 여전히 '부르주아적 왜곡'으로 취급됐고 사실상 금지됐다(로버트 컨퀘스트Robert Conquest의 『대테러The Great Terror』를 포함한 일부 저작은 솔제니친의 『수용소 군도』와 함께 비밀스럽게 유포됐지만 말이다). 시간이 흐르면서 서양 학자들의 연구 조건은 점차 나아졌다. 문서보관소 접근은 엄격하게 통제받았지만, 이제 소련에서 연구를 수행할 수 있었다. 서양의 많은 소련학자가 소련을 전혀 방문하지 못하거나, 방문하더라도 바로 간첩으로 추방되거나 각종 괴롭힘에 시달리던 때에 비해서 말이다. 1970년대 말부터 1980년대에 걸쳐 소련에서 문서보관소와 1차 사료에 접근하기가 수월해지면서, 서양의 수많은 젊은 역사가가 러시아혁명과 혁명의 여파를 연구하겠다고 결심했다. 이에 따라 미국 내 소련학 분야에서 역사, 특히 사회사가 정치학을 대신하기 시작했다.

---

* Александр Исаевич Солженицын(1918~2008). 러시아의 소설가. 1970년 노벨문학상을 수상했다. 소련 체제를 비판하는 여러 글을 출판해서 1974년 소련에서 추방됐으나 1994년 다시 러시아로 돌아왔다.

1990년대 초 러시아 문서보관소에 대한 접근 제한이 대부분 해제되고 이전에는 기밀로 취급되던 문서를 연구한 첫 저작들이 출현하기 시작하면서 새로운 학문의 장이 열렸다. 냉전이 끝나가면서 서양에서 소련사 분야는 정치색이 옅어졌다. 러시아 역사가와 그 밖의 소련 출신 역사가는 더 이상 서양 역사가와 분리되지 않았고, '소련', '망명', '서양' 학계라는 오래된 구분법은 대개 사라졌다. 러시아와 그 바깥 세계에서 가장 영향력 있던 학자 중에는 모스크바에서 활동하는 '러시아인(정확히는 우크라이나 출신)'으로 문서보관소 자료를 바탕으로 정치국*을 연구한 선구자 올레그 흘레브뉴크**와 모스크바에서 태어난 이민자 출신으로 1980년대부터 미국에 살았으며 『유대인의 세기 *The Jewish Century*』로 혁명기 유대인의 처지와 소비에트 인텔리겐치아를 두드러지게 재해석한 유리 슬료즈킨***이 있다.

문서보관소 사료를 발굴해서 쓴 레닌과 스탈린의 전기가 등장했고, 많은 역사가가 예전에는 문서보관소 자료에 접근하기 힘들었던 굴라그나 대중 저항과 같은 주제에 마음이 끌렸다. 소련 해체

---

* политбюро. 소련공산당의 최고 정책 결정 기관이다. 1917년에도 짧게 존재했지만, 정식으로는 1919년 3월 제8차 당대회에서 조직국, 서기국과 함께 상설 기관으로 설립됐다. 정치국은 당 중앙위원회에 종속되고, 그 구성원은 중앙위원회 총회에서 투표로 선출하기로 돼 있었다. 1952년 제19차 당대회에서 규모가 더 큰 상무국으로 대체됐으나, 1966년 다시 정치국이라는 명칭으로 복귀했다.

** Олег Витальевич Хлевнюк(1959~). 우크라이나 빈니차Винница 출신의 역사가. 러시아연방국립문서보관소Государственный архив Российской Федерации의 소장을 지냈다. 현재 모스크바국립대학 및 고등경제대학 교수로 재직 중이다.

*** Yuri Slezkine(1956~). 본명은 유리 르보비치 슬료즈킨Юрий Львович Слёзкин으로 러시아 출신의 미국 역사가이다. 텍사스대학 오스틴에서 박사학위를 취득했으며, 현재 캘리포니아대학 버클리에서 소련사를 가르치고 있다.

와 옛 연맹의 공화국에서 나온 독립 국가들의 등장에 화답해서, 로 널드 수니*와 테리 마틴** 같은 학자는 소련의 민족문제와 변경 지대 연구를 역사학의 한 분야로 발전시켰다. 지역 연구도 활발히 꽃폈 다. 스티븐 코트킨***은 우랄산맥****의 도시 마그니토고르스크*****를 다 룬 책인 『자석산Magnetic Mountain』에서 단연 혁명의 산물인 독특 한 소비에트 문화('스탈린주의 문명')가 1930년대에 등장했음을 논 증했다. 사회사를 연구하는 역사가들은 문서보관소에서 평범한 시 민들이 당국에 보낸 엄청난 양의 편지(불평, 고발, 호소)를 발견해서 역사인류학과 공통점이 많은 생활사 연구가 급격히 발전하는 데 기여했다. 1980년대와 비교했을 때(그리고 역사학 내 세부 분야의 전반 적 발전에 화답해서), 현 세대의 젊은 역사가들은 사회사뿐만 아니라 소비에트 경험의 주체적 측면이나 개인적 측면을 밝히려고 일기나 자서전을 이용하는 문화사 및 지성사 연구도 수행하고 있다.

---

*   Ronald Grigorii Suny(1940~). 1968년에 컬럼비아대학에서 박사학위를 취득했으며, 시카고 대학과 미시건대학에서 소련사를 가르치다가 지금은 은퇴했다. 카프카즈 지방을 중심으로 정치와 민족문제를 주로 연구하고 있다.

**   Terry Martin(1963~). 시카고대학에서 박사학위를 취득했으며, 현재 하버드대학에서 소련 사를 가르치고 있다. 1920~1930년대 소련의 민족 정책을 다룬 연구서로 유명하다.

***   Stephen Kotkin(1959~). 캘리포니아대학 버클리에서 박사학위를 취득했으며, 현재 프린스 턴대학 역사학부 교수로 재직 중이다. 코트킨은 1933년부터 1937년까지 마그니토고르스크 에서 일한 존 스콧John Scott 이후 50년 만에 마그니토고르스크를 찾은 첫 미국인이었다.

**** 우랄산맥은 북극해에서 카자흐스탄 북서부까지 이어지며 러시아를 가르는 산맥이다. 유럽 과 아시아 대륙을 나누는 경계선이기도 하다.

***** Магнитогорск. 러시아 첼랴빈스크Челябинск 주의 도시이다. 우랄산맥 남동쪽 우랄강 연안 에 있으며, 인구는 약 40만 명이다. 철광석 생산지로 제1차 5개년 계획 당시 엄청난 발전을 이룩했으며, 현재에도 러시아에서 세 번째로 큰 강철 공장인 마그니토고르스크 금속콤비나 트Магнитогорский металлургический комбинат가 있다.

혁명을 해석하기

모든 혁명은 혁명가들로 하여금 자유liberté, 평등égalité, 형제애fraternité를 비롯한 여러 고결한 구호를 깃발에 새기도록 했다. 혁명가는 모두 열성분자이자 광신자이다. 즉 혁명가는 옛 세계의 불공평, 부패, 냉담함을 영원히 축출한 곳에 새로운 세계를 창조하기를 꿈꾸는 몽상가이다. 혁명가는 의견 차이를 견디지 못하고 타협이 불가능하며 크고 멀리 있는 목표에 매혹된, 폭력적이며 의심 많고 파괴적인 자이다. 혁명가들의 통치 방식은 비현실적이고 미숙하다. 혁명가는 제도와 절차를 임시변통으로 만든다. 그들은 인민의 의지를 의인화한 환상에 취한 사람들이다. 이는 혁명가가 인민을 단일체로 여긴다는 사실을 의미한다. 혁명가는 세계를 두 진영, 즉 빛과 어둠, 혁명과 혁명의 적으로 나누는 마니교도*이다. 그는 모든 전통·전수받은 지혜·우상·미신을 경멸하며, 혁명이 사회라는 빈 서판tabula rasa에 새 역사를 써내려갈 수 있다고 믿는다.

혁명이 환멸과 실망으로 끝나는 이유는 혁명의 본성에 있다. 열의가 시들해지는 순간 열정이 강요된다. 광기의 순간[7]과 희열도 지나간다. 인민과 혁명가 사이의 관계는 복잡해지며 인민의 의지가 꼭 단일하지도 알기 쉽지도 않다는 사실이 드러난다. 누구도 이웃을 자기 자신처럼 사랑하지 않으며 사랑하기를 원하지도 않는다는 인식과 함께 사람들은 다시 부와 지위를 열망한다. 모든 혁명은

---

* 마니교는 사산조페르시아에서 예언자 마니(216~274)가 창시한 종교이다. 마니교의 세계관에서는 선하고 영적인 빛의 세계와 악하고 물질적인 어둠의 세계가 충돌한다.

잃어버리면 곧 후회할 것들을 파괴한다. 혁명은 혁명가들이 예상했던 것만 못한 것을, 그들의 예상과는 다른 것을 만들어낸다.

그러나 포괄적 유사성을 넘어, 모든 혁명에는 각각의 특징이 있다. 러시아의 위치는 변경이었고, 러시아의 여러 식자 계급은 유럽과 대비되는 자기 나라의 후진성에 정신이 팔렸다. 혁명가는 '인민'을 '프롤레타리아트'로 종종 대체한 마르크스주의자였고, 혁명이 도덕의 명령이 아니라 역사적으로 필수불가결한 명령이라고 주장했다. 혁명이 있기 전 러시아에는 혁명정당이 여럿 있었다. 전쟁 중에 혁명의 순간이 다가왔을 때, 이들 정당은 투쟁심 넘치고 자발적인 혁명 군중의 충성이 아니라 이미 준비된 대중 혁명 단위(페트로그라드* 대공장의 병사·수병·노동자)의 지지를 받으려고 경쟁했다.

이 책에서는 세 가지 주제가 특히 중요하다. 첫 번째는 근대화라는 주제, 즉 후진성에서 탈출하는 수단으로서 혁명의 의미이다. 두 번째는 계급이라는 주제, 즉 프롤레타리아트와 그 '전위'**인 볼셰비키당의 임무로서 혁명이 지닌 의미이다. 세 번째는 혁명적 폭력과 테러라는 주제, 즉 혁명이 어떻게 적들을 다뤘고 이것이 볼셰비키당과 소비에트 국가에서 의미하는 바가 무엇이었느냐는 것이다.

---

* 페트로그라드Петроград. 원래 이름은 표트르 1세의 이름을 딴 상트페테르부르크Санкт-Петербург였다. 1914년 독일과 전쟁을 하면서 독일식 명칭에서 러시아식 명칭인 페트로그라드로 바뀌었다. 1924년 레닌의 사망 이후에 이름이 레닌그라드Ленинград로 바뀌었으며, 1991년 소련 해체 이후 다시 옛 이름인 상트페테르부르크로 돌아갔다. 흔히 줄여서 페테르부르크로 부른다.

** 레닌에 따르면, 노동자계급은 자생적으로 정치의식을 획득하지 못하고 단지 경제투쟁에만 매몰된다. 이를 막기 위해서 노동자 사이에 마르크스주의 혁명의식을 퍼트릴 직업혁명가가 필요하며, 이들로 구성된 노동자계급의 '전위авангард' 역할을 하는 혁명정당을 건설해야 했다. 볼셰비키당은 이 '전위'의 전형이다.

종종 탈근대postmodern로 묘사되는 오늘날, '근대화'*라는 용어는 낡고 뒤떨어진 설명이 되어버렸다. 바로 그렇기 때문에 근대화는 우리의 주제와 잘 어울린다. 볼셰비키가 이루려고 분투했던 산업적·기술적 근대성은 이제 완전히 구식인 것처럼 보이기 때문이다. 예컨대 여기저기를 헤집고 다니는 공룡 떼처럼 옛 소련과 동유럽의 풍경에 마구잡이로 쑤셔 박힌 거대한 굴뚝은 그 시절에는 혁명의 꿈을 이뤘다는 성취였다. 러시아 마르크스주의자는 혁명이 발발하기 오래전부터 서구식 산업화와 사랑에 빠졌고, 19세기 말 인민주의자**와 벌인 논쟁에서 자본주의의 필연성(주로 자본주의적 산업화를 의미)을 강조했다. 러시아에서는 훗날 제3세계가 그랬던 것처럼 마르크스주의가 혁명의 이념이자 경제 발전의 이념이었다.

이론상으로 산업화와 경제 근대화는 러시아 마르크스주의자에게 사회주의라는 목적을 달성하는 수단에 불과했다. 그러나 볼셰비키가 확신에 가득 차 일편단심으로 그 수단에 집중하면서, 목적은 더 안개 속으로 빠져들어 현실과 동떨어지게 됐다. '사회주의 건설'이란 용어가 1930년대에 일상으로 확장되면서, 그 의미는 당

---

* modernization. 이 용어는 매우 광범위한 영역에서 다양한 의미로 쓰인다. 역사적 측면에서 근대화는 경제적으로 봉건제 사회에서 자본주의 사회로 이행하며, 정치적으로 근대국가를 수립해가는 과정이다. 근대국가는 폭력 수단을 국가의 수중에 독점해서 관료제와 징세권, 상비군을 가지며, 법의 지배와 시민권을 동반한다.

** народник. 1860~1870년대에 러시아 인텔리겐치아 사이에서 나타나 차르 체제를 무너뜨리고 농촌 공동체를 기반으로 한 새로운 사회주의 사회를 만들려고 했던 사람들이다. 농민계급을 설득하는 데 실패한 인민주의 운동은 개인의 테러 행위로 혁명을 수행하는 방식으로 전환했다. 인민주의 운동은 실패로 끝났지만 20세기에 활동했던 러시아 사회주의 혁명가들에게 지적으로나 정치적으로나 큰 영향을 미쳤다.

시 진행 중이던 새로운 공장과 산업도시를 본격적으로 건설하는 일과 구별하기 어려워졌다. 그 세대의 공산주의자에게 스텝 지역에 지은 공장 굴뚝에서 연기가 뻐끔뻐끔 뿜어 오르는 모습은 혁명의 성공을 증명하는 장면이었다. 애덤 울람*이 말한 것처럼, 스탈린이 밀어붙인 급속한 공업화는 고통스럽고 강압적이었지만 "마르크스주의의 논리적 완성"이자 "배반당한 혁명"이라기보다 "이행된 혁명"이었다.[8]

두 번째 주제인 계급은 러시아혁명의 핵심 참여자들이 계급 자체를 강조했기 때문에 중요하다. 러시아 인텔리겐치아 사이에서는 마르크스주의의 계급론이 널리 받아들여졌다. 볼셰비키도 계급 갈등이라는 측면에서 혁명을 해석하고 다른 사회주의 세력처럼 산업 노동계급에게 특별한 역할을 부여했다. 권력을 잡은 볼셰비키는 프롤레타리아트와 빈농을 자신들의 타고난 동맹으로 여겼다. 동시에 그들은 '부르주아지'**의 일원, 즉 옛 자본가·옛 귀족 지주·관리·소상인·쿨라크(부농)***, 심지어 어떤 맥락에서는 러시아 인텔리겐치아를 포괄하는 넓은 집단이 볼셰비키의 타고난 적이라고 가정했다. 볼셰비키는 이런 사람들을 '인민의 적'이라 칭했고,

---

* Adam Bruno Ulam(1922~2000). 지금은 우크라이나 땅인 폴란드 르부프에서 태어났으며, 독일의 폴란드 침략 직전에 미국에 망명했다. 하버드대학에서 정치학으로 박사학위를 취득했다.

** bourgeoisie. 원래 중세 때 '성城 안 사람'을 뜻하는 말이었으나, 마르크스주의 용어로 근대 산업사회에서 생산수단을 소유한 사회 계급을 뜻하게 됐다. 자본주의 사회에서는 사회 계급이 지배계급인 부르주아지와 피지배계급인 프롤레타리아트로 나뉘게 된다.

*** кулак. 원래 쿨라크는 러시아어로 주먹이라는 뜻이다. 러시아제국 후기부터 소비에트 시기에 이르기까지 부농을 일컫는 말로도 쓰였다.

초기 혁명적 테러가 주로 겨냥했던 목표는 바로 이들이었다.

계급이라는 쟁점의 여러 양상들 중에서도 수년 동안 가장 뜨거운 논쟁의 대상이었던 것은 노동계급을 대표한다는 볼셰비키의 주장이 정당했는지 여부이다. 이것은 우리가 1917년의 여름과 가을만을 본다면 매우 간단한 문제이다. 그때 페트로그라드와 모스크바*의 노동계급은 급진화했고 어떤 다른 정치 정당보다 볼셰비키를 확실히 선호했다. 그러나 그 이후는 그렇게 간단하지 않다. 볼셰비키가 노동계급의 지지를 받고 권력을 잡았다는 사실이 그 지지를 영원히 유지했다는 의미는 아니었다. 게다가 권력 장악 전이든 후이든 볼셰비키는 자신들의 정당을 산업노동자의 단순한 대변자로 간주하지도 않았다.

볼셰비키가 노동계급을 배반했다고 비난하는 목소리는 1921년 크론슈타트 반란**과 관련해 바깥 세계에서 처음 나왔는데, 이는 충분히 비난할 수 있는 문제이며 그렇게 보는 것도 가능하다. 그러나 어떤 종류의 배신, 다시 말해 얼마나 빨리 일어난, 누구에게 한, 어떤 결과를 낳은 배신인가? 볼셰비키는 내전 말기에 결별 직전까지

갔던 노동계급과의 결혼 생활을 네프 시기에 어느 정도 회복했다. 제1차 5개년 계획 동안 실질임금과 도시 생활조건이 하락하고 체제가 더 높은 생산성을 끈덕지게 요구하면서 이 관계는 다시 악화됐다. 공식 이혼은 아니었지만 1930년대에 볼셰비키는 노동계급과 사실상 별거했다.

그러나 이 이야기가 전부는 아니다. 소비에트 권력하의 노동자가 처한 상황을 다룬 이야기가 하나 있고, 이것과는 별개로 노동자가 스스로를 개선할 수 있는 기회(노동자 말고 다른 것이 되기)라는 이야기도 있다. 볼셰비키는 10월 혁명 이후 15년 동안 우선적으로 노동계급에서 당원을 모집하면서, 자신들이 노동자 정당이라는 주장을 뒷받침하려 했다. 또한 이렇게 모은 노동자계급 공산당원을 사무 행정 관리직으로 발탁해서 노동자 계급이 상향 이동하는 넓은 통로를 만들어냈다. 1920년대 말의 문화혁명* 기간 동안 체제는 수많은 젊은 노동자와 그 자녀에게 고등교육을 제공하여 상향 이동이 가능한 또 다른 통로를 열었다. '프롤레타리아 발탁'이라는 고압적인 정책은 1930년대 초에 철회됐지만, 그 결과는 그대로 남았다. 스탈린 체제에서 중요했던 쪽은 노동자가 아니라 노동자 출신, 즉 관리직 및 전문직 엘리트 안에서 새로 발탁한 '프롤레타리아트의 중추'였다. 엄격한 마르크스주의자들은 이러한 노동자 계급의 상향 이동에 흥미가 거의 없을 것이다. 그러나 상향 이

---

* Cultural Revolution. 1928년부터 1932년까지 제1차 5개년 계획 기간에 일어난 부르주아 전문가 및 지식인에 대한 공격과 사상투쟁을 말한다. 쫓겨난 '윗세대'나 '구지식인'을 대신해서 수많은 공산주의적 젊은이와 새로운 공산주의 인텔리겐치아가 그 자리를 차지했으며, 이는 스탈린 혁명에 '아래로부터의 혁명' 요소가 있었음을 보여주기도 한다.

동의 수혜자에게는 새로운 엘리트 지위야말로 혁명이 노동계급에게 한 약속을 이뤄냈다는 논박할 수 없는 증거로 보였다.

이 책을 관통하는 마지막 주제는 혁명적 폭력과 테러라는 주제이다. 대중 폭력은 혁명 안에 내재한다. 혁명가는 혁명의 초기 단계에서는 폭력에 매우 호의를 보이는 경향이 있지만, 그 이후에는 폭력을 꺼리는 마음이 커진다. 테러는 혁명 집단이나 혁명 체제가 일반 주민을 놀라고 두렵게 하려고 조직한 폭력을 의미하며, 프랑스혁명이 그 원형을 설정한 근대 혁명의 특징이기도 했다. 혁명가의 눈으로 볼 때 테러의 주요 목표는 혁명의 적과 변화의 방해물을 파괴하는 데 있다. 여기에 종종 자신의 순수성과 혁명에 헌신하겠다는 다짐을 유지하려는 혁명가의 부차적 목표가 더해진다.[9] 적과 '반혁명분자'는 모든 혁명에서 극도로 중요하다. 적들은 공공연할 뿐만 아니라 은밀하게 저항한다. 적들은 책략과 음모를 조장하며 종종 혁명가의 가면을 쓴다.

볼셰비키는 마르크스주의 이론을 따라 계급이라는 측면에서 혁명의 적을 개념화했다. 귀족이나 자본가, 쿨라크는 **그 자체로** 반혁명에 공감한다는 증거였다. 대부분의 혁명가처럼(전쟁 전에 지하당을 조직하고 음모에 가담했다는 점을 고려할 때, 아마 대부분이라는 말로도 부족하겠지만) 볼셰비키는 반혁명 음모라는 생각에 사로잡혔다. 그런데다 볼셰비키의 마르크스주의는 이를 독특하게 비틀었다. 만일 혁명에 태생적으로 악의를 지닌 계급들이 존재한다고 한다면, 한 계급 전체를 적들의 음모로 간주할 수 있을 것이다. 그 계급을 구성하는 개인은 '객관적으로' 반혁명 음모가가 되는 셈이다. 심지어 주관적으로 (다시 말해 스스로의 마음속에서는) 그 개인이 음모를 전혀 모르고 스스로를 혁명의 지지자라고 생각할지라도 말이다.

볼셰비키는 러시아혁명에서 두 종류의 테러를 사용했다. 당 외부의 적을 상대로 한 테러와 당 내부의 적을 상대로 한 테러이다. 전자는 혁명 초기에 우세했고 1920년대에 사그라졌다. 그리고 농업집단화와 문화혁명과 함께 1920년대 말에 다시 활활 불타올랐다. 후자는 처음에는 내전 끝 무렵의 당내 분파 투쟁 도중에 하나의 가능성으로서 불꽃이 튀었지만, 좌익 반대파*를 겨냥한 소규모 테러가 발생한 1927년까지 가라앉았다.

1927년 이후부터 당 내부의 적을 노린 대규모 테러를 수행하라는 유혹이 뚜렷해졌다. 이렇게 된 이유는 체제가 당 외부에서 '계급의 적'을 겨냥해 이미 상당한 규모의 테러를 벌이고 있었기 때문이다. 또 다른 이유는 당이 당원을 주기적으로 숙청чистки(문자 그대로는 청소)하는 일이 가려운 데를 긁어주는 효과를 내고 있었기 때문이다. 1921년에 처음으로 전국적 규모로 벌어진 숙청은 모든 공산주의자를 개인적으로 소환해 그들의 충성심·능력·배경·연줄을 공적으로 평가한 당원 검증이었다. 자격이 없다고 판단된 자들은 당에서 쫓겨나거나 후보 당원으로 강등됐다. 1929년에 한 번, 1933~1934년에 또 한 번 전국 규모의 당 숙청 작업이 진행됐

---

* Левая оппозиция. 1923년부터 1927년까지 트로츠키가 이끌었던 볼셰비키당 내부의 분파이다. 레닌 사후 후계자 자리를 놓고 벌인 투쟁에서 스탈린 분파에게 패배한 뒤 권력을 잃고 당에서 쫓겨났다. 기존에는 좌익 반대파와 스탈린 분파 사이에 사회주의 건설을 두고 경제적 관점에 큰 차이가 있다고 보았으나, 최신 연구에 따르면 그 차이는 없거나 미미한 것으로 보인다.

다. 당이 숙청에 거의 강박관념을 보이면서, 1935년과 1936년에는 두 번 이상의 당원 검증이 급격히 연달아 일어났다. 제명이 체포나 국외 추방 같은 더 큰 처벌로 이어질 가능성은 여전히 상대적으로 낮았지만, 숙청이 계속되면서 그 가능성도 서서히 커졌다.

테러와 일반 당원 숙청은 결국 1937~1938년의 대숙청 시기에 대규모로 합쳐졌다.[10] 대숙청 때는 체계적인 당원 검증이 포함되지 않았기에 일반 의미의 숙청은 아니었다. 대숙청은 무엇보다도 당원, 특히 고위 관리직을 직접적으로 겨냥했다. 비록 체포와 공포가 비당원 인텔리겐치아, 다소 낮은 비율로는 더 많은 주민들에게까지 급속히 퍼졌지만 말이다. 대숙청에서, 더 정확히 말하자면 대테러라고 해야겠지만,[11] 의심이 곧 판결이나 마찬가지였고, 범죄 행위의 증거는 불필요했으며, 반혁명 범죄에 대한 처벌은 사형이거나 노동교화형이었다. 많은 역사가들은 이를 프랑스혁명의 테러와 비유했다. 대숙청의 조직자들 역시 이 비유를 떠올렸는데, 대숙청 기간 동안 반혁명분자로 판결난 자들에게 적용된 '인민의 적'이라는 용어를 자코뱅 테러리스트에게서 빌려왔기 때문이다. 역사 용어 빌려오기의 중요성은 마지막 장에서 탐구할 것이다.

4판에 남기는 글

이전 판본처럼 제4판도 옛 러시아제국과 소련의 일부였지만 현재는 러시아 영토가 아닌 지역을 제외한, 기본적으로 러시아에서 경험한 러시아혁명사를 다룬다. 비러시아 지역과 민족을 다루는 생생하고 가치 있는 학술 연구가 최근에 크게 진전했다는 사실 때문에라도 이러한 한계를 더욱 강하게 강조해야만 한다. 제4판에서는 핵심 주제를 다루면서 1991년 이후 이용 가능해진 새로운 사료와 최근의 국제 학계 연구를 포함시켰다. 책의 주장이나 구성에 주요한 변화는 없지만, 새로운 정보와 학술 해석에 내 의견을 반영해서 여러 가지를 고쳐 썼다. 나는 최근에 영어로 출간된 중요한 학술서나 영어로 번역 출간된 러시아어 학술서에 대한 주의를 환기하려고 주석을 달았고, 러시아어 연구서와 문서는 최소한으로 인용했다. 참고문헌 목록은 더 자세한 읽을거리로 인도하는 간단한 지침 역할을 할 것이다.

01 ——————— 배경

20세기 초에 러시아는 유럽의 열강 중 하나였다. 그러나 러시아
는 영국이나 독일, 프랑스에 비하면 대체로 후진적인 나라로 취급
받는 열강이었다. 경제적 측면에서 볼 때, 러시아는 봉건제*에서 뒤
늦게 벗어났고(농민들은 1860년대에 와서야 영주나 국가의 법적 족쇄에
서 자유로워졌다), 산업화에도 늦었기 때문이다. 정치적 측면에서는
1905년까지 합법 정당도, 선거로 선출된 중앙 의회도 없었으며, 전
제정이 여전히 강력한 권력을 쥐고 있었다. 러시아의 도시들은 정
치 조직을 만들거나 자치를 해본 전통이 없었으며, 귀족계급 역시
황제에게 양보를 강제할 만큼 충분히 강력한 집단 정체성을 발전
시키지 못했다. 법률상 러시아 시민은 여전히 기존의 '신분(도시민·
농민·성직자·귀족)'에 속했고, 신분제도에는 전문직이나 도시 노동
자처럼 새로 등장한 사회 집단을 규정할 항목이 없었다. 오직 성직
자만이 신분으로서 스스로 명확히 구분되는 특징을 유지했다.

---

* 봉건제는 중세 유럽에서 나타난 일련의 제도와 체제를 일컫는다. 특히 마르크스주의적 관
점에서 봉건제는 노예제나 자본주의처럼 하나의 생산양식이고, 영주가 경제 외적인 수단으
로 농노의 노동력을 부역이나 현물 및 현금 공납의 형태로 착취하는 체제이다. 서유럽에서
농노제가 쇠퇴하던 15~16세기에 러시아에서는 군사적·경제적 요인으로 농노제가 다시
강화되는 과정을 거치는데, 이를 '제2의 농노제', 혹은 '재판再版 농노제'라고 부른다.

1917년 혁명 이전 30년 동안 국부國富는 증가했다. 바로 이 시기에 러시아는 정부의 산업화 정책, 해외 투자, 은행 및 신용구조의 근대화, 토착 기업의 완만한 발전 덕분에 처음으로 급격한 경제 성장을 경험했다. 혁명이 시작되기 전까지 러시아 인구의 80퍼센트를 차지하던 농민계급은 경제적 지위가 현저하게 개선되는 경험을 하지 못했다. 그러나 당대의 일부 의견처럼 농민의 경제 상황이 꾸준히 악화되기만 했던 것은 아니다.

러시아의 마지막 차르 니콜라이 2세가 서글프게 깨달았듯이, 전제정은 서구에서 러시아로 은밀히 침투한 자유주의를 상대로 승산 없는 싸움을 하고 있었다. 식자 계급의 구성원 다수는 느린 변화와 변화를 방해하는 전제정의 완강한 태도를 못 견뎌 했지만, 정치 변화는 서구식 입헌군주제에 가까운 방향으로 나아가고 있음이 명백해 보였다. 니콜라이는 1905년 혁명 이후 굴복했고, 전국적으로 선출된 의회 두마*를 설립했으며, 동시에 정당과 노동조합을 합법화했다. 그러나 이러한 양보는 전제 통치가 오랫동안 지속해온 독단적 관행과 비밀경찰의 활동으로 훼손됐다.

1917년 10월의 볼셰비키 혁명 이후에 많은 러시아 출신 망명객들은 혁명 이전의 날들을 1차 세계대전, 혹은 통제하기 어려운 군중, 또는 볼셰비키가 임의로 중단한 (것처럼 보이는) 진보의 황금시

---

* 정식 명칭은 러시아제국국가두마Государственная дума Российской империи. 러시아제국 말기의 입헌 의회이다. 1905년 혁명에 굴복한 니콜라이 2세의 10월 선언으로 창설을 약속받았고 1906년에 첫 선거가 열렸다. 1917년 2월 혁명 즈음에는 제4차 두마가 활동하고 있었다. 2월 혁명으로 수립된 임시정부가 더 이상 두마를 소집하지 않을 것을 결정하면서 사실상 문을 닫았다.

대로 회상했다. 물론 진보가 있긴 했다. 그러나 그 진보는 사회를 불안정하게 했고 정치적 격변이 일어날 가능성을 크게 높였다. 사회는 급격히 변할수록 (변화를 진보로 여기든 후퇴로 여기든) 불안정해지기 마련이다. 우리가 혁명 이전 시기 러시아의 위대한 문학작품을 살펴본다면 유랑, 소외, 스스로의 운명을 다스리지 못하는 인물들이 무엇보다도 선명하게 떠오를 것이다. 19세기 작가인 니콜라이 고골*에게 러시아는 어둠 속에서 아무도 모르는 목적지로 질주하는 삼두마차였다. 두마 정치인 알렉산드르 구치코프**는 1916년에 니콜라이 2세와 대신들을 비난하면서, 러시아는 미친 운전자가 벼랑 끝을 따라 운전하고 있는 자동차인데 겁에 질린 승객들은 그에게 운전대를 쥐게 한 대가로 감수해야 할 위험을 놓고서만 토론하고 있다고 연설했다. 1917년에 구치코프가 말한 위기가 닥쳤고, 러시아의 무모한 직진은 혁명으로 향하는 질주가 됐다.

사회

러시아제국은 광대한 영역을 차지했는데, 그 영토는 서쪽으로

---

* Николай Васильевич Гоголь(1809~1852). 우크라이나 출신의 러시아 작가. 러시아 사실주의 문학의 자연주의를 대표하는 작가로, 각종 사회 부조리를 초현실주의적이고 해학적으로 날카롭게 풍자했다.
** Александр Иванович Гучков(1862~1936). 러시아의 정치인으로 제3차 두마에서는 의장을 맡기도 했다. 2월 혁명으로 임시정부가 들어선 뒤에는 육해군부장관직을 수행했다. 외무부 장관 밀류코프가 임시정부는 전쟁을 계속할 것이라는 내용의 전보를 연합군에게 보낸 사실이 공개되면서 대중의 시위와 압력으로 사임했다.

는 폴란드까지 동쪽으로는 태평양까지 뻗었고, 북극해에도 미쳤으며, 남쪽으로는 흑해와 오스만제국*, 아프가니스탄 국경까지 달했다. 제국의 중심부인 유럽 지역 러시아**(지금은 우크라이나 땅인 일부 지역까지 포함)는 1897년에 인구가 9,200만 명에 달했고, 같은 해의 조사에 따르면 제국의 총 인구는 1억 2,600만 명을 기록했다.[1] 그러나 유럽 지역 러시아 및 상대적으로 발전된 제국의 서부 지역마저도 대부분 농촌이거나 도시화가 안 된 채로 있었다. 한 줌도 안 되는 도시 대공업단지가 있었는데, 대부분은 근래에 들어서야 급격하게 확장한 결과였다. 제국의 수도인 상트페테르부르크는 1차 세계대전 중에 페트로그라드로 이름을 바꿨다가 1924년에 레닌그라드가 됐다. 모스크바는 옛 수도이자 미래의 수도(1918년부터)였다. 지금의 우크라이나 땅에 키예프, 하르키우, 오데사, 그리고 새로운 채광 및 금속공장이 개발된 돈바스 지역이 자리했고, 서부에는 바르샤바, 우치, 리가가 있었으며, 남부에는 로스토프와 석유 도시인 바크가 있었다.*** 그러나 20세기 초까지 러시아 지방 도

---

* 오스만제국은 지금의 터키 땅을 기반으로 해서 발칸반도, 서아시아, 북아프리카를 지배한 다민족 제국으로 13세기 말에서 20세기 초까지 존재했다. 전성기 때에는 비잔티움제국을 멸망시키고 서유럽을 위협했으나 점차 쇠퇴했으며, 1차 세계대전의 패배로 대부분의 영토를 상실했다. 그 이후 케말 아타튀르크Kemal Atatürk의 무혈 혁명으로 터키공화국이 수립되면서 멸망했다.

** 유럽 지역 러시아, 또는 유럽 러시아European Russia는 우랄산맥 서쪽의 러시아 땅만을 뜻한다.

*** 19세기 말에서 20세기 동유럽 각국의 영토는 극심한 변화를 겪었고, 한 도시의 이름을 놓고도 여러 언어가 공존했다. 이 책에는 도시의 이름을 현재 국가의 언어로 표기하는 것을 원칙으로 한다. 단, 키예프Киев(우크라이나어로 키이우Київ)는 관례 표기를 따른다. 하르키우Харків(러시아어로 하르코프Харьков), 오데사Одеса, 돈바스Донбас(도네츠 분지Донецький басейн의 약자로 우크라이나 동부와 러시아 남동부의 역사적 지역)는 우크라이나의 도시 및 지역 이름이고, 바르샤바Warszawa와 우치Łódź는 폴란드 도시이며, 리가Riga는 라트비아

시의 대부분은 정체 상태였다. 지역 행정 중심지에는 적은 수의 상업 인구, 몇몇 학교, 농민 시장, 잘해봐야 철도역이 있었을 뿐이다.

농촌에는 전통적 삶의 방식이 고스란히 남아 있었다. 농민들은 여러 농가가 개별적으로 경작하는 좁고 긴 조각인 지조地條로 나뉜 마을 토지를 공동체의 형식으로 가지고 있었다. 따라서 많은 마을에서는 미르*(마을 회의)가 정기적으로 지조를 재분배해서 각 농가가 공평한 몫을 가지게 했다. 농민들은 나무 쟁기를 사용했고, 근대적 농업 기술은 마을에 알려지지 않았으며, 농업 생산량은 생존 수준을 겨우 넘는 정도였다. 마을의 길을 따라 오두막집이 여기저기 세워졌고, 농민들은 부뚜막 위에서 자고 집 안에서 가축을 길렀으며, 오래된 가부장제 구조가 여전히 확고했다. 농민들은 농노제에서 벗어난 지 정확히 한 세대밖에 되지 않았다. 예컨대 19세기말에 환갑을 맞은 농민은 1861년의 농노해방 시기에 이미 성인이었다.

물론 농노해방은 농민의 삶을 바꿨다. 그렇지만 이것은 변화를 최소화하고 오랜 시간에 걸쳐 퍼져 나가게 하기 위해서 대단히 조심스럽게 고안된 조치였다. 농노해방 이전에 농민은 자기 지조에서 일하면서, 동시에 지주의 토지에서도 일했다. 지주의 토지에서

의 수도, 바크Bakı(러시아어로 바쿠Баку)는 아제르바이잔의 수도이다. 여기에서 말하는 로스토프Ростов는 모스크바가 속한 중앙 연방관구의 야로슬라블주Ярославская область의 도시 로스토프가 아니라, 남부 연방관구의 로스토프주Ростовская область의 도시인 로스토프나도누Ростов-на-Дону를 말한다. 로스토프에 붙은 '나도누'는 러시아어로 '돈강에 있다'는 뜻으로 야로슬라블주의 로스토프와 구별하기 위함이다.

* мир. 농촌 공동체сельское общество라고도 부른다. 러시아 농민의 절대다수가 여기에 속했으며, 농촌의 정부 및 협동조합과 같은 역할을 수행했다. 일부 혁명가들에게는 미래 사회주의 사회의 기본단위로 지지를 받기도 했다.

일하지 않으려면 노동에 해당하는 만큼을 돈으로 지불해야 했다. 농노해방 이후 농민은 자기 땅에서 일하면서 국가가 지주에게 해방의 대가로 지불한 보상금을 '상환'하려고 때때로 이전 주인의 토지에 고용되어 일했다. 상환금 지불이 49년 동안 지속되도록 정해져 있었고(이후 국가가 계획보다 몇 년 일찍 상환을 중지시켰다), 마을 공동체는 모든 구성원의 빚에 집단 책임을 졌다. 이는 농노제를 해체하는 대신 빚과 미르에 대해 집단 책임을 물었기 때문이지만 여전히 개별 농민이 마을에 결박되어 있다는 사실을 의미했다. 농노해방령의 조항에는 도시로 농민이 대규모 유입되어서 토지 없는 프롤레타리아트가 되지 않도록, 그래서 그들이 공공질서를 위협하지 못하도록 하려는 의도가 있었다. 또한 이 조항은 공동체 형식의 토지 보유라는 옛 제도와 미르를 강화하고, 농민들이 지조를 통합해서 보유지를 확장 및 개량하거나 독립 소농으로 전환하는 일을 거의 불가능하게 하는 효과를 지녔다.

농노해방 이후 수십 년 동안 마을에서 영구히 떠나는 일은 어려웠지만, 농업이나 건축, 광산업으로, 혹은 도시에 고용돼서 일하려고 잠시 마을을 떠나는 일은 쉬웠다. 사실 그러한 일은 많은 농민 가족에게 필수였다. 세금과 상환금을 낼 돈이 필요했기 때문이다. 계절노동자отходники로 일하는 농민들은 종종 마을에서 토지를 경작하도록 가족들을 남겨두고 연중 수개월 동안 마을을 떠났다. 돈바스 광산으로 일하러 간 중앙 러시아 지역 농민들의 경우처럼 여정이 길어진다면, 계절노동자는 오직 추수 때에만, 어쩌면 봄의 파종 때에나 돌아올 수도 있었다. 계절노동을 하러 떠나는 관행은 특히 지주가 농노에게 노동보다 돈으로 지불하기를 강요했던 유럽 지역 러시아의 덜 비옥한 지역에서 오랫동안 이어졌다. 그러나 19세기 말에서 20세기 초가 되면 이는 갈수록 더 보편적인 현상이 됐는데, 부분적으로는 도시에서 일할 수 있는 자리가 더 많아졌기 때문이다. 1차 세계대전 발발 직전의 수년 동안, 농민 900만여 명이 매년 태어난 마을을 떠나 계절노동을 하려고 여권을 발급받았고, 이 중 거의 절반은 농업 이외의 직종에 종사했다.[2]

유럽 지역 러시아에는 두 농가 중 하나에 일자리를 구하러 마을을 떠난 가족 구성원이 있었다. 페테르부르크와 중앙 산업 지역, 서부 지방에서는 이 비율이 더 높았다. 마을에 옛 러시아의 모습이 그대로 남아 있다는 인상은 당연히 허상이다. 많은 농민들은 사실상 한 발은 전통적 마을 세계에, 다른 한 발은 근대 산업 도시라는 상당히 다른 세계에 디딘 채로 살아갔다. 농민들이 전통 세계 안에 머문 정도는 지리적 위치에 따라서뿐만 아니라 나이와 성별에 따라서도 다양했다. 젊은이들이 멀리 일하러 떠나는 경향이 더 많았고, 게다가 젊은 남자들은 군 복무로 소집됐을 때 더 근대적인 세계와 접촉하게 됐다. 여자와 노인은 남자들에 비해 마을과 농민의 오랜 생활방식에만 익숙했다. 농민들의 경험에 따른 차이는 1897년에 조사한 문해율文解律 수치에서 더 극명하게 관찰된다. 노인보다 젊은이가, 여자보다 남자가 문해율이 더 높았으며, 비옥한 흑토 지대보다 유럽 지역 러시아의 덜 비옥한 지역, 즉 계절 이주가 더 흔한 지역에서 문해율이 더 높았다.[3]

도시 노동계급은 여전히 농민계급과 매우 가까웠다. 상근직 산업노동자의 수(1914년에 300만 명을 조금 넘음)는 비농업 분야에서 계절노동을 하기 위해 매년 마을을 떠나는 농민의 수보다 적었다. 사실상 영구적으로 도시에 거주하는 노동자와 도시에 일하러 오는 농민 사이에서 분명한 차이를 찾기란 거의 불가능했다. 상근직 노동자의 다수가 마을에 토지를 보유하고 있었고 처자식을 거기에 살도록 남겨뒀다. 다른 노동자들은 마을에서 가족과 함께 살면서(모스크바 근교에서는 특히 흔한 양상이었음) 매일 혹은 매주 공장으로 통근했다. 오직 상트페테르부르크에서만 시골과 모든 관계가 끊긴 산업 노동력이 상당한 비율을 차지했다.

도시 노동계급과 농민 집단이 서로 긴밀하게 연결됐던 주요 이유는 러시아의 급속한 산업화가 매우 근래에 나타난 현상이었기 때문이다. 영국의 산업혁명 이후 반세기가 넘게 지난 1890년대까지도 러시아는 산업의 대규모 성장과 도시의 팽창을 경험하지 못했다. 1890년대 이후에도 농민들을 마을에 결박한 1860년대 농노해방령의 조항이 도시 노동계급의 영구적 형성을 막았다. 대부분 농민 출신인 1세대 노동자들은 러시아 노동계급에서 가장 큰 부분을 차지했다. 2세대 노동자와 도시 거주자는 거의 없었다. 소련 역사가들은 1차 세계대전 전야에 산업노동자의 50퍼센트 이상이 최소한 2세대였다고 주장했지만, 이는 분명 아버지 세대가 계절노동자였던 노동자와 농민 계절노동자를 포함한 계산이다.

러시아의 산업은 저발전이라는 특징을 지녔음에도 1차 세계대전 무렵까지 몇몇 측면에서 꽤 진보했다. 산업이 근대화된 지역은 작았지만, 지리적으로나(특히 페테르부르크와 모스크바, 우크라이나 돈바스 지역에 집중) 산업 시설의 규모 면에서는 특별히 집중됐다. 거셴크론*이 지적했듯이, 상대적 후진성에는 그 나름대로의 이점이 있었던 것이다. 예컨대 대규모 외국 투자와 강력한 국가 개입으로 뒤늦게 산업화에 착수한 러시아는 일부 초기 단계를 건너뛰고 상대적으로 선진적인 기술을 빌려와 대규모의 현대적 생산으로 재빠르게 나아갈 수 있었다.[4] 페테르부르그에서 유명한 푸틸로프 금속가공 및 기계제조 공장(푸틸로프 공장)**이나 대개 외국인이 소유했던 돈바스의 금속공장 같은 기업들은 수천 명에 달하는 노동자들을 고용했다.

마르크스주의 이론에 따르면, 선진 자본주의적 생산이라는 조건에서 고도로 집중된 산업 프롤레타리아트는 쉽게 혁명적으로 변화하는 반면, 농민계급과 매우 밀접한 전근대 노동계급은 그렇지 않다. 그러므로 러시아 노동계급은 마르크스주의 진단법에 따르면 혁명적 잠재력이라는 측면에서 모순되는 특징을 지닌 셈이었다. 그러나 1890년대부터 1914년까지 시기의 실증적 증거를 살펴봤을 때, 러시아 노동계급은 농민과 밀접했음에도 유난히 호전적이고 혁명적이었다. 대규모 파업도 흔했고, 노동자들은 경영진과 국가 권력을 상대로 상당한 연대를 보여주었으며, 요구 사항은

---

* Aleksander Gerschenkron(1904~1978). 미국의 경제사가. 우크라이나 출신으로 러시아 내전 당시 오스트리아로 이주해서 박사학위를 취득했다. 1938년 히틀러의 오스트리아 합병 이후 미국으로 다시 이주해 하버드대학에서 경제사를 가르쳤다.

** Путиловский завод은 1801년에 파벨Павель 황제의 칙령으로 설립된 유서 깊은 공장이다. 혁명 직전에는 페트로그라드에서 제일 큰 공장이었으며, 2월 혁명 기간 푸틸로프 공장에서 일어난 파업 투쟁은 혁명 성공의 견인차 역할을 했다. 1934년 레닌그라드 당 지도자 세르게이 키로프 암살 이후 그의 이름을 따서 키로프 공장Кировский завод으로 이름을 변경했다.

경제적이기도 했지만 대개 정치적이었다. 1905년 혁명에서 상트페테르부르크와 모스크바의 노동자들은 고유의 혁명 기구인 소비에트를 조직했다. 같은 해 10월에 차르가 입헌기관을 설립하겠다며 한 발 물러서고, 전제정을 상대로 한 중간계급 자유주의자들의 운동이 무너진 후에도 노동자들은 계속 투쟁했다. 1914년 여름에 페테르부르크 등지에서 노동자들이 벌인 파업 운동은 대단히 위협적으로 보였기에, 일부 관찰자들은 정부가 전시 국가 총동원령을 선포할 엄두도 내지 못할 것이라고 생각했다.

러시아 노동계급의 강력한 혁명적 정서는 여러 가지 다양한 방식으로 설명할 수 있을 것이다. 첫째, 러시아에서는 레닌이 노동조합주의라 부른 고용주를 상대로 한 제한된 경제적 항의를 실천하기 어려웠다. 정부는 러시아 국내 산업에 엄청난 자본을 투자했고, 또한 외국 투자를 보호할 의무가 있었다. 국가 당국은 사기업에서 일어난 파업이 감당할 수 없을 지경인 것처럼 보이면 재빨리 병력을 파견했다. 이는 경제적 파업(임금과 노동조건 투쟁)조차 정치적으로 변하기 쉬웠다는 사실을 의미했다. 또한 러시아 노동자들에게 만연한 외국인 경영진이나 기술 인력에 대한 적대감도 유사한 효과를 발휘했다. 노동계급의 역량만으로는 혁명적 의식보다는 오로지 '노동조합 의식'밖에 발전시킬 수 없을 것이라고 말한 사람이 러시아 마르크스주의자인 레닌이지만, (서유럽의 경험과 대조적으로) 러시아의 경험은 그의 주장이 옳다고 입증해주지 않는다.

둘째, 농민으로 구성된 러시아 노동계급은 개략적으로 말해 이 때문에 혁명성이 떨어지는 것이 아니라 오히려 더 혁명적이었을 것이다. 러시아 농민들은 프랑스 농민처럼 보수적 소자산가로 타고나지 않았다. 지주와 관리를 상대로 한 러시아 농민계급의 격렬하고 무정부주의적인 반란 전통은 1770년대에 푸가초프 대반란*에서 잘 드러났고, 1905년과 1906년의 농민 봉기에서 다시금 분명히 나타났다. 1861년의 농노해방은 농민의 반란 정신을 영구히 가라앉히지 못했다. 농민들이 그 해방을 정당하고 충분한 해방이라고 여기지 않고, 점점 부족해지는 토지를 더욱 원하게 되면서 이전에는 보류했던 토지권을 요구했기 때문이다. 게다가 도시로 이주해서 노동자가 된 농민들은 대체로 나이가 어리고 가족이라는 속박에서 자유로웠지만, 여전히 공장 규율에 익숙하지 않았고 낯선 환경에 완전히 적응하지 못한 데에 따른 분노와 좌절감을 품고 있었다.[5] 러시아 노동계급은 어느 정도 레닌이 말했던 '노동조합 의식', 즉 비혁명적 수단으로 이해관계를 지킬 수 있는 안정된 산업 프롤레타리아트라는 자의식을 갖출 시간이 없었고, 근대 도시 사회에서 어느 정도 교육받고 기술을 갖춘 자에게만 주어지는 상승 이동의 기회를 이해하지 못했기 때문에 혁명적이었다 할 수 있다.

그러나 러시아 사회의 '근대적' 특징은 도시와 교육받은 상위계층에서조차 여전히 불완전했다. 종종 러시아에는 중간계급이 없었다고들 한다. 실제로 여러 전문직이나 각종 협회들이라든지 시

---

* 예카테리나Екатерина 2세 시기에 예멜란 이바노비치 푸가초프Емельян Иванович Пугачёв(1742~1775)가 일으킨 러시아 역사상 최대의 농민 반란이다. 푸가초프는 자신이 몇 년 전 암살당한 차르 표트르 3세라고 주장했으며, 농노제 철폐를 기치로 봉기했다. 한때 반란 세력은 볼가강과 우랄산맥 사이의 대부분의 영역을 차지할 정도로 강성했지만, 결국 진압당했고 푸가초프는 처형됐다. 비록 반란은 실패했지만 푸시킨의 『대위의 딸 Капитанская дочка』을 비롯해서 수많은 러시아 문학 및 예술작품에 영향을 끼쳤다.

민사회의 등장을 알려주는 또 다른 징후들도 눈에 띄기는 했지만, 기업가 계급이나 상업계급은 상대적으로 취약했다.[6] 국가 관료제가 상당히 전문화되고 있었지만, 관료제의 상위 관등*은 국가의 전통적 봉직 계급**이었던 귀족계급이 지배했다. 농노제 폐지 이후 기존의 지주 집단인 귀족계급이 경제적으로 쇠퇴했기 때문에 이들에게 봉직 특권은 더욱더 중요했다. 자본주의적·시장 지향적 농업으로 옮겨가는 데 성공한 귀족 지주는 극소수에 불과했다.

20세기 초 러시아 사회의 분열적 속성은 러시아 도시 중에서 가장 크고 근대화된 상트페테르부르크의 도시 명부에 적힌 혼란스럽기 짝이 없는 자기표현법을 보면 선명히 드러난다. 일부 등록자는 전통적 형식을 유지하고 스스로를 사회적 신분이나 관등('세습 귀족', '제1길드***의 상인', '명예시민****', '국가고문관*****')으로 소개했다. 다른

---

* 1722년 표트르 대제는 '관등표Табель о рангах'를 만들어 모든 국가 봉직을 군사직·문관직·궁정직으로 나누고 그 서열을 14개의 관등으로 정했다. 관등표는 볼셰비키 정부가 들어서자 곧 폐지됐다.

** 17세기 러시아 귀족은 크게 명문 귀족으로 조상에게서 물려받은 토지를 소유한 보야린 боярин과 국가에 봉직하는 대가로 받는 토지인 포메스티예поместье를 보유한 드보랴닌 дворянин으로 나뉘었다. 표트르 대제의 봉직 개혁의 목적은 낮은 출신도 상위 관등을 받을 수 있게 하고 높은 출신도 봉직 없이 관등을 받을 수 없게 하는 것이었으나, 실제로 고위 관직은 대부분 귀족계급이 차지했다.

*** 표트르 대제는 1724년 12월에 도시 주민을 부유한 상인, 의사, 약사, 선장, 인쇄공으로 나눈 제1길드, 소매업자와 수공업자인 제2길드, '일반인'이라 불린 제3길드로 구분했다. 1775년의 길드 개혁으로 길드는 자본의 규모에 따라 셋으로 나뉘었는데, 그중에서 제1길드는 1만 루블 이상의 자산을 보유한 길드로 대외무역과 지역 내 거래에 종사했으며 선박과 공장을 보유했다.

**** почетный гражданин. 1832년 창설된 새로운 사회적 신분sословие으로, 성공을 거둔 상인·전문직·예술인에게 영구적 특권, 때때로는 세습마저 가능한 특권을 부여했다. 명예시민은 신분제 사회구조의 맥락에서 러시아국가가 중간계급을 창출하기 위해 의식적으로 노력한 모습을 보여준다.

***** Статский советник. 1722년 표트르 대제가 제정한 '관등표Табель о рангах'의 제5등문관.

사람들은 확실히 새로운 세계에 속해서 스스로를 직업이나 고용 상태('증권 중개인', '기계기사', '회사 사장', 아니면 러시아가 여성해방이 이룬 성과 중 대표격인 '여성 의사')로 설명했다. 세 번째 집단은 어느 세계에 속했는지 확실하지 않은 사람들인데, 어떤 해의 명부에는 신분을, 다음 해의 명부에는 직업을 기입했고, 심지어 두 방법을 동시에 선택하기도 했다. 이를테면 한 기발한 등록자는 '귀족, 치과 의사'라는 표현을 골랐다.[7]

덜 공식적인 자료에 따르면, 교육받은 러시아인들은 종종 스스로를 인텔리겐치아의 일원으로 표현했다. 사회학적으로 인텔리겐치아는 매우 다루기 힘든 개념이지만, 더 넓은 측면에서 이 용어는 서구화된 교육을 받은 엘리트를 의미했다. 이들은 교육 때문에 나머지 러시아 사회와 멀어졌으며, 급진 이념 때문에 러시아의 전제정 체제와 멀어졌다. 그러나 러시아 인텔리겐치아는 스스로를 엘리트로 보지 않았다. 그들은 스스로를 특정 계급과 무관하고, 사회의 진보라는 윤리적 관심과 '비판적 사고'를 할 능력, 특히 체제에 비판적인 준準반대파의 태도로 연합한 집단으로 여겼다. 이 용어는 19세기 중반쯤에야 널리 사용됐지만, 이 개념의 기원은 18세기 후반까지 거슬러 올라갈 수 있다. 이 시기에 귀족계급은 국가에 강제로 봉사해야 하는 의무에서 해방됐으며, 교육을 받았으나 그 교육을 충분히 활용할 수 없다는 걸 알게 된 귀족 구성원 중 일부는 국가 대신 '인민에게 봉사'할 의무라는 대안적 윤리의식을 발전시켰다.[8] 이론적으로(실제로 불가능하다는 말은 아니지만) 인텔리겐치아가 되는 것과 관료로 봉직하는 것은 양립 불가능했다. 전제정과 싸워서 인민을 해방시키는 소규모 음모 조직이라는 특징을 지닌 19세기 후반 러시아의 혁명운동은 대개 인텔리겐치아의 급진 이념과 정치적 불만의 산물이었다.

세기말이 되고 고위 직종이 늘어나면서 교육받은 러시아인들은 이전보다 더 폭넓은 직업 선택의 기회를 얻게 되었다. 스스로를 **지식인**으로 정의하는 것은 정치적 변화에 능동적인 혁명가로 헌신하는 행위보다는 수동적인 자유주의적 태도를 갖는 것을 암시했다. 그래도 러시아의 새로운 전문직 계급은 인텔리겐치아의 오래된 전통을 충분히 물려받았다. 이를 테면 그들은 헌신적 혁명가들에게 공감하고 존경심을 느꼈으며, 관리들이 개혁 정책을 추구하려고 하거나 혁명적 테러리스트에게 암살됐을 때조차 기존 체제를 지지하지 않았다.

일부 전문직종은 전제정에 전적으로 지지를 보내기 어려운 특별한 이유가 있었다. 예를 들어 법조인은 1860년대 법률 체제 개혁의 결과로 융성했다. 그러나 개혁은 장기적으로 러시아 사회와 행정당국이 법치를 확장하게 하는 데 성공하지 못했다. 특히 1881년 혁명적 테러리스트 집단이 황제 알렉산드르 2세*를 암살한 여파로 몰려왔던 반동의 시대에는 더 그랬다. 법치를 믿도록 교육받은 변호사는 자의적 행정 관행, 제약 없이 행사하는 경찰력,

---

* 알렉산드르 니콜라예비치 로마노프Александр Николаевич Романов(1818~1881)는 러시아 황제로, 1861년 농노해방령을 반포해서 해방자Освободитель 알렉산드르라는 칭호를 얻었다. 그 밖에 사법 개혁과 지방정치 개혁, 군사 개혁, 교육 개혁을 추진했다. 대외적으로 삼제三帝동맹을 맺어 유럽의 정치 상황을 안정시키려 했으며, 카프카즈·중앙아시아·연해주 지역으로 영토를 확장했다. 혁명운동의 대두에 맞서 의회 개혁을 시도하려고 했지만, 인민주의자들의 폭탄 테러로 사망했다.

사법제도 운영을 좌우하려는 정부의 시도를 못마땅하게 생각했다.[9] 선출된 지방정부 기관인 젬스트보* 또한 태생적으로 체제와 적대적일 수밖에 없었다. 젬스트보는 제도상 기존의 국가 관료제와 멀리 떨어져 있었고 빈번하게 관료제와 갈등을 빚었다. 20세기 초에 젬스트보는 7만여 명의 전문직(의사, 교사, 농학자 등)을 고용했는데, 이들이 급진주의를 지지하는 것은 웬만한 사람이면 다 알고 있었다.

국가나 사기업에서 일하는 기사技士와 다른 기술 전문가는 체제에서 소외됐다고 느낄 이유가 별로 없었다. 1890년대에 세르게이 비테**하의 재정부와 그 이후에 무역산업부가 착수한 경제적 근대화와 산업화가 그들을 강력히 후원했기 때문이다. 비테는 러시아의 기술 전문가와 실업가 사이에서 전제정과 근대화 추진에 대한 지지를 모으고자 온갖 노력을 다했다. 그러나 문제는 경제와 기술을 발전시키려는 비테의 열정이 러시아의 관료 엘리트 대부분에게 확실하게 공유되지 못한 데다가, 황제 니콜라이 2세도 이에 호의를 보이지 않았다는 점이다. 근대화로 나아가려 했던 전문직과 기업가가 원론적으로 전제 정부라는 개념 자체에 반대하지 않았

---

* земство. 1864년 알렉산드르 2세의 개혁으로 탄생한 지방정부 기구이다. 젬스트보는 도 губерния와 군уезд에 설치됐고, 각 젬스트보는 총회와 집행위원회로 구성됐다. 군 젬스트보는 3년마다 주민들이 선출한 15~100명 정도의 의원으로 이루어졌다.

** Сергей Юльевич Витте(1849~1915). 러시아의 계량경제학자이자 정치인이다. 1905년부터 1906년까지 러시아제국의 첫 총리대신이었다. 비테는 외자를 유치해서 러시아의 산업화를 촉진한다는 생각에 빠져 있었으며, 특히 1890년대에 10년 동안 재정부대신을 지내며 산업화와 시베리아 횡단철도 건설, 보호무역 정책 실시, 금본위제도 도입 등 수많은 업적을 남겼다. 러일전쟁의 강화조약인 포츠머스조약 체결 시 러시아 측 전권대표로 나서기도 했다.

을지도 모른다(비록 실제로 많은 이들이 종합기술학교의 학생으로서 급진 정치를 접해봤기에 이미 반대하고 있었지만). 그러나 이들이 **차르** 전제정을 근대화의 효과적 주체로 여긴다는 것은 생각하기 어려운 일이었다. 전제정의 행적은 너무 일관성이 없었고, 그들의 정치 이념은 일관성 있게 미래를 그리기보다는 과거를 그리워하는 향수를 너무 분명하게 반영하고 있었기 때문이다.

혁명 전통

러시아 인텔리겐치아는 러시아의 개선을 스스로 떠맡았다. 이는 먼저 나라의 미래를 위한 사회적·정치적 청사진을 그리고, 그 다음에 혹시 가능하다면 그 청사진을 현실로 만드는 것이었다. 러시아의 미래를 재는 척도는 서유럽의 현재였다. 러시아 지식인들은 유럽에서 나타난 색다른 현상을 수용할지 거부할지 결정했을 것이다. 그러나 유럽의 모든 현상이 러시아에서 토론의 의제였고 그것을 러시아의 미래 계획에 포함시킬 수 있었다. 19세기의 세 번째 사반세기에 러시아에서 토론의 중심 주제는 서유럽 산업화와 산업화가 가져온 사회적·정치적 결과였다.

그 가운데 하나의 관점은 자본주의적 산업화가 서구에 인간의 타락, 대중의 빈곤, 사회 구조의 파괴를 불러왔고, 러시아는 어떠한 대가를 치르더라도 이를 피해야 한다는 것이었다. 이러한 시각을 지닌 급진 지식인은 나중에 소급해서 '인민주의자'라는 이름으로 분류됐다. 이러한 명명은 어느 정도 일관성 있는 조직의 존재를 암시하지만, 그런 조직이 실제로 존재하지는 않았다는 점을 염두에 두어야 한다(이 용어는 러시아 마르크스주의자들이 마르크스주의에 동의하지 않던 다양한 인텔리겐치아 집단과 스스로를 구분하려고 사용한 용어다). 인민주의는 1860년대부터 1880년대까지 러시아의 급진주의 사상의 주류였다.

러시아 인텔리겐치아는 일반적으로 (유럽에서 마르크스 이전의 사회주의자들, 특히 프랑스 '공상가들'이 이해한) 사회주의를 가장 바람직한 형태의 사회조직으로 받아들였다. 동시에 정치 변화의 이념으로 자유주의를 수용할 수도 있다고 생각했다. 인텔리겐치아는 또한 스스로와 '인민народ(나로드)' 사이의 격차를 메우려는 강렬한 욕망 때문에 사회적으로 고립되는 일에 반발했다. 인텔리겐치아 사상은 말하자면 자본주의적 산업화에 대한 거부에 러시아 농민계급의 이상화를 뒤섞은 인민주의의 경향을 지녔다. 인민주의자는 자본주의가 농민을 농토에서 뿌리 뽑는다고, 그래서 그들을 토지 없이 착취당하는 산업 프롤레타리아트로 만들어 도시로 쫓아낸다고 봤다. 이것이 유럽의 전통적 농촌 공동체를 파괴한다는 설명이다. 인민주의자는 러시아 농민들의 전통적 마을 조직인 코뮌*, 즉 미르를 자본주의의 파괴에서 구하려고 했다. 왜냐하면 그들은 미르를 원시 공산주의가 남긴 평등주의적 기구라 믿었으며, 러시

---

* 민주적 · 자율적으로 운영하는 정치 공동체를 말하며, 기본적으로 직접민주주의의 특징을 갖는다. 19세기 사회주의자들은 스스로의 이상에 부합하는 사회구조를 설명할 때 이 용어를 썼으며, 특히 1871년 파리 코뮌의 경험은 훗날 수많은 사회주의자에게 큰 영감을 줬다.

아가 서유럽과 다른 방식으로 사회주의로 나아가는 길을 미르에서 찾을 수 있을 것이라 믿었기 때문이다.

　1870년대 초에 인텔리겐치아가 농민계급을 이상화하고 자신들이 처한 상황과 정치 개혁의 전망에 좌절하면서, 1873~1874년에 인민주의적인 열망을 드러낸 자발적 대중운동인 '인민 속으로' 운동*이 나타났다. 학생과 인텔리겐치아 수천 명이 도시를 떠나 농촌으로 내려갔다. 때로 이들은 스스로를 농민계급을 계몽하는 사람으로 생각했고, 때로는 겸손하게도 인민의 소박한 지혜를 얻으려 했으며, 때로는 혁명적 조직과 선전을 구축할 희망을 품기도 했다. 이 운동은 중앙의 지시도 없었고 참가자 대부분과 연결되어 있는 확실히 정의된 정치적 의도 같은 것도 없었다. '인민 속으로'의 정신은 정치 운동이라기보다는 종교 순례에 가까웠다. 그러나 그 정신을 파악하기란 농민계급에게나 차르 경찰에게나 모두 어려웠다. 이 운동에 두려움을 느낀 당국은 대규모 체포를 단행했다. 농민들은 이 초대받지 않은 손님들을 귀족계급의 자식이자 십중팔구 계급의 적으로 여기며 의심했고, 종종 경찰에 넘겼다. 이 대실패로 인민주의자들은 크게 실망했다. 그래도 인민에게 봉사하겠다는 그들의 결심이 흔들리지는 않았다. 하지만 일부는 죽은 다음에야 평가받을 영웅다운 행동을 하다가 내쫓기거나 혁명적 무법자로 인민에게 봉사하는 길이 자신의 비극적 운명이라고 결론 내렸다. 1870년대 후반에는 혁명적 테러리즘이 급증했다. 이것은 투

---

* 한국사에서도 일제 식민지 시기에 등장한 적이 있는 '브나로드 운동'이 이것이다.

옥된 동지의 복수를 하려는 인민주의자의 열망, 그리고 정확히 겨눈 한 방이 러시아 전제정의 상부구조를 파괴할 수 있다면 러시아 인민이 자유롭게 자신의 운명을 찾을 것이라는 절실한 희망이 섞인 결과였다. 1881년에 인민주의 테러리스트가 모인 '인민의 의지'*라는 집단이 황제 알렉산드르 2세를 암살하는 데에 성공했다. 그 결과 전제정이 파괴되기는커녕 국가는 더 가혹한 탄압 정책을 폈고 더 자의적으로 법을 우회했으며, 근대적 경찰국가에 더 가까워졌다.[10] 암살을 둘러싼 대중의 반응으로 우크라이나에서 반反유대인 포그롬**이 일어났고, 러시아 농촌에서는 차르가 농민들을 농노제에서 자유롭게 해줬기에 귀족들이 차르를 암살했다는 소문도 퍼졌다.

1880년대가 되자 인민주의가 낳은 두 실패에 뒤이어 러시아 인텔리겐치아 내부에서 마르크스주의자가 하나의 집단으로 뚜렷하게 등장했다. 마르크스주의자는 이전 혁명적 운동의 특징인 유토피아적 이상주의와 테러 전술, 농민 지향성을 거부했다. 러시아 정치 환경이 좋지 않았고 테러리즘을 스스로 거부했기 때문에, 이 시기에 마르크스주의자는 혁명적 행동이 아니라 지적 논쟁을 촉발

---

* Народная воля. 1879년에 생긴 러시아의 인민주의 테러 조직이다. 차르 알렉산드르 2세를 암살한 것으로 가장 잘 알려졌다. 레닌의 형 알렉산드르도 여기에서 활동했다. 차르 암살 이후에 대대적 검거 열풍 속에 와해됐다.

** погром. 19~20세기 러시아제국에서 나타난 유대인 박해 및 학살을 말한다. 알렉산드르 2세의 암살 이후에 200건 이상의 포그롬이 발생했다. 특히 1903년 키시너우Chişinău(러시아어로는 키시뇨프Кишинёв) 포그롬으로 47명의 유대인이 살해되고 수백 명이 부상당했으며 수많은 유대인 여성들이 강간당하고 수백 채의 주택이 파괴됐다. 게다가 1905년 키예프 포그롬으로 100여 명의 유대인이 살해됐고, 1903~1906년에 발생한 600건 이상의 포그롬으로 수천 명 이상의 유대인이 학살된 것으로 보인다.

했다. 마르크스주의자는 러시아의 자본주의적 산업화가 불가피하며, 농민 미르는 국가와 국가가 부과하는 세금 및 상환금이라는 책무로 지탱되고 있을 뿐이지 내적으로는 이미 붕괴되었다고 주장했다. 마르크스주의자는 자본주의야말로 사회주의로 나아가는 유일한 길이며 자본주의 발전이 만들어낸 산업 프롤레타리아트야말로 진정한 사회주의혁명을 가져올 수 있는 유일한 계급이라고 단언했다. 마르크스주의자가 제기한 전제는 마르크스와 엥겔스가 자신의 저작에서 설명한 역사 발전의 객관 법칙으로 증명할 수 있는 것이었다. 마르크스주의자는 사회주의가 윤리적으로 더 우월하다는 이유 때문에 이를 선택한 자들을 비웃었다(물론 사회주의는 윤리적으로 더 우월했지만 그것이 핵심은 아니었다). 핵심은 사회주의가 자본주의처럼 인간 사회의 발전에서 예측할 수 있는 단계라는 점이었다.

러시아 전제정을 상대로 한 '인민의 의지' 당원의 투쟁을 본능적으로 칭송했던 유럽의 노장 혁명가 카를 마르크스가 보기에, 망명지에서 게오르기 플레하노프*를 중심으로 떼지어 모인 초기 러시아 마르크스주의자는 수동적이고 현학적이었다. 다른 사람들이 대의를 위해 싸우고 죽는 동안, 이 혁명가들은 혁명의 역사적 불가피성에 관한 글을 쓰는 것으로 만족했다. 그러나 러시아 인텔리겐

---

* Георгий Валентинович Плеханов(1856~1918). 러시아의 혁명가로, 스스로 '마르크스주의자'를 자처한 첫 러시아 사회주의 운동가이다. 인민주의 집단인 토지와 자유Земля и воля에서 활동하다가 마르크스주의자가 됐으며, 1898년 러시아사회민주노동당 창설을 주도했다. 1903년 분당 때 처음에는 레닌을 지지했지만 곧 결별했고, 1917년 혁명 기간에도 멘셰비키의 편에 섰다.

치아에게 미친 영향은 달랐다. 마르크스주의자의 과학적 예측 중 하나가 재빠르게 현실화됐기 때문이다. 예컨대 마르크스주의자는 러시아를 산업화해야 한다고 말했고, 1890년대에 비테의 열정 넘치는 통솔 아래 러시아는 그렇게 됐다. 러시아의 산업화는 자발적 자본주의 발전의 산물인 동시에 국가 후원과 해외 투자의 산물이었다. 그래서 어떤 면에서 러시아는 서양과 별도의 길을 걸었다.[11] 그러나 당대인들이 보기에 러시아의 급격한 산업화는 마르크스주의자들의 예측이 옳았으며 마르크스주의가 최소한 러시아 인텔리겐치아가 제기한 '중대한 문제'에 일부나마 답을 제공했다는 사실을 서사적으로 증명한 것처럼 보였다.

　러시아에서 마르크스주의는 중국, 인도, 다른 개발도상국에서처럼 서유럽 산업 국가와는 다른 의미를 가졌다. 마르크스주의는 혁명의 이념일 뿐만 아니라 근대화의 이념이기도 했다. 심지어 혁명에 수동적이라고 비난받을 일은 거의 없을 레닌마저도 자신을 마르크스주의자로 알린 『러시아 자본주의의 발전*Развитие капитализма в России*』에서 경제 근대화의 과정을 분석하고 옹호했다. 러시아에서 레닌과 동세대인 다른 마르크스주의 지도자들도 모두 비슷한 저작을 써 냈다. 이들의 주장은 마르크스주의자들의 어법으로 표현됐는데("나는 자본주의를 지지한다"가 아니라 "자본주의가 역사 발전에서 필연이라고 내가 말하지 않았느냐"), 레닌을 반反자본주의 혁명가로만 알고 있는 현대의 독자들에게는 놀랄 만한 일이다. 그러나 마르크스주의적 정의에 따르면 여전히 반半봉건 후진 사회였던 19세기 러시아에서 자본주의는 마르크스주의자들의 관점에서는 '진보적' 현상이었다. 이념의 측면에서 마르크스주의자들은 자본주의가 사회주의로 가는 필연적 단계였기에 호의를 보였다. 그러나 자본주의에 대한 그들의 애착은 정서적인 면에서 더욱 강력했다. 러시아 마르크스주의자들은 근대·산업·도시 세계를 동경했고, 오래된 농촌 러시아의 후진성에 불쾌감을 느꼈다. 레닌은 역사를 올바른 방향으로 밀어붙이는 적극적 혁명 의지를 강조했기에, 종종 옛 인민주의 전통의 혁명적 주의주의主意主義를 일부 지닌 비정통 마르크스주의자라는 지적을 받았다. 이는 맞는 말이기는 하지만 주로 1905년 전후나 1917년 같은 실제 혁명 시기의 레닌의 행동에 해당하는 것이다. 1890년대에 레닌은 근대화의 편에 섰기에 인민주의보다 마르크스주의를 선택했다. 그리고 레닌이 주요 순간마다 내린 선택은 레닌과 볼셰비키당이 1917년에 권력을 장악한 후 러시아혁명이 나아간 진로에 관해 많은 것을 설명해준다.

마르크스주의자들은 자본주의를 놓고 인민주의자들과 벌인 초기 논쟁에서 또 다른 중요한 결정을 했다. 도시 노동계급을 자신들의 지지 기반이자 러시아혁명의 주요 잠재 동력으로 선택한 것이다. 여기에서 마르크스주의자는 농민계급에게 짝사랑을 품었던 러시아의 혁명가 인텔리겐치아(인민주의자로 구성됐고 나중에 1900년대 초에 사회주의혁명가당*을 결성했다)의 오래된 전통과 결별했다. 또

---

* Партия социалистов-революционеров. 20세기 초 러시아에 있었던 주요 혁명 정당이다. 러시아어로는 알파벳 첫 글자를 따 에세르эсер라고 부른다. 인민주의 이념을 계승한 정당으로, 러시아는 자본주의를 거치지 않고 농촌을 기반으로 해서 사회주의로 이행할 수 있다고 봤다. 1917년 혁명 중에는 멘셰비키와 더불어 임시정부에 참여했으며, 제헌의회에서 제1당이 되기도 했다. 10월 혁명 이후 볼셰비키를 지지하는 사혁당 좌파와 볼셰비키에 반대하는 사혁당 우파로 나뉘었다.

한 마르크스주의자는 자유주의자(일부는 예전에 마르크스주의자였다)
와도 차이를 보였는데, 자유주의자의 해방운동은 1905년 직전에
야 정치 세력으로 등장할 것이었다. 자유주의자는 '부르주아' 혁명
을 희망했고, 새로운 전문직 계급과 자유주의적 젬스트보 귀족에
게 지지를 받는 데 성공했기 때문이다.

처음에 마르크스주의자의 선택은 전망이 별로 좋아 보이지 않
았다. 농민계급과 비교하면 노동자계급은 극소수였고, 도시의 상
류계급과 비교하면 지위나 교육, 재원이 부족했다. 마르크스주의
자는 초기에는 본질적으로 교육 활동을 통해 노동자와 접촉했는
데, 지식인은 노동자에게 약간의 보통 교육에 마르크스주의 기초
이론을 덧붙여 제공하는 동아리나 공부 모임을 제공했다. 역사가
들은 이 접촉이 혁명적 노동운동 발전에 미친 영향을 저마다 달리
평가한다.[12] 그러나 차르 당국은 정치적 위협을 꽤 심각하게 느꼈
다. 1901년 한 경찰 보고서에 따르자면,[13]

목표를 달성하려 하는 선동가들은 정부를 상대로 싸우도록 노
동자들을 조직하는 데 불행하게도 다소 성공을 거뒀다. 최근 3~4년
동안 대충 살려는 러시아 청년들은 반쯤 배워먹은 특정한 종류의 **지
식인** 나부랭이로 변했다. 이들은 가족과 종교를 경멸하고 법을 무시
하고 확립된 권위를 부인하고 비웃어야만 한다고 느낀다. 다행히도
공장에는 이러한 젊은이들이 많지 않다. 그러나 이 하찮은 소수는 자
신들을 따라하도록 우둔한 노동자 다수를 위협하고 있다.

대중과의 접촉이라는 측면에서 마르크스주의자는 이전의 혁명적 인텔리겐치아 집단보다 유리했다. 그들은 들을 의지가 있는 대중 집단을 찾았기 때문이다. 러시아 노동자들은 농민계급에서 완전히 떨어져 나오지는 않았지만 더 많이 교육받은 집단이었고, 최소한 일부는 '자기 발전'의 가능성이라는 근대적 도시 감각을 체화하고 있었다. 교육은 혁명적 지식인과 경찰 모두가 예상한 혁명으로 나아가는 길이기도 했지만 사회적 상향 이동의 수단이기도 했다. 이전의 인민주의 선교사와 달리 마르크스주의 교사는 경찰에게 괴롭힘을 당할 위협 이외의 더 나은 무엇인가를 학생들에게 제공할 수 있었다.

1898년부터 불법으로 러시아사회민주노동당*을 조직한 마르크스주의자들은 노동자 교육에서부터 정치적 노동조직, 파업, 그리고 1905년에는 혁명에도 직접 개입했다. 당-정치조직과 실제 노동계급의 저항이 정확히 일치한 적은 없다. 1905년에 여러 사회주의 정당은 노동계급의 혁명운동을 따라잡는 데에 엄청난 어려움을 겪고 있었다. 그렇지만 1898년과 1914년 사이에 러시아사회민주노동당은 인텔리겐치아 조직으로 머무르기를 멈추고 문자 그대로 노동자 운동에 합류했다. 당 지도부는 여전히 인텔리겐치아 출신이었고 대부분의 시간을 러시아 밖 유럽 망명지에서 보냈다. 그

---

* Российская социал-демократическая рабочая партия. 러시아 최초의 마르크스주의 혁명정당으로 1898년 민스크에서 열린 제1차 당대회에서 창당했다. 그러나 불과 5년 뒤인 1903년 열린 제2차 당대회에서 볼셰비키 분파와 멘셰비키 분파로 쪼개졌다. 많은 사람들이 당시에는 그 분열을 영구적이라 보지 않았지만, 실제로 1912년에 두 분파는 공식적으로 별개의 당이 됐다.

러나 러시아 국내의 당원과 활동가 대다수는 노동자였다(또는 직업 혁명가의 경우 노동자 출신이었다).[14]

　마르크스주의 이론의 관점에서 러시아 마르크스주의자들은 혁명의 주요 난점으로 보이는 지점에서부터 움직이기 시작했다. 다시 말해 마르크스주의자는 다가올 혁명이 아니라 다가올 혁명 다음에 올 혁명을 위해 활동해야만 했다. 정통 마르크스주의에 따르면, 러시아는 자본주의 단계에 진입하면서(이는 19세기 말에야 이루어졌다) 불가피하게 부르주아 자유주의 혁명이 전제정을 전복하는 쪽으로 나아갈 것이었다. 프롤레타리아트가 이 혁명을 지지할지도 모르지만 부차적 역할 이상을 할 수 있을 것 같지는 않았다. 오직 자본주의가 성숙한 이후에야 프롤레타리아 사회주의혁명의 기회가 무르익을 것이고, 그것은 먼 미래의 일이었다.

　1905년 이전에는 문제가 그리 심각해 보이지 않았다. 어떤 혁명도 진척이 없었고, 마르크스주의자들은 노동계급을 조직하는 데 다소 성공을 거두고 있었기 때문이다. 그러나 한 작은 집단, 즉 표트르 스트루베*가 이끄는 '합법적 마르크스주의자'들은 자신들의 마르크스주의 의제에 올라온 첫 (자유주의) 혁명을 수행해야 한다고 주장하면서 사회주의혁명이라는 궁극 목표에는 흥미를 잃어버렸다. 스트루베같이 근대화를 지향하는 전제정 반대자가 1890년대에 마르크스주의자 집단에서 활동해야 했다는 사실은 전혀 놀랍

---

*　Пётр Бернгардович Струве(1870~1944). 러시아의 경제학자로 한때 마르크스주의자였다. 1890년대에는 일부 마르크스주의 잡지의 편집자로도 활동했다. 그러나 20세기에 들면서 입헌자유주의자로 전향했고, 입헌민주당에 가입해서 활동했다. 그 이후에 스트루베는 두마 의원으로 활동했고, 러시아의 1차 세계대전 참전을 지지했다.

지 않다. 당시에는 그들이 활동할 만한 자유주의 운동이 전혀 없었기 때문이다. 세기가 바뀌면서 그들이 자유주의 해방운동을 설립하려고 마르크스주의를 떠난 것 역시 당연했다. 그럼에도 합법적 마르크스주의라는 이단은 러시아 사회민주주의 지도자들, 특히 레닌에게 철저하게 비난받았다. 레닌이 '부르주아 자유주의'에 보인 격렬한 적개심은 마르크스주의라는 측면에서 볼 때 다소 비논리적으로 보였고 동지들을 조금 곤혹스럽게 했다. 그러나 혁명이라는 측면에서 볼 때 레닌의 태도는 극도로 합리적이었다.

그 시기에 러시아 사회민주주의 지도자들은 경제주의, 즉 노동자 운동은 정치적 목표보다 경제적 목표에 집중해야 한다는 이단적 주장을 거부했다. 사실 러시아의 노동운동에서 경제주의자로만 명확히 구분할 만한 활동가는 거의 없었는데, 어느 정도는 러시아 노동자들의 저항이 임금 문제 같은 순수하게 경제적인 쟁점에서 정치적 쟁점으로 매우 빠르게 진전하는 경향이 있었기 때문이다. 그러나 망명 지도자들은 러시아 내부의 상황보다 유럽 사회민주주의 내부의 경향에 종종 더 민감했기에, 독일에서 발전한 수정주의·개혁주의 경향을 두려워했다. 경제주의와 합법적 마르크스주의를 놓고 벌인 정통 논쟁에서 러시아 마르크스주의자들은 자신들은 개혁가가 아닌 혁명가이며, 그들의 대의가 자유주의 부르주아지의 혁명이 아닌 사회주의 노동자의 혁명에 있다고 명확하게 밝혔다.

1903년에 러시아사회민주당이 제2차 당대회를 열었을 때, 당 지도부는 겉으로 보기에는 사소한 쟁점인 당 신문 『이스크라

Искра(불씨)』 편집국 구성 문제를 놓고 논쟁에 빠져들었다.[15] 논쟁이 레닌을 중심으로 돌아갔기에 레닌 스스로가 가장 주요한 쟁점이라 할 수 있었고, 레닌의 동료들은 그가 너무 공격적으로 주도권을 잡으려 한다고 여겼다. 본질적인 문제는 당대회에서 전혀 논의할 수 없었다. 당대회에서 레닌은 강압적 태도를 취했고, 여러 이론 문제, 최근 들어 특히 당의 조직과 기능을 다룬 문제에 매우 단호하게 규율을 주장하고 있었다. 레닌과 선배 마르크스주의자 플레하노프가 갈등했고, 레닌과 동년배 율리 마르토프*의 우정이 종말을 맞았다.

제2차 당대회의 결과로 러시아사회민주노동당이 '볼셰비키' 분파와 '멘셰비키'** 분파로 쪼개졌다. 볼셰비키는 레닌의 지도를 따르는 사람들이었고, 멘셰비키(플레하노프, 마르토프, 트로츠키를 포함)는 레닌이 도를 넘었다고 생각하는 더 크고 더 다양한 당원 집단으로 구성됐다. 하지만 이 분열은 러시아 국내의 마르크스주의자들에게 거의 의미가 없었고, 망명자들조차 이 분열이 곧 봉합될 것이라고 여겼다. 현실은 예상과 반대로 흘러갔다. 시간이 흐를수록 두

---

* Юлий Осипович Мартов(1873~1923). 러시아의 혁명가이다. 원래 성은 체데르바움 Цедербаум. 멘셰비키의 지도자였다. 레닌과 함께 페테르부르그 노동자계급해방투쟁연맹 Союз борьбы за освобождение рабочего класса을 창설했다. 1차 세계대전 당시에도 전쟁에 반대하는 레닌과 비슷한 생각을 지녔고, 1917년 혁명 기간에도 임시정부에 참여한 멘셰비키 지도자들을 강하게 비판했다.
** меньшевики. 러시아사회민주노동당에서 1903년 제2차 당대회 이후 떨어져 나온 분파이다. 그 뜻은 러시아어 소수меньшинство에서 유래했다. 복수형 표현이며, 단수형은 멘셰비크 меньшевик라고 한다. 멘셰비키는 볼셰비키보다 느슨한 조직이었고, 볼셰비키와 달리 프롤레타리아트가 부르주아혁명을 지도해서는 안 된다고 봤기에 1917년 혁명에서도 부르주아 자유주의 혁명을 '감시'하기 위해 임시정부에 참여했다.

분파는 1903년보다 더 명확히 구분되는 정체성을 확립했다. 그 이후 수년 동안 레닌은 때때로 '분열자分裂者'인 것에 자부심을 표현했다. 이는 레닌이 성기게 짜인 대규모 정치 조직보다 더 높은 헌신과 이념적 단결을 요구하는 작고 규율 잡힌 급진 집단이 효율적이라고 여겼다는 의미였다. 그러나 일부 사람들은 이것을 레닌이 반대 의견에 관용이 부족했기 때문이라고 분석했다. 트로츠키는 혁명 전에 있었던 논쟁에서 이 '심술궂고 의심 많은 모습'을 '옹졸한 자코뱅의 풍자화'라고 부르기도 했다.[16]

1903년 이후 수년간 멘셰비키가 더 정통 마르크스주의로 보였다(1917년 중반까지 멘셰비키였지만 항상 독불장군이었던 트로츠키는 여기에 포함되지 않는다). 멘셰비키는 혁명으로 나아가는 사건의 속도를 억지로 조절하려는 경향이 덜했고, 엄격하게 조직되고 규율 잡힌 혁명정당을 만드는 데에도 흥미가 덜했다. 멘셰비키가 제국의 비러시아 지역에서 지지를 모으는 데 성공했다면, 볼셰비키는 러시아 노동자들 사이에서 우위를 점했다(그러나 인텔리겐치아가 대부분인 양당 지도부 모두에서 유대인과 비러시아인이 두각을 나타냈다). 전쟁이 일어나기 직전인 1910~1914년에 노동자들의 분위기가 더 호전적으로 변하면서, 멘셰비키는 노동계급의 지지를 볼셰비키에게 빼앗겼다. 멘셰비키가 부르주아지와 가까운 '고상한' 당으로 보인 반면, 볼셰비키는 더 혁명적이면서 더 노동계급적인 당으로 보였기 때문이다.[17]

멘셰비키와는 달리 볼셰비키는 한 명의 지도자가 있었고, 그 정체성도 레닌의 생각과 인성에 따라 많은 부분 규정됐다. 마르크스주의 이론가로서 레닌이 보인 가장 뚜렷한 특징은 당 조직을 강조한 것이었다. 레닌은 당을 프롤레타리아혁명의 전위일 뿐만 아니라 어떤 면에서는 혁명의 창조자라고 봤다. 그가 주장하기로 프롤레타리아트 스스로는 오직 노동조합 의식을 달성할 수 있을 뿐이지 혁명적 의식은 달성하지 못하기 때문이다.

레닌은 핵심 당원이 전임 직업혁명가로 구성돼야 한다고 믿었다. 당원은 인텔리겐치아와 노동계급 양쪽에서 충원하지만, 다른 어떤 사회집단보다도 노동자의 정치조직에 더 집중해야 했다. 『무엇을 할 것인가? *Что делать?*』(1902)에서 레닌은 당의 중앙집중화, 엄격한 규율, 이념 통일의 중요성을 주장했다. 물론 당시 볼셰비키가 경찰국가에서 비밀스럽게 활동하는 당이었다는 사실을 고려하면 타당한 처방이다. 그럼에도 레닌과 동시대를 살았던 많은 사람들이 생각하기에는(훗날 학자들이 생각하기에도) 더 큰 다양성과 자발성을 허락하는 더 느슨한 대중조직에 레닌이 느낀 반감은 단순히 편의주의에서 나온 것이 아니라 내면의 권위주의적 경향을 반영한 것이었다.

레닌은 프롤레타리아혁명이 궁극적으로 일어난다고 예측하기보다 적극적으로 혁명을 열망했던 것으로 보인다는 점에서 다른 러시아 마르크스주의자들과 달랐다. 그 덕에 정통 마르크스주의를 약간 수정해야 했던 것도 사실이지만, 이는 분명히 카를 마르크스가 좋아했을 법한 기질이다. 레닌은 자유주의 부르주아지가 러시아의 반反전제정 혁명에서 당연히 지도부가 되어야 한다는 생각을 결코 받아들일 수 없었다. 1905년 혁명 중에 쓴 『민주주의 혁명에서 사회민주주의의 두 전술*Две тактики социал-демократии в демократической революции*』에서 레닌은 러시아의 반체제 농민 계급과 동맹을 맺은 프롤레타리아트가 혁명의 주역을 맡을 수 있고 맡아야만 한다고 주장했다. 진정으로 혁명을 하려는 의도가 있는 러시아 마르크스주의자는 부르주아지가 혁명 지도부를 맡는다는 교의를 피할 수 있는 방법을 찾아야만 했다. 트로츠키의 '연속혁명'* 이론은 이와 유사하고 아마 더 성공적인 효과를 거뒀다. 1905년부터 레닌의 글에는 '독재', '반란', '내전' 같은 단어가 더 빈번하게 등장한다. 레닌은 미래의 혁명적 권력이양을 이렇게 거칠고 폭력적이며 현실적인 용어로 인식했다.

1905년 혁명과 그 여파, 1차 세계대전

후기의 러시아제국은 유럽의 어떤 열강보다 많은 상비군을 보유한 팽창하는 제국주의 국가였다. 외부로 뻗어나가는 러시아의 국력은 자부심의 원천이자 국가 내부의 정치적·사회적 문제와 대

---

* перманентная революция. 마르크스를 필두로 다양한 마르크스주의 이론가들이 이야기했지만, 가장 유명하고 잘 알려진 연속혁명론은 트로츠키의 이론이다. 연속혁명 이론은 자본주의가 충분히 발전하지 않은 사회에서 어떻게 사회주의혁명이 발발할 것인지에 대한 설명을 담고 있다. 트로츠키에 따르면 후진국에서 부르주아혁명은 부르주아지가 주체가 되지 못하며, 그 혁명의 과제 역시 프롤레타리아트가 수행해야 한다. 그러나 프롤레타리아트가 권력을 장악했다고 하더라도 이미 세계경제의 틀 안에서 발전한 국민경제는 한 국가의 경계 안에 갇힐 수 없다. 그렇기에 혁명은 세계 사회주의 발전으로 나아갈 수밖에 없는 것이다. 1917년 레닌과 볼셰비키가 2월 혁명 이후 4월 테제를 통해 사회주의혁명을 주장한 데에는 연속혁명론의 영향이 컸다.

비되는 업적이었다. 20세기 초에 한 내무대신*이 한 말에 따르면, "승리로 끝나는 소규모 전쟁"은 러시아 국내의 불안정함을 해결하는 최고의 치료약이었다. 그러나 역사적으로 볼 때 이 주장은 오히려 의심스럽다. 반세기가 넘도록 러시아는 여러 전쟁에서 성공을 거두지도 못했고, 전쟁이 정부에 대한 사회의 신뢰를 높여주지도 못했다. 크림전쟁**에서 겪은 군사적 굴욕은 1860년대의 급진적 국내 개혁을 촉발했다. 1870년대 말 발칸반도에 군사적으로 개입한 이후 러시아가 겪은 외교적 패배는 알렉산드르 2세가 암살될 때까지 이어질 정치 위기를 만들어냈다. 1900년대 초에 러시아는 세력을 극동으로 확장하면서 그 지역에서 팽창 중이던 또 다른 열강 일본과 충돌했다. 니콜라이 2세의 일부 대신들이 경고를 했지만, 궁정과 고위 관료 세계 내부에는 극동에 손쉽게 건져먹을 것이 있다는 생각, 열등하고 유럽 열강도 아닌 일본을 만만히 여기는 정서가 만연했다. 일본이 추동했지만, 이에 거의 맞먹을 만큼 러시아 극동 정책의 결과이기도 한 러일전쟁***은 1904년 1월에 발발했다.

---

* 뱌체슬라프 콘스탄티노비치 폰 플레베Вячеслав Константинович фон Плеве(1846~1904)이다. 플레베는 암살된 전임 내무대신 드미트리 시퍄긴Дмитрий Сипягин의 뒤를 이어 1902년에 내무대신이 됐다. 플레베는 재임 기간 동안 반유대인 선전을 장려했고, 결국 사회주의혁명가당 당원 예고르 사조노프Егор Сазонов가 던진 폭탄에 목숨을 잃었다.

** 1853년부터 1856년까지 러시아제국과 영국·프랑스·오스만제국·사르데냐왕국의 연합군 사이에서 벌어진 전쟁이다. 러시아가 오스만제국 내 성지聖地에서 정교도를 보호한다는 명분으로 전쟁을 개시하자, 이 지역의 이권을 두고 여러 나라들이 참전했다. 파리조약으로 러시아는 크림 일대에 대한 영향력을 상실했고, 러시아는 군사 개혁을 포함한 광범위한 개혁의 필요성을 실감하게 됐다.

*** 1904년부터 1905년까지 만주와 조선에서 주도권을 차지하려고 러시아와 일본이 벌인 전쟁을 말한다. 러시아는 이 전쟁에서 패배하면서 혁명의 길로 빠져들었고, 일본은 조선을 완전히 영향력 아래 두고 식민지화의 길로 나서게 됐다.

이 전쟁은 러시아가 육지와 바다에서 겪은 일련의 재앙이자 굴욕으로 드러났다. 초기의 열정 넘치던 상류사회의 애국심은 재빠르게 시들었다. 젬스트보 같은 공공 조직은 1891년 기근 때 그랬던 것처럼 긴급 상황에서 정부를 도우려 했지만, 관료제와 충돌한 뒤 좌절만 경험했다. 이는 자유주의 운동에 기름을 부었는데, 더 이상 무능력하고 비효율적인 전제정을 용납할 수 없었기 때문이다. 따라서 젬스트보 귀족과 전문직은 유럽 망명 중이던 표트르 스트루베와 다른 자유주의 활동가들이 지도하는 비합법적 해방운동으로 집결했다. 일본과 전쟁이 아직 계속되던 1904년의 마지막 몇 달 동안 러시아의 자유주의자들은 (1847년 프랑스 왕 루이 필리프*를 상대로 사용된 선례를 참고해서) 개혁가 연회**를 조직했으며, 이를 통해 이 사회 엘리트들은 입헌 개혁이라는 구상을 지지한다는 것을 보여주었다. 동시에 정부는 관리들을 겨냥한 테러, 학생 시위, 노동자 파업이라는 다른 종류의 압박에 시달렸다. 1905년 1월 페테르부르그 노동자들은 경제적 불만을 차르에게 호소하려고 평화 시

---

* 루이 필리프 1세Louis-Philippe I(1773~1850)는 프랑스의 군주이다. 프랑스혁명을 지지했고 혁명에 적극적으로 참여했으나, 아버지가 처형당한 이후 왕정복고 시기까지 망명길에 올랐다. 1830년 7월 혁명으로 샤를 10세가 물러나고 왕으로 추대됐다. 처음에는 '시민의 왕'으로 불리며 인기가 높았지만, 점차 드러나는 보수주의 성향과 노동자들의 생활수준 저하로 인해 1848년 2월 혁명이 발발했다. 루이 필리프는 영국으로 망명을 떠나 그곳에서 사망했다.

** 프랑스의 연회 운동Campagne des banquets은 1847년 프랑스의 프랑수아 기조François Guizot 내각이 선거법 확대 개혁을 무산시키자 개최된 전국적 개혁 운동이다. 실제로 1848년 2월 혁명의 원인 중 하나는 연회 운동에 대한 금지령이었다. 이를 본받은 러시아의 개혁가 연회Банкеты реформистов은 1904년 가을 자유주의자와 부르주아 지식인들에 의해 개최됐다. 사법제도 도입 40주년을 맞아 페테르부르그와 모스크바를 포함한 대도시에서 연회가 열렸으며, 자유주의자들은 의회의 도입과 정치 개혁을 촉구하는 수많은 연설을 했다.

위에 나섰다. 시위를 조직한 사람은 전쟁광이나 혁명가가 아니라 경찰과 연줄이 닿은 변절한 성직자인 게오르기 가폰 신부*였다. 피의 일요일(1월 9일)**에 근위대가 겨울 궁전 밖에서 시위대에게 발포하면서 1905년 혁명이 시작됐다.[18]

전제정에 맞선 전국적 연대의 정신은 1905년의 첫 아홉 달 동안 매우 강했다. 혁명 운동을 지도하겠다는 자유주의자들의 요구에 심각하게 이의를 제기하는 사람은 없었다. 그리고 체제를 상대로 협상하는 자유주의자의 지위는 젬스트보와 중간계급 전문직이 만든 새로운 조합의 지지에 기반을 두었을뿐더러, 학생 시위·노동자 파업·농민의 혼란·군대의 항명·제국의 비러시아 지역에서 발생한 소요 등 다양한 압박에 기반을 둔 것이기도 했다. 전제정은 일관되게 수세에 몰렸고 공황과 혼란 상태에 빠졌으며 질서를 복구할 능력이 명백히 없었다. 1905년 8월 말 비테가 확실히 유리한 조건으로 일본과 평화조약(포츠머스조약)을 체결하면서, 전제정의 생존 전망은 뚜렷하게 나아졌다. 그러나 체제는 여전히 만주에 100만 대군을 두고 있었으며, 병사들은 철도노동자의 파업을 통제할 때까지 시베리아 횡단열차를 타고 집으로 돌아갈 수 없었다.

자유주의 혁명이 절정을 이룬 것은 니콜라이 2세의 10월 선언(1905)이었으니, 이 선언에서 니콜라이는 입헌 원칙을 승인하고

---

* Георгий Аполлонович Гапон(1870~1906). 러시아 정교회의 사제 및 혁명가로 피의 일요일 사건 당시 시위대를 이끌었던 것으로 유명하다. 그러나 나중에 차르 경찰의 첩자였다는 사실이 밝혀져서 살해됐다.

** 피의 일요일Кровавое воскресенье. 1905년 1월 9일 러시아제국의 수도 페테르부르크에서 발생한 유혈 참극. 니콜라이 2세에게 탄원하려고 겨울 궁전으로 행진하는 평화로운 청원 행렬에 근위대가 발포하여 수백 명의 사망자와 수천 명의 부상자가 발생했다.

전국 선거를 열어 두마를 구성하기로 약속했다. 10월 선언은 자유주의자들을 분열시켰다. 곧 10월당* 창당을 준비하던 사람들은 선언을 받아들였고, 입헌민주주의자(카데트)**는 이 선언을 공식적으로는 받아들였으나 더 많은 양보를 원했다. 자유주의자들은 이 시기에 혁명 활동에서 사실상 철수했고 새로이 10월당과 입헌민주당을 조직해 다가올 두마 선거를 준비하는 데 힘을 쏟았다.

그러나 노동자들은 이전보다 훨씬 더 눈에 띄고 갈수록 더 호전성을 띠게 되면서, 그해가 끝날 때까지 계속해서 활발히 혁명적인 모습을 보였다. 10월에 페테르부르크 노동자들은 '소비에트'***, 다시 말해 공장에서 선거로 뽑힌 대표들이 모이는 노동자 회의를 조직했다. 페테르부르크 소비에트는 도시의 다른 기관들이 마비되고 총파업이 진행 중일 때 긴급 지방정부 같은 기능을 담당했다. 그러나 소비에트는 노동자들을 위한, 그보다는 덜하지만 혁명정당에서 온 사회주의자들을 위한 정치 광장 역할도 하게 됐다(당시에는 멘셰비크였던 트로츠키도 소비에트 지도자가 됐다). 몇 달 동안 차르

---

* 정식 명칭은 '10월 17일 연맹Союз 17 октября'으로 흔히 10월당으로 부른다. 10월 17일은 니콜라이 2세가 10월 선언을 발표한 날을 뜻한다.

** 입헌민주당Конституционно-демократическая партия은 러시아제국의 자유주의 정당이다. 줄여서 카데트К-Д로 불린다. 당수는 파벨 밀류코프Павел Милюков이다. 1905년 차르의 10월 선언 이후에 창당됐으며, 주요 지지 기반은 지식인과 전문직 집단이다. 2월 혁명 이후에 임시정부에 참여했고, 여름에는 많은 입헌민주당원이 코르닐로프를 지지하기도 했다.

*** 소비에트Совет는 러시아혁명기 노동자·농민·병사의 직접민주주의 정치기구이다. 소비에트라는 단어는 현재도 러시아어에서 충고, 조언이라는 뜻으로 사용된다. 한국어로는 '평의회評議會'로도 번역됐으나, 보다 간단히 '회의'로 번역하기도 한다. 그러나 소비에트는 단순히 회의라기보다는 구성원들의 직접 투표로 선출된 대표들이 모여서 하는 대표회의이다. 1905년 혁명에서 처음 등장했으나 진압되어 사라졌고, 1917년 2월 혁명에서 다시 등장했다. 볼셰비키는 소비에트의 이름으로 권력을 잡았다고 주장했고, 스스로의 나라를 소비에트공화국으로 불렀다.

당국은 소비에트를 조심스러운 방식으로 다뤘고, 모스크바와 다른 도시에도 비슷한 기관들이 등장했다. 그러나 12월 초에 소비에트는 경찰에 의해 해산됐다. 페테르부르크 소비에트가 공격당했다는 소식을 듣고 모스크바 소비에트는 무장봉기에 나섰고, 여기에서 볼셰비키는 상당한 영향력을 얻었다. 이 봉기는 군대에 진압됐지만, 노동자들의 반격으로 많은 사상자가 나왔다.

1905년의 도시 혁명은 18세기 말 푸가초프 반란 이래로 가장 심각한 농민 봉기를 촉발했다. 그러나 도시 혁명과 농촌 혁명이 동시에 일어나지는 않았다. 영주의 저택을 약탈하고 불태웠으며 지주나 관리를 공격했던 농민반란은 1905년 여름에 시작해서 늦가을에 정점에 달했고, 가라앉았다가 다시 1906년에 대규모로 발생했다. 그러나 1905년 말에도 체제는 봉기한 마을마다 병력을 동원할 수 있을 정도로 충분히 강했다. 1906년 중순에 이르면 모든 병력이 극동에서 퇴각했고, 군대의 규율이 회복됐다. 1906년에서 1907년으로 넘어가는 겨울에 러시아 농촌 지역 대부분에 계엄령이 내려졌고, (1,000건이 넘는 처형을 포함한) 약식 재판이 야전 군사법원에서 열렸다.

러시아의 지주 귀족은 1905~1906년의 경험에서 교훈을 얻었다. 즉, 자신의 이해관계는 자유주의자가 아니라 (분노한 농민들로부터 아마도 자신을 지켜줄 수 있는) 전제정과 함께한다는 교훈이었다.[19] 그러나 도시 쪽에서 본다면 1905년 혁명은 계급 양극화 같은 명확한 의식을 낳지 않았다. 심지어 사회주의자 대부분에게도 1905년 혁명은 자유주의의 변덕스러운 속성을 드러내고 부르주아지와 프롤레타리아트 사이의 본질적 반목을 드러낸 러시아판 1848년 혁명*이 아니었다. 자본주의적 중간계급보다 전문직을 더 대변하는 자유주의자들은 10월에 옆으로 비켜서 있었다. 그러나 자유주의자들은 노동자 혁명에 맹공격을 퍼붓는 체제에 합류하지도 않았다. 러시아 자유주의자들이 노동자 운동과 사회주의 운동에 취한 태도는 유럽 국가 대부분에서 자유주의자들이 취한 태도보다 훨씬 더 상냥했다. 노동자들은 자유주의자들을 배신자라기보다 소심한 동맹으로 인식하는 듯 보였다.

1905년 혁명의 정치적 결과는 애매했고 어떤 점에서는 관련자 모두에게 불만족스러웠다. 러시아를 입헌 체제와 가장 비슷하게 만든 1906년의 기본법에서 니콜라이는 러시아가 여전히 전제정이라는 스스로의 믿음을 널리 알렸다. 이제 전제군주가 선출된 의회에 의견을 구하고, 정치 정당이 합법화됐다. 그러나 두마의 권력에는 한계가 있었다. 대신들은 오직 전제군주에게만 책임을 졌다. 첫 두 번의 두마가 자신을 순순히 따르지 않는다는 사실이 드러나자** 차르는 자의적으로 두마를 해산한 후 일부 사회집단의 선거권

---

* 1848년 혁명은 유럽에서 일어난 일련의 정치적 격변을 말한다. 이 혁명은 본질적으로 민주적 성격을 지녔으며, 낡은 봉건제 구조를 청산하고 새로운 민족국가를 수립하는 것을 목표로 삼았다. 1월에 시칠리아에서 오스트리아의 지배에 반대하는 봉기가 일어났으며, 특히 프랑스 2월 혁명으로 군주제가 붕괴하자 혁명의 불길은 전 유럽에 퍼져나갔다. 특히 독일의 3월 혁명은 독일연방과 오스트리아제국 전역에서 발발해서 온 나라를 뒤흔들었다. 프랑스를 제외한 지역에서는 혁명이 결국 짓밟히고 말았지만, 빈 체제가 붕괴하고 자유주의와 민족주의가 급속히 확산되는 결과를 낳았다.

** 제1차 두마는 1906년 4월 27일부터 7월 21일까지, 제2차 두마는 1907년 2월 20일부터 6월 2일까지 존속했다. 두 두마 모두 자유주의 및 사회주의 세력의 비율이 높았기에 차르에게 강제로 해산됐다. 1907년 11월 7일부터 존재한 제3차 두마는 젠트리, 지주, 기업가의 비율을 대폭 늘렸기에 보수적 의원의 비율이 늘어났고, 1912년까지 무사히 임기를 마칠 수 있었다.

을 박탈하고 토지 귀족의 숫자를 과하게 늘린 새로운 선거제도를 도입했다. 두마의 가장 중요한 역할은 정치 논쟁을 하는 공공의 장을 제공하고 정치인에게 훈련장을 마련해주는 일이었다. 1860년대의 사법 개혁이 변호사들을 키워낸 것처럼 1905~1907년의 정치 개혁은 의회 정치인들을 키워냈다. 두 집단 모두 전제정이 따를 수 없는 가치와 열망을 발전시켜가는 경향을 보였다.

1905년 혁명의 영향이 닿지 **않았던** 한 부분은 1880년대에 완성된 경찰 체제이다. 너무나 긴 시간 동안 너무나 많은 주민들이 (1906~1907년에 야전 군사법원에서 농민계급의 반란을 다룬 예만 보더라도) 적절한 법적 절차를 적용받지 못하고 있었다. 물론 여기에도 이해할 만한 이유가 있다. 예컨대 상대적으로 조용했던 해인 1908년에도 정치적인 이유로 1,800명의 관리가 살해되고 2,083명의 관리가 부상을 입었다는 사실[20]은 사회가 얼마나 갈팡질팡하고 있었는지, 체제가 얼마나 수세에 몰려 있었는지 보여준다. 이는 많은 점에서 정치 개혁이 겉치레에 불과했다는 사실을 의미한다. 예를 들어서 노동조합은 원칙적으로 합법이었으나 경찰은 개별 노조를 빈번하게 폐쇄했다. 정당은 합법이었고 심지어 혁명적 사회주의 정당들도 두마 선거에서 몇몇 의석을 얻을 수 있었지만, 혁명적 사회주의 정당의 당원들이 예전보다 덜 체포됐던 것도 아니었고, (대부분 1905년 혁명 기간에 러시아로 돌아왔던) 당 지도부는 투옥과 유형을 피하려고 다시 망명을 떠나야만 했다.

돌이켜 보면, 1905년에 혁명을 경험한 뒤 1917년 혁명이 수평선 위로 떠오르기 전까지 마르크스주의 혁명가들은 노동자들의 화려한 혁명적 등장을 자축하고 미래의 성공을 예상했어야 하는 것이었는지도 모른다. 그러나 분위기는 완전히 달랐다. 볼셰비키도 멘셰비키도 1905년 노동자 혁명이 마련한 발판 그 이상으로 올라갈 수 없었다. 노동자들은 혁명가들을 거부했다기보다는 능가해버렸고, 이 사실은 특히 레닌을 긴장시켰다. 혁명이 왔지만, 체제는 반격했고 살아남았다. 인텔리겐치아 내부에서는 혁명의 꿈과 완전무결한 사회라는 오래된 환상을 포기해야 할지 말지를 놓고 이야기가 많았다. 혁명적 관점에서 보자면, 합법 정치기구라는 겉치레와 거만하고 말 많은 새로운 부류의 자유주의 정치인들(레닌의 관점을 요약하자면 니콜라이 2세와 크게 다르지 않은 자들) 빼고는 얻은 것이 없었다. 혁명 지도부는 망명 생활의 익숙한 쓸쓸함으로 되돌아가야 한다는 사실이 참을 수 없을 만큼 실망스러웠다. 1905년에서 1917년 사이의 시기만큼 망명자들이 쉽게 발끈해서 언쟁을 한 적은 없었다. 실제로 러시아인들이 벌인 사소한 언쟁은 유럽 사회민주주의 진영의 추문이 됐고, 레닌은 최악의 공격적 싸움꾼 가운데 한 사람이었다.

전쟁 전의 여러 나쁜 소식 중에는 체제가 농업 개혁을 준비하고 있다는 내용도 있었다. 1905~1907년의 농민반란을 경험한 정부는 미르가 농촌의 안정성을 제일 잘 보장한다는 오래된 전제를 버려야 한다고 확신했다. 농촌의 안정은 이제 독립적 소농 계급의 형성, 즉 당시 니콜라이의 총리대신이었던 표트르 스톨리핀*이 표현한 대로 '건실한' 쪽에 걸기에 달려 있었다. 농민들은 스스로의 보유지를 확고히 하고 미르에서 분리해나오도록 장려됐다. 각 지방에 이 과정을 촉진할 토지위원회가 설치됐다. 여기에는 빈농이 토지를 팔고 도시로 가면 더 부유한 농민이 자신의 보유지를 넓히고 확장해서 프랑스 농민들처럼 보수적 소사부르주아지의 심성을 획득하리라는 가정이 있었다. 1915년 러시아 농민의 4분의 1에서 2분의 1이 '개인 소유 같은 형태로' 토지를 보유했지만, 법적 · 실제적 과정의 복잡함으로 그 땅의 소유권을 인정받은 농민은 10분의 1에 불과했다.[21] 스톨리핀 개혁은 농업에서도 자본주의적 발달을 기본으로 깔고 있었기에 마르크스주의 관점에서 볼 때 '진보적'이었다. 그러나 도시 자본주의의 발전에 미치는 영향과는 대조적으로, 러시아혁명의 관점에서 볼 때 스톨리핀 개혁의 단기적 · 중기적 함의는 혁명의 사기를 엄청나게 꺾어놓는 것이었다. 러시아의 전통적 농민계급은 쉽게 반란에 나섰다. 만약 스톨리핀 개혁이 제대로 작동했다면(레닌도 그럴 가능성이 있다고 두려워했다) 러시아 프롤레타리아트는 혁명의 중요한 동맹을 잃어버렸을 것이다.

러시아 경제는 1906년 비테가 국제금융협회에서 막대한 차관(22억 5,000만 프랑)을 들여와 회생했다. 그래서 러시아인이 소유한 산업과 외국인이 소유한 산업 모두 전쟁 이전 기간에 급격하게 발전했다. 이는 산업 노동계급 역시 확장했다는 사실을 의미한다. 노동자들의 불만은 1905~1906년 겨울에 노동자 혁명 운동이 잔혹

---

* Пётр Аркадьевич Столыпин(1862~1911). 러시아의 정치인으로 1906년부터 1911년까지 총리대신과 내무부대신을 지냈다. 제2차 두마가 자신의 토지개혁안 승인을 거부하자 두마를 해산하고 소수민족 · 노동자 · 농민의 선거권을 제한하는 새로운 선거법을 공표했다. 이를 6 · 3 쿠데타라고도 부른다. 1911년 키예프의 오페라 극장에서 무정부주의 혁명가 드리트리 보그로프Дмитрий Богров에게 암살됐다.

하게 분쇄된 이후 몇 년 동안 급격히 줄어들었다가 1910년경 다시 치솟았다. 전쟁 직전에 대규모 파업이 점차 증가했으며, 1914년 여름 페트로그라드 총파업으로 정점을 찍었다. 일부에서는 러시아가 전시 징병을 감당할 수 있을지 심각하게 의문을 표했다. 노동자들의 요구는 경제적일 뿐만 아니라 정치적이었다. 노동자들은 자신들에게 강압적인 체제에 불만이 있었을 뿐만 아니라 러시아 산업의 많은 부문을 외국인들이 지배하는 현실의 책임을 체제에 묻기도 했다. 러시아에서 노동자들이 더 폭력적이고 호전적으로 변하면서 멘셰비키는 그들이 노동자들의 지지를 잃고 있다는 사실을, 반면에 볼셰비키는 그 지지를 얻고 있다는 사실을 깨달았다. 그러나 이 사실이 망명 중인 볼셰비키 지도부의 사기를 올려주지는 못했다. 망명 지도부는 국내와 연락이 제대로 닿지 않았기 때문에 그 사실을 거의 알아채지 못했으며, 유럽의 망명 러시아인 공동체와 사회주의자 공동체 사이에서 볼셰비키 지도부의 지위는 갈수록 약해졌고 고립됐다.[22]

1914년 8월에 유럽에서 독일·오스트리아-헝가리와 러시아·프랑스·영국 사이의 전쟁이 발발했을 때, 정치 망명자들은 전시에 외부인 거주자들이 겪는 일반적인 문제도 경험했을 뿐만 아니라 러시아로부터도 거의 완전히 고립됐다. 전쟁이 선포되자 유럽 사회주의 운동 세력 내부의 수많은 국제주의자들이 하룻밤 사이에 애국자가 됐다. 러시아인들은 노골적 애국주의에 다른 나라 사람들보다 덜 경도됐으나, 대부분은 러시아 영토를 방어하는 한 러시아의 전쟁을 지지하는 '방어주의' 입장을 취했다. 그러나 레닌은 조국의 대의를 완전히 거부하는 더 소규모의 '패배주의자' 집단에 속했다. 레닌은 이 전쟁은 제국주의 전쟁이며, 가장 좋은 결과는 내전과 혁명을 일으킬지도 모르는 러시아의 패배라고 생각했다. 이는 사회주의 운동 내부에서조차 논란을 불러일으켰고, 볼셰비키는 자신들이 매우 냉대를 받는다는 사실을 알아차렸다. 전쟁 기간에 러시아에서 이름난 볼셰비키는 두마 의원일지라도 전부 체포됐다.

1904년처럼 러시아가 선전포고를 하자 애국적 열정이 온 사회를 뒤덮었고, 호전적 애국주의의 깃발이 여기저기 휘날렸다. 국내 갈등이 일시적으로 사그라졌고, 정부의 전쟁 수행 노력을 도우려는 상류사회와 비정부기관의 진지한 시도가 빗발쳤다. 그러나 이 열기는 빠르게 사그라졌다. 오늘날의 관점에서 러시아군의 전쟁 수행 능력과 사기는 한때 학자들이 생각했던 것보다는 덜 암울해 보이지만, 세계대전에서 러시아군은 대참패와 손실을 경험했고 (1914~1917년 동안 총 500만 명 사상), 독일군이 제국의 서부 영토를 깊숙이 뚫고 들어오자 혼란스러운 피난민의 물결이 중앙 러시아로 밀려왔다.[23] 연이은 패배는 고위직에 반역자가 있다는 의심을 낳았고, 주요 용의자는 독일 공주로 태어나 니콜라이의 아내가 된 황후 알렉산드라*였다. 라스푸틴Григорий Ефимович Распутин 과 알렉산드라 사이에는 추문이 가득했다. 라스푸틴은 수상쩍지만 카리스마를 지닌 인물로, 알렉산드라 황후는 그야말로 아들의 혈우병을 통제할 수 있는 하느님의 참된 사람이라 믿었다. 니

---

* 알렉산드라 표도로브나 로마노바Александра Фёдоровна Романова(1872~1918)는 니콜라이 2세의 황후로 영국 빅토리아 여왕의 외손녀이기도 하다. 네 딸을 낳고 얻은 황태자 알렉

콜라이가 러시아군 총사령관으로서 책임을 다하겠다고 마음먹으면서 수도를 오랫동안 떠나게 됐고, 알렉산드라와 라스푸틴은 대신들의 임명에 재앙 수준의 영향력을 행사하기 시작했다. 이 때문에 정부와 제4차 두마의 관계가 굉장히 악화됐다. 두마와 식자층 전체의 분위기는 입헌민주당의 파벨 밀류코프*가 정부를 비판한 연설에서도 포착된다. "이는 우둔함인가, 반역인가?" 라스푸틴은 1916년 말 황실과 가까운 몇몇 젊은 귀족과 우익 두마 의원에게 살해됐다. 그들은 라스푸틴을 제거해 러시아와 전제정의 명예를 지키려 했다.

1차 세계대전이 끼친 압박에 니콜라이와 알렉산드라의 인성과 황태자의 혈우병이라는 가족의 비극[24]이 겹치면서 러시아 전제정은 시대착오적 특징을 뚜렷하게 드러냈다. 니콜라이는 전제정 전통의 수호자라기보다 무의식적인 전제정 풍자가로 보였다. 돌아가며 자리만 차지한 무능한 내각 총신들, 글도 모르는 농촌 출신의 궁정 치료사, 라스푸틴을 살해한 고위 귀족들의 음모, 심지어 총살, 독살, 익사에 완강하게 저항한 라스푸틴의 서사시 등 과거에서 온 것만 같은 이 이야기들은 군용열차·참호전·대중 동원 같은 20세기의 현실과 함께하기에는 엽기적이고 부적절했다. 러시아에는 이

세이가 외할머니인 영국 빅토리아 여왕에게서 물려받은 혈우병을 갖고 태어나자, 알렉세이를 치료해준다는 괴승 라스푸틴에게 전적으로 의지했다. 알렉산드라와 라스푸틴 사이의 추문은 로마노프 황실의 인기에 치명타를 가했고 군주정의 몰락에도 어느 정도 기여했다.

* Павел Николаевич Милюков(1859~1943). 러시아의 역사가이자 자유주의 정치인이다. 입헌민주당 수장이었으며, 임시정부에서는 외무부장관으로 일했다. 밀류코프는 장관으로 일하면서 러시아가 1차 세계대전에서 빠져 나가는 것을 막으려고 했고, 이에 분노한 대중 시위로 결국 자리에서 물러났다.

부조화를 인식할 수 있을 만큼 충분히 교육받은 공중뿐만 아니라 두마, 정당, 젬스트보, 산업가들의 전시산업위원회*처럼 구체제에서 근대 세계로의 이행을 이끌어낼 잠재력을 지닌 주체도 있었다.

1차 세계대전 전야에 전제정은 위태로웠다. 사회는 분열됐고, 정치적·관료제적 구조는 취약했으며 과도한 긴장 상태였다. 체제는 어떠한 종류의 흔들림이나 역류에도 취약해서, 심지어 전쟁이 없었더라면 전제성이 존속했을 것이라는 가정도 하기 힘들 정도였다. 다른 상황에서 변화가 일어났다면 1917년의 경우보다는 분명 덜 폭력적이고 덜 급진적인 결과를 가져왔을 수도 있지만 말이다.

1차 세계대전으로 러시아 구체제의 취약함이 드러났고 또 증대했다. 대중은 매 승전마다 찬사를 보냈지만, 연이은 패전은 용납하지 않았다. 패전을 여러 번 겪자 사회는 더 이상 정부 편을 들어 결집하지 않았다(이것은 외국이 조국을 침략했을 때 보이는 상당히 전형적인 반응이다. 러시아 사회는 1812년 나폴레옹전쟁** 때, 그리고 1941~1942년 독소전쟁*** 때도 같은 반응을 보였다). 오히려 경멸과 도덕적 우월감을

---

* военно-промышленные комитеты. 1915년 1차 세계대전 기간에 러시아 기업가들이 군수품 부족 사태를 해결하기 위해 설립한 조직이다. 1916년까지 220여 개의 지역 전시산업위원회가 만들어졌다.
** 1812년 나폴레옹의 러시아 원정을 말한다. 러시아에서는 이를 조국전쟁Отечественная война이라고 부른다. 프랑스군은 무려 68만 명으로 구성된 대군이었으며, 나폴레옹은 초반에 모스크바까지 점령하는 전과를 거뒀다. 그러나 러시아는 항복이나 협상을 하지 않았고, 결국 프랑스군은 후퇴하다가 여러 전투에서 패하며 거의 모든 병력을 잃고 말았다. 러시아 원정의 패배는 나폴레옹 자신의 몰락으로까지 이어졌다.
*** 1941년부터 1945년까지 일어난 독일-소련 전쟁을 말한다. 러시아어로는 대조국전쟁 Великая Отечественная Война이라고 부른다. 이 전쟁은 지금까지 일어난 전쟁 중 가장 큰 규모의 군사적 대립이었다. 소련은 군인과 민간인을 합쳐서 2,700만 명 이상이 사망했는데, 그중 많은 수가 나치의 대규모 인종 학살의 피해자이다. 독일도 2차 세계대전 기간 중 독일군 사망자의 80퍼센트 이상이 동부전선에서 발생했다. 소련은 초반에는 독일의 기습 공격

띤 논조로 정부의 무능력함과 후진성을 비난하면서 정부에 맞서는 쪽으로 재빨리 돌아섰다. 이는 체제의 정통성이 극도로 취약해졌으며 이 체제의 생존은 가시적인 성과를 내는 것에 달려 있고, 그러지 못한다면 순전히 운에 맡겨야만 하는 상황이었음을 말해준다. 러일전쟁의 패배가 혁명을 촉발한 1904~1906년의 경우, 구체제는 운이 좋았다. 전쟁에서 상대적으로 빠르고 훌륭하게 빠져나왔고, 마침 평화를 누리고 있던 유럽에서 전후에 엄청난 양의 빚을 얻어올 수 있었기 때문이다. 반면 1914~1917년에는 그렇게 운이 좋지 못했다. 전쟁은 너무 오랫동안 러시아뿐만 아니라 유럽 전체를 쥐어짰다. 마침내 종전이 채 1년도 남지 않은 시점에 러시아 구체제는 수명을 다했다.

으로 모스크바 코앞까지 밀리며 대패했지만 끈질긴 반격과 저항으로 결국 승리했다. 소련의 승리는 2차 세계대전에서 추축국을 패배시키는 데 가장 중요하고 결정적인 역할을 했다.

02 ——————— 1917년: 2월과 10월 혁명

1917년 2월, 민중 시위가 눈앞에서 일어나고 엘리트가 체제에 보내던 지지를 철회하면서 전제정은 붕괴했다. 혁명에 도취된 분위기 속에서 향후의 정치적 해결은 손쉬워 보였다. 러시아의 미래 정부 형태는 물론 민주적이어야 했다. 이 민주적이라는 애매한 말의 정확한 의미와 새 헌법의 성격은 러시아 인민이 선출할 제헌의회에서 최대한 빨리 정할 것이었다. 전국적으로 혁명적 연대를 보여준 1905년의 영광스러운 시기와 마찬가지로 신체제가 구축될 때까지 엘리트 혁명과 대중 혁명이 공존할 것이었다. 엘리트 혁명이라는 범주에는 자유주의 정치인, 유산계급과 전문직계급, 장교단이, 그리고 대중 혁명이라는 범주에는 사회주의 정치인, 도시 노동계급, 병사와 수병이 포함됐다. 정치기구라는 측면에서 새로운 임시정부가 엘리트 혁명을 대표할 것이었고, 부활한 페트로그라드 소비에트가 인민의 혁명을 대변할 것이었다. 둘은 경쟁보다는 상호 보완적인 관계로, 그들의 '이중권력(임시정부와 소비에트의 공존에 적용된 용어)'은 허약함이 아니라 힘의 원천이 될 것이었다. 무엇보다도 전통적으로 러시아 자유주의자들은 사회주의자들을 동맹으로 보는 경향이 있었다. 사회주의자들이 사회 개혁에 보인 특별한 관심은 자유주의자들이 정치 민주화에 보인 특별한 관심과 비견할 만했고, 이 둘은 양립할 수 있었다. 러시아 사회주의자 대부분도 자유주의자를 동맹으로 볼 준비가 돼 있었다. 사회주의자들이 전제정을 상대로 한 부르주아 자유주의 혁명을 지지해야 한다는 마르크스주의적 시각을 받아들였기 때문이다.

그러나 불과 8개월 만에 2월의 희망과 기대는 수포로 돌아갔다. '이중권력'은 권력 공백과 흡사한 어떤 상황을 은폐하는 환상이라는 사실이 드러났다. 대중 혁명은 점차 더 급진적으로 변했고, 엘리트 혁명은 소유권·법·질서의 수호를 바라는 보수적 입장으로 나아갔다. 임시정부는 라브르 코르닐로프* 장군이 시도한 우익 쿠데타에서 간신히 살아남았다가, 10월에 볼셰비키의 성공한 좌익 쿠데타에 굴복했다. 민중이 이해하기에 볼셰비키의 거사는 '모든 권력은 소비에트로'라는 구호와 일맥상통했다. 오랫동안 기다려온 제헌의회가 열렸지만, 그들은 아무것도 이루지 못한 채 1918년 1월에 볼셰비키에게 인정사정없이 해산됐다. 러시아의 변경에서는 옛 차르 군대의 장교들이 볼셰비키와 싸우려고 군대를 소집했고, 일부는 1917년에 영원히 추방된 것처럼 보였던 군주제의 깃발을 들고 모였다. 혁명은 러시아에 자유민주주의 대신 무정부 상태와 내전을 불러왔다.

---

* Лавр Георгиевич Корнилов(1870~1918). 러시아의 군인으로 러일전쟁과 1차 세계대전에서 싸웠다. 1917년 8월 쿠데타를 일으켰지만 실패하고 투옥됐다. 11월 19일 감옥을 탈출한 그는 돈 지방으로 가서 미하일 알렉세예프 장군과 함께 의용군Добровольческая армия을 조직해서 붉은 군대와 싸웠다. 1918년 예카테리노다르Екатеринодар(지금의 크라스노다르 Краснодар)에서 볼셰비키의 포탄이 그가 있던 농가 사령부 건물에 떨어져서 폭사했다.

민주적 2월에서 붉은 10월로 저돌적으로 치달린 사태에 승자도 패자도 똑같이 놀랐다. 러시아 자유주의자들은 그 충격으로 정신적 외상을 입었다. 혁명이 마침내 발생했고, 이 혁명은 서유럽의 역사가 증명했고 심지어 올바른 생각을 지닌 마르크스주의자들도 동의했듯이 응당 자유주의자 **자신들의** 혁명인데, 사악하고 이해할 수 없는 세력이 그들의 손아귀에서 혁명을 낚아채 갔다고 느꼈다. 멘셰비키를 비롯하여 다른 비非볼셰비키 마르크스주의자들도 분노했다. 그들은 프롤레타리아 사회주의혁명의 시기가 무르익지 않았는데도 마르크스주의 정당이 법칙을 깨고 권력을 잡았다는 사실을 용서할 수 없었다. 유럽의 전쟁에서 러시아와 함께 싸우던 연합군은 러시아 정부의 붕괴에 경악했고, 일방적으로 러시아를 전쟁에서 빼내려고 하는 새 정부를 승인하지 않았다. 외교관들은 러시아의 새로운 통치자들의 이름조차 제대로 알지 못했고, 최악을 예상했으며, 2월에 환영했던 민주주의라는 희망이 조속히 부활하기를 바랐다. 서양의 신문 독자들은 문명에서 야만스러운 무신론 공산주의로 전락한 러시아의 참상을 기사로 읽었다.

10월 혁명이 남긴 상처는 깊었다. 볼셰비키의 승리에 뒤이어 내전이 시작됐다. 이 시기에 그리고 내전이 끝난 직후에 러시아 식자층이 대규모로 망명을 떠나면서, 바깥 세상에서 보기에 혁명은 더 고통스러웠다. 망명자들에게 볼셰비키 혁명은 고대 그리스 비극식의 고난이라기보다는 갑작스럽고 부당하며 본질적으로 불공정한 재앙이었다. 서양 대중, 특히 미국의 대중들에게 러시아 인민은 오랫동안 숭고하게 투쟁해온 자유민주주의를 속아서 빼앗긴 것처럼 보였다. 볼셰비키의 승리를 설명하는 여러 음모론이 널리 설득력을 얻었다. 가장 인기 있는 음모론으로 트로츠키와 지노비예프를 비롯한 수많은 볼셰비키 지도자가 유대인이었기 때문에 이는 유대인의 국제 음모라는 것이었다. 솔제니친의『취리히의 레닌 *Ленин в Цюрихе*』에서도 반복된 다른 음모론은 러시아를 전쟁에서 빼내려는 독일의 계략에 볼셰비키가 노리개 역할을 했다고 설명했다. 역사학자들은 보통 음모론에 회의적이다. 그러나 러시아 혁명에 관해서만큼은 음모론에 기울기도 하는데, 아마 서양 학계의 접근법에서 영향을 받았을 것이다. 꽤 최근까지도 볼셰비키 혁명을 다룬 역사적 해석 대부분은 혁명 자체의 불법성을 강조하거나, 마치 혁명이라는 사건과 그 결과의 책임으로부터 러시아 인민의 죄를 사하려는 듯했다.

볼셰비키의 승리와 이어지는 소비에트 권력의 발전을 다룬 서양의 전형적인 해석에서 기계장치의 신*은 볼셰비키의 비밀 무기인 당 조직과 규율이다. 여기에는 불법적이고 음모를 꾸미는 정당 조직을 성공의 전제조건으로 설정한 레닌의 책자『무엇을 할 것인가?』(67쪽을 보라)가 주로 인용됐다. 서양의 학계는『무엇을 할 것인가?』에 담긴 이론이 볼셰비키당을 주조했고, 1917년 2월에 볼셰비키가 지하당 생활을 그만두고 사회 전면에 등장했을 때도 이이론이 그들의 행동을 결정했다고 주장했다. 러시아에 2월 이후에

---

* 기계장치로 내려온 신deus ex machina은 고대 그리스나 로마 연극에서 줄거리를 풀어나가기 위해 기계장치를 이용해 하늘에서 신이 갑자기 등장하는 것을 뜻한다. 현대에는 갈등을 풀거나 결말을 지으려고 개연성 없이 등장하는 문학적 장치를 의미한다.

존재했던 개방적이고 민주적이고 다원주의적인 정치가 10월에 볼셰비키가 음모를 꾸며 조직한 쿠데타를 통해 불법적으로 권력을 장악하면서 전복됐다는 설명이다. 중앙으로 집중된 조직과 엄격한 당 규율이라는 전통을 지닌 볼셰비키가 새로운 소비에트 체제를 권위주의적인 탄압 체제로 이끌고, 스탈린의 전체주의 독재 체제의 기초를 닦았다는 것이다.[1]

그러나 소비에트 전체주의의 기원이라는 일반적인 개념은 1917년 2월과 10월 사이의 실제 상황과 부합하지 않는다. 우선 새로운 당원들이 쇄도해서 옛 볼셰비키 지하당을 압도했다. 볼셰비키당은 당원 충원에서, 특히 공장과 군대에서 다른 모든 정당을 능가했다. 1917년 중반에 이르면 당은 『무엇을 할 것인가?』에서 묘사한 직업혁명가로 구성된 규율 잡힌 엘리트 조직과는 거의 닮은 점이 없는 열린 대중 정당이 됐다. 게다가 당 전체는 물론 당 지도부조차도 1917년의 가장 기본적인 정책 문제에 대해 단결하지 않았다. 예컨대 10월 봉기가 바람직한지 여부를 놓고 당 지도부 내부의 대립이 매우 첨예해서, 일간 신문에서 이 일을 공공연하게 논의할 정도였다.

1917년 볼셰비키의 힘은 (이 당시에는 거의 없던) 엄격한 당 조직과 규율이 아니라, 그들이 정치 스펙트럼의 가장 왼쪽에서 비타협적 급진주의를 고수했다는 사실에서 나왔다. 다른 사회주의자 집단과 자유주의자 집단이 임시정부와 페트로그라드 소비에트에서 직위를 놓고 서로 겨룰 때, 볼셰비키는 직위에 선출되는 것을 거부하고 정치적 연립과 타협을 비난했다. 지금까지 급진적이라고 여겨지던 정치인들이 통제와 책임을 요구하면서 기존 정치가와 똑같은 모습을 보여주는 동안, 볼셰비키는 책임감 없고 호전적인 혁명 대중과 함께 거리에 남았다. 임시정부와 페트로그라드 소비에트 지도부를 대표했던 연립 정당들이 불신을 받고 '이중권력' 구조가 붕괴하면서, 볼셰비키만이 이익을 취할 수 있었다. 사회주의 정당 가운데 볼셰비키만 마르크스주의자로서 느끼던 망설임을 극복하고 대중의 마음을 사로잡았으며 프롤레타리아혁명의 이름으로 권력을 기꺼이 잡을 의사를 분명히 밝혔다.

계급이라는 측면에서 임시정부와 페트로그라드 소비에트 사이의 '이중권력' 관계는 주로 부르주아지와 프롤레타리아트의 동맹으로 보였다. 동맹은 계급과 계급을 대표한다고 주장하는 정치인들 사이의 계속된 협력에 의지해 존속했다. 그러나 1917년 여름에 이르면 2월에 맺은 불안정한 합의가 심각하게 손상됐다는 사실이 명백해졌다. 도시 사회가 법과 질서를 외치는 우익과 혁명적 좌익으로 급격히 양극화되면서 민주적 연립이라는 중간지대는 허물어지기 시작했다. 7월에 노동계급의 이름으로 소비에트의 권력 장악을 요구하며 페트로그라드 거리로 뛰쳐나온 노동자, 병사, 수병 무리는 '자본가 장관 10명'을 경질하라고 외쳤다. 코르닐로프 장군의 쿠데타가 실패한 8월에 저명한 사업가 한 명은 자유주의자들에게 계급적 이해관계를 방어하려면 더 단호해지라고 촉구했다.

우리는 말할 수 있습니다. (중략) 현재의 혁명은 부르주아혁명이며 지금 존재하는 부르주아 질서는 불가피한 것이라고. 그리고 불가피하기에 철저히 논리적인 결론을 내려야 합니다. 국가를 다스리는 자들에게 부르주아식으로 생각하고 부르주아식으로 행동하라고 요구해야만 합니다.[2]

'이중권력'은 제헌의회가 소집될 때까지 존재하는 잠정적 장치로 인식됐다. 그러나 좌우에서 공격받으며 타협이 무너지고 러시아 정치의 양극화가 심해지면서, 현재뿐만 아니라 미래를 불안하게 하는 문제들이 떠올랐다. 대중 선거로 제헌의회를 선출하고 의회 민주주의를 제도화하는 서구식 방법으로 러시아의 정치 문제를 해소할 수 있으리라는 희망은 여전히 유효한가? 과도기의 '이중권력'과 다르지 않은 제헌의회라는 해결책을 받아들이려면 어느 정도 정치적 합의를 이루고 서로 타협해야 한다는 것에 동의해야 했다. 합의와 타협의 반대편에는 독재와 내전이 있었다. 그럼에도 정부라는 고삐를 풀어 던져버린 소란스럽고 매우 양극화된 사회라면 이 대안을 선택할 공산이 컸다.

2월 혁명과 '이중권력'

식량난, 파업, 공장 폐쇄에 이어 마침내 2월의 마지막 주에 븨보르그Выборг구區의 여성 노동자들이 주도한 국제 여성의 날* 기념

---

* 오늘날 국제 여성의 날은 3월 8일이지만, 당시 러시아 율리우스력으로는 2월 23일이었다. 1909년 뉴욕에서 첫 행사가 열렸고, 1910년에는 이를 세계적 기념일로 기리자는 제안이 국

행진이 열렸다. 이를 계기로 페트로그라드 거리에 당국이 해산시킬 수 없을 정도의 군중이 모였다. 임기가 거의 끝나가던 제4차 두마*는 황제에게 책임 있는 내각을 구성할 것을 다시 한 번 청원했고, 두마 회기를 위기가 해소될 때까지 연장해달라고 요청했다. 이 요구는 모두 거부됐다. 그러나 입헌민주당과 진보블록**의 자유주의자들이 주를 이뤄 독단적으로 구성한 국가두마임시위원회***는 사실상 회기를 지속했다. 황제의 대신들은 마지막으로 이도 저도 아닌 모임을 한 번 갖고 꽁무니를 빼고 달아났다. 더 신중한 자들은 즉각 수도를 떠났다. 니콜라이 2세는 모길료프Могилёв에 있는 군 최고사령부를 방문하느라 수도에 없었다. 위기 상황에서 황제가 수도로 보낸 전보에는 무질서가 즉시 끝나야 한다는 간결한 지시만 있었다. 그러나 경찰은 와해됐고 군중을 제어하려고 도시로 파견한 페트로그라드 수비대 병력은 군중과 형제처럼 지내기 시작했다. 2월 28일 저녁이 되자 페트로그라드 군 사령관은 혁명 군중이 모든 철도역과 군수품을 확보했으며, 자기가 아는 한 온 도시

제여성회의에서 나왔다. 1917년 러시아 2월 혁명이 이날 발발했으며, 오늘날에도 러시아는 국제 여성의 날을 공휴일로 기념하고 있다.

* 제4차 두마는 1912년 11월 15일 개원했으며, 제3차 두마와 마찬가지로 보수적 경향을 보였다. 그러나 나라가 점차 전쟁의 수렁에 빠져들면서 두마에서도 정부의 무능력에 불만을 품은 의원들이 나타나기 시작했다. 공식적으로 두마는 1917년 10월에 해산됐지만, 이미 3월 2일 임시정부가 들어서자마자 두마 개회는 없을 것이라는 결론이 내려졌다.

** Прогрессивный блок. 1915년에 러시아 자유주의자들이 일련의 군사적 패배를 겪은 뒤 체제의 무능력함을 지적하고 신뢰 있는 내각의 구성을 주장하면서 결성한 집단이다.

*** Временный комитет Государственной думы. 2월 혁명이 발발하자 두마 안에 설치된 임시위원회로, 의장은 두마 의장이었던 미하일 로잔코Михаил Родзянко가 맡았다. 임시위원회는 스스로를 러시아제국의 통치기구라 선언했으나, 불과 며칠 뒤에 임시정부가 수립되면서 유명무실해졌다.

를 장악했다고 보고해야만 했다. 자신의 휘하에는 믿을 만한 병력이 거의 없으며, 이제 전화조차 먹통이라는 것이다.

군 최고사령부에게 남은 선택지는 둘이었다. 하나는 자신들이 통제할 수 있을지 없을지 모르는 병력을 다시 투입하는 것이었고, 다른 하나는 두마 정치인들의 도움을 얻어 정치적 해결책을 찾아보는 것이었다. 사령부는 후자를 택했다. 모길료프에서 수도로 출발한 열차가 프스코프Псков에 닿았을 때 니콜라이는 최고사령부와 두마가 보낸 사절을 만났다. 사절은 황제에게 정중히 퇴위를 제안했다. 니콜라이는 잠시 이야기를 나눈 뒤 그 제안을 너그럽게 받아들였다. 처음에 그가 수락한 것은 아들에게 양위해야 한다는 제안이었다. 그러나 니콜라이는 황태자 알렉세이*의 건강 상태를 숙고한 후, 자신과 알렉세이를 위해 자신의 동생인 미하일 대공**에게 양위하기로 결심했다. 항상 가정적인 남자였던 니콜라이는 매우 차분하게, 그리고 정치적으로는 순진하게 일개 시민으로 변할 자신의 미래를 생각하며 수도로 향했다.

니콜라이는 [독일과 맞선 전쟁에서] 교전이 계속되는 동안 해외로 나갔다가 다시 러시아로 돌아와 크림에 정착해서 자식 교육에 몰두하려 했다. 일부 고문관은 니콜라이가 그렇게 할 수 있을지 여부를

---

* 알렉세이 니콜라예비치 로마노프Алексей Николаевич Романов(1904~1918)는 러시아 제국의 마지막 황태자이다. 니콜라이 2세의 유일한 아들이었으나 선천적 혈우병을 앓았다. 1차 세계대전 때는 아버지 니콜라이 2세와 함께 전선에 머물렀다. 1918년 가족들과 함께 예카테린부르그에서 처형됐다.
** 미하일 알렉산드로비치 로마노프Михаил Александрович Романов(1878~1918)는 알렉산드르 3세의 아들이자 니콜라이 2세의 동생이다. 10월 혁명 발발 이후 감금됐다가 처형됐다.

의심했다. 그러나 니콜라이는 부모가 자식을 돌볼 권리를 부인하는 곳은 어디에도 없다고 답했다.[3]

　(수도에 도착한 후에 니콜라이는 페트로그라드 밖에 있던 가족들에게 보내졌다. 임시정부와 연합군이 처분을 결정하는 동안 니콜라이는 조용히 가택에 연금됐다. 그러나 어떠한 결정도 나지 않았다. 나중에는 온 가족이 시베리아로 보내졌다가 다시 우랄로 보내져 연금됐다. 상황이 더욱 어려워졌지만 니콜라이는 꿋꿋하게 버텼다. 내전이 발발한 후인 1918년 7월에 볼셰비키가 장악했던 우랄 소비에트의 명령으로 니콜라이와 그의 가족은 처형됐다.[4] 퇴위에서부터 죽음에 이르기까지 니콜라이는 실제로 일개 시민으로 행동했고 어떠한 정치적 역할도 수행하지 않았다.)

　니콜라이가 퇴위한 뒤 며칠 동안 페트로그라드의 정치인들은 엄청난 흥분에 휩싸여 정신없이 활동했다. 애초에 이들은 군주정 철폐가 아니라 니콜라이만 제거하려 했다. 그러나 황제가 아들의 제위 계승을 거부하며 퇴위한 것은 알렉세이가 성인이 될 때까지 니콜라이가 섭정할 가능성마저 제거해버렸고, 신중한 성격의 미하일 대공은 형의 자리를 이으라는 추대를 거절했다.

　따라서 러시아는 더 이상 군주국이 아니었다. 나라의 미래 정부 형태는 때가 되면 열릴 제헌의회가 확정할 것이고, 그때까지는 스스로 그 자리에 오른 '임시정부'가 예전의 제국 대신회의의 책임을 떠맡는 것으로 결정됐다. 젬스트보연맹의 지도자이자 온건한 자유주의자인 게오르기 르보프* 공이 새 정부의 수장이 됐다. 르보프의 내각에서는 역사가이자 입헌민주당 이론가인 파벨 밀류코프가 외무부장관을 맡았고, 저명한 산업가 두 명이 재정부장관과 무역산업부장관을**, 사회주의자 변호사인 알렉산드르 케렌스키***가 법무부장관을 맡았다.

임시정부는 선출된 권력이 아니었으며, 지금은 기능을 정지한 두마에 바탕을 두고 군 최고사령부의 승낙과 젬스트보연맹이나 전시산업위원회 같은 공공기관의 비공식 동의를 얻어 권위를 획득한 것에 불과했다. 옛 차르 관료제가 행정부 역할을 했지만, 두마가 빨리 해산된 결과 정부를 지탱해줄 만한 입법부는 없었다. 몹시 취약하고 공식적 합법성도 부족한 정부였지만 권력 인수는 놀라울 정도로 쉬워 보였다. 연합군 열강들은 임시정부를 즉시 승인했다. 군주정이라는 정서는 러시아에서 하룻밤 사이에 사라진 듯 보였다. 예컨대 제10군 전체에서 오직 장교 두 명만이 임시정부에 충성을 맹세하기를 거부했다. 한 자유주의 정치인이 나중에 한 회고에 따르면,

---

* Георгий Евгеньевич Львов(1861~1925). 러시아제국의 정치인으로 러시아 임시정부의 첫 총리를 맡았다. 입헌민주당원이었고, 전러시아젬스트보연맹의 수장이기도 했다.

** 재정부장관을 맡은 미하일 이바노비치 테레셴코Михаил Иванович Терещенко(1886~1956)는 지주이자 몇몇 설탕 공장을 소유하고 있었고, 무역산업부장관을 맡은 알렉산드르 이바노비치 코노발로프Александр Иванович Коновалов(1875~1949)는 러시아에서 가장 큰 섬유 공장을 소유했다.

*** Александр Фёдорович Керенский(1881~1970). 러시아의 정치인이다. 사회주의자혁명가당의 온건 사회주의 분파인 트루도비키Трудовики의 지도자이다. 2월 혁명 이후에 임시정부에 입각해서 법무부장관이 됐다. 7월 사태 때 사임한 르보프의 뒤를 이어 임시정부의 수장이 됐다. 10월 혁명 이후 망명을 떠나 미국에서 생을 마감했다. 레닌과 같은 심비르스크Симбирск(지금의 울랴노프스크Ульяновск) 출신이며, 두 가족 구성원들끼리 친분이 있었다.

여러 개인과 조직이 새로운 권력에 충성을 표명했다. 지휘관 전체가, 이어서 스타프카[군 최고사령부]도 임시정부를 승인했다. 차르의 대신들과 일부 고관들이 투옥됐으나, 다른 관리는 모두 자기 직위를 유지했다. 정부 부처, 관청, 은행 등 사실상 러시아의 모든 정치기구가 일하는 것을 멈추지 않았다. 그런 점에서 볼 때 [2월의] 쿠데타가 너무 부드럽게 지나가서 이게 끝이 아닐 것이라고, 이 위기가 이렇게 평화롭게 지나갈 리가 없다고 어렴풋이 느끼는 사람까지 있을 정도였다.[5]

실제로 처음부터 권력 이양의 효율성을 의심했던 이유가 있다. 가장 중요한 이유는 임시정부의 경쟁자가 존재했다는 점이다. 2월 혁명의 결과로 탄생했으며 전국적 역할로 비상하고자 하는 기관은 하나가 아니라 둘이었다. 그 다른 하나는 노동자·병사·사회주의 정치인들이 1905년의 페트로그라드 소비에트를 귀감으로 해서 만든 페트로그라드 소비에트였다. 3월 2일 임시정부 수립을 선포했을 때 소비에트는 이미 타브리다궁* 안에서 개회 중이었다.

임시정부와 페트로그라드 소비에트의 이중권력 상태가 발생했고, 정부는 다른 선택의 여지가 없었기에 이를 대체로 받아들였다. 가장 직접적이고 실질적인 측면에서 보자면, 사용할 수 있는 어떠한 무력도 없던 열두 명의 장관들은 연설을 하고 먹고 자고 논쟁하

---

* Таврический дворец. 페테르부르크에 있는 유서 깊은 궁전으로 예카테리나 시기 고전주의 건축의 걸작이다. 10월 혁명 이후에 제헌의회가 여기서 열렸으며, 같은 해 제7차 당대회가, 1920년에는 제2차 코민테른대회가 열리기도 했다.

고 선언서를 작성한답시고 들락날락거리며 시끄럽게 돌아다니는 꾀죄죄한 노동자·병사·수병 무리를 타브리다궁(정부와 소비에트 양측 모두의 첫 회합 장소)에서 확실하게 내쫓을 수 없었다. 때때로 노동자·병사·수병 무리가 붙잡은 경찰이나 옛 차르의 장관들을 끌고 소비에트 회의장에 뛰어들어 대표들 발치에 던져두고 나가기까지 하는 분위기 속에서, 임시정부는 어떠한 저항조차 할 수 없었음이 분명하다. 일찍이 3월에 육해군장관 구치코프가 군 총사령관에게 이 상황을 간단히 설명했다.

> 임시정부에는 어떠한 실질 권력도 없소. 그리고 임시정부의 명령은 노동자·병사 대표 소비에트가 허락하는 한에서만 수행될 뿐이오. 병력과 철도, 우체국과 전신국이 모두 소비에트의 수중에 있으니, 소비에트야말로 실질 권력의 모든 필수요소를 향유하는 셈이오. 딱 잘라 말하자면, 임시정부는 소비에트가 허락하는 만큼만 존재하오.[6]

첫 몇 달 동안 임시정부는 주로 자유주의자들로 구성됐고, 소비에트 집행위원회는 사회주의 지식인들, 주로 연립 정당을 구성한 멘셰비키와 사회주의혁명가당원이 대다수였다. 임시정부에 참여했지만 사회주의자였기에 양 기관 모두에서 활동했던 케렌스키는 둘 사이의 연결고리로 활동했다. 소비에트의 사회주의자들은 부르주아혁명이 역할을 다하고 사라지는 순간까지 노동계급의 이해관계를 보호하려고 임시정부를 노려보는 감시견처럼 행동했다. 부르주아지로부터 스스로를 방어하려는 모습은 사회주의자들의 훌륭한 마르크스주의 교육이 낳은 결과였고, 동시에 조심성과 불확실성의 산물이었다. 소비에트의 멘셰비키 지도자인 니콜라이 수하노프*가 지적했듯이, 앞으로 문제가 생길 것 같으니 자유주의자들이 책임을 떠맡게 하고 필요하다면 자유주의자들 탓으로 돌리는 편이 나았다.

소비에트 민주주의는 유산계급 분자, 즉 계급의 적에게 권력을 위임해야 했다. 유산계급의 참여 없이 소비에트는 절망적 붕괴의 상황에서 행정기술을 숙달할 수도 없었을 것이고 소비에트를 상대로 똘똘 뭉친 왕당파와 부르주아지 세력을 다룰 수도 없었을 것이다. 그러나 이러한 권력 이양의 **조건**으로 가까운 미래에 계급의 적에게 완전한 승리를 거둘 민주주의를 보장해야 했다.[7]

그러나 소비에트의 일반 구성원인 노동자·병사·수병은 그렇게 신중하지 않았다. 임시정부가 공식 수립되기 전이며 소비에트에 '책임 있는 지도부'가 등장하기도 전인 3월 1일에 앞으로 요란한 명성을 얻게 될 명령 제1호Приказ No.1가 페트로그라드 소비에트의 이름으로 하달됐다. 명령 제1호는 혁명적인 문서로 소비에트 권력을 주장했다. 또한 이것은 선거로 병사위원회를 창설하고 장

---

* Николай Николаевич Суханов(1882~1940). 러시아의 혁명가이자 저술가이다. 1903년부터 사회주의혁명가당원이었으며, 1917년에는 율리 마르토프의 권고로 멘셰비키-국제주의자 집단에서 활동했다. 또한 페트로그라드 소비에트 집행위원회의 저명인사였다. 아내가 볼셰비키였는데, 10월 10일 볼셰비키가 봉기를 결정한 중요한 회의가 바로 수하노프의 집에서 열렸다. 혁명 이후에 쓴 회고록은 지금까지도 러시아혁명 서술의 역사에서 빼놓을 수 없다.

교들의 징계권을 축소하라고, 가장 중요하게는 군사 문제를 포함한 모든 정책 문제에서 소비에트 당국의 권위를 인정하며 군을 민주화하라고 요구했다. 이는 앞으로 정부에서 군대에 내리는 어떠한 명령도 소비에트의 연서連署가 없으면 유효하지 않다는 사실을 의미했다. 명령 제1호에 장교들의 직위를 재가하는 선거를 실시하라는 규정이 명시되지는 않았지만, 정부의 통제가 닿지 않는 부대에서는 그런 선거들이 실제로 조직됐다. 그리고 2월 혁명 내내 수백 명의 해군 장교들이 크론슈타트와 발트함대의 수병들에게 체포되거나 살해됐다는 보고가 올라왔다. 따라서 명령 제1호는 계급 전쟁이라는 느낌을 강하게 주었고, 계급 간 협조의 가능성을 재확인하는 일에는 완전히 실패했다. 명령 제1호는 이중권력이 유지될 수 없다는 사실을 예언했다. 다시 말해서 군대의 병사들은 오직 페트로그라드 소비에트의 권위만을 인정하고, 장교단은 오직 임시정부의 권위만을 인정하는 상황이었다.

소비에트 집행위원회는 명령 제1호가 암시하는 급진적인 입장에서 후퇴하려고 최선을 다했다. 그러나 4월에 수하노프는 임시정부와 사실상 동맹을 맺은 집행위원회 때문에 '대중에게서 고립되었다'라고 언급했다. 물론 이는 부분적 동맹에 불과하다. 노동정책과 농민의 토지 요구 문제를 두고 소비에트 집행위원회와 임시정부는 빈번하게 갈등했다. 유럽에서 벌어진 전쟁에 러시아가 참여하는 문제를 두고도 대립이 심했다. 임시정부는 전쟁에 헌신하기로 굳게 결심했다. 외무부장관 밀류코프의 4월 18일자 메모는 (차르 정부와 연합군이 서명한 비밀조약에 동의하면서) 러시아가 콘스탄티

노플과 다르다넬스해협의 통제력을 확장하는 데 계속 관심이 있다고 암시했다. 소비에트 집행위원회는 러시아 영토가 공격받는 한 전쟁을 계속하는 데에는 찬성하지만, 영토를 병합하려는 전쟁과 비밀조약 체결에는 반대하는 '방어주의' 입장을 채택했다. 그러나 소비에트 회의장에서, 그리고 거리와 공장에서, 특히 전장의 수비대가 전쟁을 바라보는 태도는 더 단순하고 더 철저했다. 싸움을 멈춰라. 전쟁에서 빠져라. 병사들을 고향으로 돌려보내라.

1917년 봄과 여름에 페트로그라드 소비에트 집행위원회와 임시정부의 관계는 격렬한 동시에 친밀했고 걸핏하면 싸웠다. 집행위원회는 자신들의 독립적인 정체성을 빈틈없이 지켰지만, 궁극적으로 두 기관은 서로의 운명에 관심을 끄거나 재앙 같은 사건 속에서 관계를 끊기에는 너무 가깝고 밀접했다. 5월에 임시정부가 자유주의자의 전유물이기를 멈추고 자유주의자와 사회주의자의 연립 기관이 되면서 서로의 연결고리는 더 강해졌다. 연립에 참여한 사회주의자들은 소비에트 집행위원회에서 영향력이 막강한 주요 사회주의 정당(멘셰비키와 사회주의혁명가당)의 대표들이었다. 사회주의자들은 정부에 들어가기를 간절히 바라지는 않았지만, 국가의 위기 상황에서 비틀거리는 체제를 강하게 만드는 것이 자신들의 의무라고 결론을 내렸다. 사회주의자들은 정치 활동을 하기에는 소비에트가 더 자연스러운 장소라고 생각했다. 특히 농업부 장관과 노동부장관에 오른 사회주의자들이 자유주의자들의 반대 때문에 정책을 제대로 펼치지 못하자 이는 더 명백해졌다. 그럼에도 '책임 있는' 사회주의자들은 임시정부와 더 가까워지기로, 그러면서 스스로를 (그리고 더 나아가 소비에트 집행위원회를) '무책임한' 민중혁명과 분리하기로 결정했다.

사람들이 전쟁에 더 환멸을 느끼고 도시의 경제 상황이 악화되면서, 늦봄이 되자 '부르주아지' 임시정부에 대한 대중의 적대감이 산처럼 쌓였다.[8] 7월에 발생한 거리 시위(7월 사태)에서 시위대는 '모든 권력은 소비에트로'를 요구하는 깃발을 들었는데, 이는 임시정부의 권력을 빼앗자는 의미였다. 역설적으로 페트로그라드 소비에트 집행위원회는 '모든 권력은 소비에트로'라는 구호를 거부했다. 정부에 헌신하기로 한 그들의 입장에서 보면 논리적인 결정이다. 사실 시위는 정부를 겨냥한 만큼이나 소비에트 지도부를 겨냥한 것이기도 했다. "권력이 주어지거든 권력을 잡아, 이 개새끼들아!" 한 시위자는 사회주의자 정치인에게 주먹을 흔들면서 이렇게 고함쳤다.[9] 그러나 이는 '이중권력'에 서약한 사람들에게는 그 답을 들을 수 없는 호소(아니면 아마 위협?)였다.

볼셰비키

2월 혁명 당시에 사실상 모든 볼셰비키 지도부는 해외에서 망명 중이거나 러시아제국의 변방에서 유형 중이었다. 전쟁이 발발하자 전제정은 러시아의 참전을 반대하는 데 그치지 않고 러시아의 패배가 혁명의 이해관계와 맞아떨어진다고 주장한 볼셰비키를 대대적으로 체포했다. 혁명이 시작되자 스탈린과 바체슬라프 몰로

토프*를 포함해 시베리아에서 유형 생활을 하던 볼셰비키 지도자
들이 제일 먼저 수도로 돌아왔다. 그러나 유럽으로 망명한 볼셰비
키는 훨씬 더 돌아오기 어려웠는데, 유럽이 전쟁 중이었기 때문이
다. 발트해를 지나오는 길은 위험하고 연합군의 협조가 필요했으
며, 육상으로 오는 길은 적국을 가로질러야 했다. 그럼에도 중립국
스위스의 망명 공동체에 있던 레닌과 다른 망명객들은 돌아가고
싶어서 안달이 났다. 중개인을 거쳐 협상을 진행한 끝에 독일 정부
가 봉인열차를 타고 독일을 가로질러 돌아갈 기회를 제안했다. 독
일의 목적은 러시아 혁명가들을 자국으로 돌려보내 전쟁에 반대
하게 하려는 것이 분명했다. 혁명가들은 정치적 위험을 무릅쓰고
이렇게 돌아가는 것이 바람직한지를 고민했다. 레닌은 주로 볼셰
비키 망명자로 이루어진 소규모 단원들과 함께 위험을 감수하기
로 결심하고, 3월 말에 스위스를 출발했다(스위스에 있던 러시아 혁명
가 집단은 대부분 멘셰비키였다. 이들은 기다리기로, 즉 정치적 빌미를 내주
지 않고 신중하게 행동하기로 결심했다. 이는 레닌의 여행이 불러일으킬 온
갖 논쟁과 비난을 피하고자 했기 때문이다. 그러나 이들도 한 달 뒤 독일이 준
비한 두 번째 봉인열차를 타고 귀국했다).

　　레닌이 페트로그라드에 돌아오는 4월 초가 되기도 전에, 시베리
아에서 유형 생활을 하던 볼셰비키 지도자들은 이미 볼셰비키 조

---

* Вячеслав Михайлович Молотов(1890~1986). 러시아의 혁명가이자 소련의 정치인이다.
1906년 볼셰비키당에 가입했고, 1926년에 정치국 상임위원이 됐다. 1930년부터 1941년까
지 인민위원회의 의장으로 소련 정부를 이끌었고, 1939년부터 1949년까지는 외무인민위원
으로서 독소불가침조약과 독소전쟁, 전후 재건과 냉전에 이르는 격동의 시대에 활약했다.
스탈린 사후 권력 투쟁에서 패배한 뒤 1961년에 은퇴했다.

직을 재건하고 신문을 발행하기 시작했다. 이 시점에서 볼셰비키도 다른 사회주의자들처럼 페트로그라드 소비에트를 둘러싼 느슨한 연립에 참여하려는 경향을 보였다. 그러나 소비에트의 멘셰비키와 사회주의혁명가당 지도자들은 말썽꾼 레닌을 잊지 않고 있었으며, 불안 속에서 레닌의 도착을 기다렸다. 걱정은 곧 현실로 바뀌었다. 4월 3일 레닌은 페트로그라드의 핀란드 역에 내리면서 퉁명스럽게 소비에트 환영위원회를 물리쳤다. 그는 항상 적들에게 불쾌감을 준 거친 목소리로 군중들에게 몇 마디 말을 건네고 곧장 볼셰비키당 동료들이 축하연을 준비한 회견장으로 떠났다. 확실히 레닌은 예전의 분파주의적 습관을 버리지 않고 있었다. 몇 달 동안 사람들은 혁명의 승리라는 영광에 취해 옛 정치적 경쟁자까지 끌어안았지만, 레닌은 그런 감정을 한 치도 드러내지 않았다.

역사에 4월 테제로 알려진 레닌의 정치 상황 평가는 호전적이고 비타협적이었다. 사회주의자들의 단결이라는 소비에트 노선을 잠정적으로 받아들이고 새 정부를 비판적으로 지지하기로 결정한 페트로그라드 볼셰비키는 레닌의 행동에 당황했다. 레닌은 2월 혁명이 거둔 성과를 인정하면서도, 프롤레타리아트가 부르주아지를 전복하는 혁명의 제2단계를 내다보고 있었다. 레닌은 임시정부에 어떠한 지지도 보내서는 안 된다고 언명했다. 사회주의자들의 단결이라는 환상과 새로운 체제에 보내는 대중의 '순진한 신뢰'를 박살내야 하며, 부르주아지의 영향력에 굴복한 지금의 소비에트 지도부는 쓸모없다는 것이다(한 연설에서 레닌은 로자 룩셈부르크Rosa Luxemburg가 독일 사회민주당을 희화화하는 데 쓴 표현을 빌려와, 소비에트 지도부를 '악취 나는 시체'라 불렀다).

레닌은 소비에트가 새 혁명 지도부하에서 활력을 되찾아야만 부르주아지에게서 프롤레타리아트로 권력을 이양하는 핵심 기관이 될 수 있다고 예측했다. 레닌이 4월 테제에서 제시한 '모든 권력은 소비에트로!'는 사실상 계급 전쟁을 요구하는 구호였다. 레닌이 4월에 제시한 다른 구호인 '빵, 토지, 평화'에 담긴 혁명적 함의도 비슷했다. 레닌의 용법에서 '평화'는 제국주의 전쟁에서 철수하는 것뿐만이 아니라 그러한 철수가 "자본의 전복 없이는 (중략) **불가능하다**"는 사실을 인정하는 것을 의미했다. '토지'는 지주의 재산을 몰수하여 농민들 스스로 재분배하는 것을 의미했다. 이는 농민이 자발적으로 토지를 장악하는 형식과 매우 가까웠다. 한 비판자가 "혁명적 민주주의 도중에 내전의 깃발을 꽂"는다고 레닌을 비난한 것도 전혀 이상하지 않다.[10]

레닌의 선견지명과 지도력을 존경하던 볼셰비키는 레닌의 4월 테제로 충격에 휩싸였다. 일부는 레닌이 망명 기간 동안에 러시아인의 실제 삶과 접촉이 끊겼기 때문이라고 생각했다. 그러나 그 후 몇 달간 볼셰비키는 레닌에게 권고와 책망을 들으면서 사회주의자들의 연립에서 더 멀어지는 비타협적인 입장으로 옮겨갔다. 그러나 볼셰비키는 페트로그라드 소비에트에서 다수파가 아니었기에, '모든 권력은 소비에트로!'라는 레닌의 구호는 볼셰비키의 행동에 실제로 영향을 주지 못했다. 레닌의 선택이 노회한 정치인의 전략인지 단순히 괴팍한 극단주의자의 전략인지 아직 알 수 없었다. 이 극단주의는 옛 사회주의자 플레하노프의 왼쪽 대척점에 선

것이었는데, 플레하노프는 전쟁 문제에 노골적으로 애국주의적인 입장을 취한 탓에 러시아 사회주의 정치의 주류에서 밀려났다.

사회주의자들의 단결은 소비에트와 연관된 정치가 대부분에게 자명해 보였다. 이들은 과거의 분파주의적 대립을 숨기는 것을 자랑스러워했다. 6월에 제1차 전러시아소비에트대회에서 한 발언자가 부정적인 대답이 나올 것을 가정하고 지금 권력을 홀로 떠맡을 준비가 된 정당이 하나라도 있느냐고 물었을 때, 레닌은 "그런 정당이 있다!"고 불쑥 끼어들었다. 대부분의 소비에트 대표가 듣기에 그 말은 허세 비슷한 것이었다. 그러나 실제로는 심각한 도전이었는데, 볼셰비키는 점점 대중의 지지를 얻고 연립 사회주의자들은 정반대였기 때문이다.

6월 소비에트대회에서 볼셰비키는 여전히 소수파였고, 주요 도시의 선거에서 승리할지도 불확실했다. 그러나 풀뿌리 수준, 즉 노동자의 공장위원회, 군대의 병사위원회와 수병위원회, 대도시의 하위 구역 소비에트에서는 명백하게 볼셰비키의 힘이 커지고 있었다. 볼셰비키가 대중을 대상으로 공식적인 입당 운동에 착수하자지 않았음에도 당원 수가 엄청나게 증가했다. 볼셰비키는 이러한 유입에 깜짝 놀란 것처럼 보였다. 부정확하고 과장된 측면도 있지만 당원 수는 당시 볼셰비키의 확장세를 잘 보여준다. 2월 혁명 기간에 볼셰비키당원은 2만 4,000명이었다(이 수치는 특히 의심스러운 가운데, 실제로 2월에 파악된 당원 수는 페트로그라드 당 조직에 2,000명, 모스크바에는 600명에 불과하기 때문이다). 4월 말에 당원은 10만 명 이상으로 증가했다. 1917년 10월이 되자 페트로그라드와 근교의 6만

명, 모스크바와 근교 산업 중심 지역의 7만 명을 포함해서 볼셰비키당원은 총 35만 명으로 불어나 있었다.[11]

민중 혁명

1917년이 시작될 무렵 700만 명이 군대에 있었고, 예비 병력은 200만 명이었다. 군대는 엄청난 손실을 겪었다. 탈영병 및 독일군과 친목하는 병사가 점점 더 늘어나는 상황으로 미루어볼 때 병사들이 전쟁에 환멸을 느끼고 있음이 명백했다. 병사들에게 2월 혁명은 전쟁이 곧 끝나리라는 은연중의 약속이었고, 그들은 조바심을 내며 임시정부가 이를 달성하기를 기다렸다. 그들은 임시정부가 전쟁을 끝내지 못한다면 페트로그라드 소비에트가 임시정부를 압박해서라도 전쟁을 멈춰주기를 바랐다. 1917년 초봄에 새로 선출된 병사위원회라는 민주적인 조직과 불충분한 보급, 불안하고 불확실한 분위기는 군대의 전투 수행 능력을 약화시켰다. 전선의 사기가 바닥까지 떨어지지는 않았지만 예비 병력이 머물던 전국 각지의 수비대의 상황은 훨씬 심각했다.

전통적으로 1917년에 군복을 벗어던진 러시아 병사와 수병은 직업과 상관없이 '프롤레타리아트'로 범주화됐다. 사실 병사와 수병의 대부분은 농민이었고, 발트해함대와 북부전선, 서부전선 등 상대적으로 산업화된 지역에서 징병을 실시한 부대에서만 노동자 출신의 비율이 유별나게 높았다. 마르크스주의 입장에서는 이들이 바로 그 시기에 군인이었기 때문에 프롤레타리아트라고 논할 수도 있을 것이다. 그러나 더 중요한 점은 병사들이 스스로를 어떻게 여겼느냐는 점이다. 월드만*의 연구에 따르면,[12] 전선의 병사들이 혁명 및 새로운 삶의 기준을 받아들인 장교들과 함께할 준비가 되어 있던 1917년 봄에도 그들은 장교단과 임시정부를 묶어서 '주인' 계급에 속한다고 봤다. 반면 자신들의 이해관계는 노동자 및 페트로그라드 소비에트의 이해관계와 동일시했다. 총사령관이 보고서에 경고한 바에 따르면, 5월이 되자 장교와 병사 사이의 '계급 적대'가 애국심으로 뭉친 군대의 연대 정신에 깊은 골을 파놓았다.

페트로그라드 노동자들은 이미 2월에 혁명 정신을 증명했다. 노동자들이 충분히 호전적이었다거나 심리적으로 '부르주아' 임시정부에 저항할 준비가 됐다거나 한 건 아니었지만 말이다. 2월 혁명 이후 몇 달 동안 페트로그라드와 나라 곳곳에서 노동자들이 표출한 주요 불만은 (임시정부가 전시의 긴급함을 이유로 거절했던) 일 8시간 노동, 임금, 야근, 실업자 보호와 같은 생계에 초점을 맞춘 경제 문제였다.[13] 그러나 러시아 노동계급의 정치적 호전성이라는 전통을 고려하면 이 상황이 계속된다는 보장은 없었다. 전쟁이 노동계급의 구성을 바꾼 것은 사실이다. 전체 노동자 수가 다소 늘었으며, 특히 여성 노동자의 비율이 크게 증가했다. 여성 노동자들은 남성 노동자들보다 덜 혁명적이라고 보는 것이 일반적인 통념이

---

*   Allan K. Wildman(1927~1996). 미국의 역사학자. 1962년 시카고대학에서 박사학위를 취득하고, 그 이후에 뉴욕주립대학과 오하이오주립대학에서 학생들을 가르쳤다. 1917년 혁명에서 병사·수병을 다룬 사회사 책인 『러시아 제국군의 종말The End of the Russian Imperial Army』이 대표작이다.

다. 그러나 국제 여성의 날에 파업으로 2월 혁명을 촉발한 쪽은 여성 노동자였다. 남편을 전쟁터로 보낸 여성 노동자들은 전쟁에 강력하게 반대했다. 페트로그라드는 군수품 산업의 중심지로, 이 분야에서는 많은 남성 숙련노동자가 군대 징집을 면제받았다. 따라서 1차 세계대전 발발 전에도 이 지역 공장 노동자의 대다수는 남성이었으며, 전쟁 발발 후에도 남성 숙련노동자의 비율이 높았다. 전쟁을 시작할 때 경찰이 볼셰비키를 일제히 검거하고 공장에서 정치적으로 문제를 일으키는 수많은 노동자들을 징집했지만, 페트로그라드의 주요 금속 공장과 방위산업체에는 볼셰비키나 다른 혁명정당에 소속된 다수의 노동자들이 남아 있었다. 그중에는 전쟁이 발발한 후에 우크라이나나 제국의 다른 지역에서 수도로 올라온 볼셰비키 직업혁명가도 있었다. 2월 혁명 이후에 자신의 공장으로 되돌아온 혁명적 노동자들도 정치적 불안을 고조시켰다.

2월 혁명으로 러시아의 모든 산업 중심지, 특히 페트로그라드와 모스크바에서는 많은 수의 노동자 조직이 탄생했다. 노동자 소비에트는 페트로그라드 소비에트 같은 도시 단위뿐 아니라 더 작은 도시 지역구 수준에서도 조직됐다. 이곳의 지도부는 대개 사회주의 인텔리겐치아가 아니라 노동자 스스로 맡았고 분위기는 더 급진적이었다. 노동조합도 새로 설립됐다. 그리고 여러 공장의 노동자들이 경영진과 협상하려고 공장위원회(노동조합 구조의 일부가 아니었고, 때때로 지역 노동조합 지회와 공존했다)를 만들기 시작했다. 풀뿌리 민주주의와 가장 가까운 형태인 공장위원회는 모든 노동자 조직 중 가장 급진적인 경향을 띠었다. 볼셰비키는 1917년 5월을 기점으로 페트로그라드 공장위원회에서 가장 우세한 위치를 차지했다.

공장위원회의 원래 기능은 공장 자본가의 경영을 감시하는 노동자들의 파수꾼이 되는 것이다. 이 기능을 설명하는 용어는 '노동자 관리rабочий контроль'로, 경영 통제라기보다는 감시에 가까웠다. 그러나 실제로 공장위원회는 더 나아가서 경영 기능을 행사하기 시작했다. 때때로 이는 고용과 해고 관리를 놓고 벌인 논쟁이나 계급 적대의 산물이었는데, 일부 공장의 노동자들은 인기 없는 현장 감독이나 경영자를 외바퀴 손수레에 태워 강물에 빠뜨리기도 했다. 또 공장위원회는 공장 소유자나 경영진이 적자를 이유로 공장을 포기하거나 폐쇄하겠다고 위협할 때 노동자를 해고하지 못하도록 보호하는 역할을 맡았다. 이런 사건들이 점차 빈번해지면서 '노동자 관리'는 '노동자 자치경영'이라는 뜻에 더 가까워졌다.

노동자들의 정치적 분위기가 더 호전적이 되고 볼셰비키가 공장위원회에서 영향력을 얻게 되면서 변화가 발생했다. 호전성은 부르주아지에게 적대감을 느끼고 혁명에서 노동자들의 우위를 확인하는 것을 의미했다. '노동자 관리'의 뜻이 노동자들이 자기 공장의 주인이 돼야 한다는 것으로 수정되면서, 노동계급 사이에서 '소비에트 권력'이라는 용어는 노동자가 지구地區, 도시, 아마도 나라 전체의 유일한 주인이어야 한다는 사실로 확대되었다. 이는 볼셰비키주의보다 무정부주의나 무정부조합주의*에 더 가까웠다. 볼셰비키 지도부가 공장위원회와 소비에트를 통한 노동자들의 직접 민주주의가 실현 가능하다거나 당이 이끄는 '프롤레타리아트 독재'보다 이것이 더 바람직한 대안이라는 식의 시각을 가졌던 것은 아니다. 그래도 볼셰비키는 현실주의자들이었다. 1917년 여름 페트로그라드에서 볼셰비키당은 공장위원회의 강력한 지지를 받고 있었으며, 그들은 이를 잃고 싶지 않았다. 따라서 '노동자 관리'에 호의를 표하며 그 의미를 자세하게 정의하려 하지 않았다.

노동계급의 호전성이 대두하면서 고용주들은 경각심을 가졌다. 수많은 공장들이 문을 닫았다. 한 저명한 산업가는 조심스럽게 '굶주림으로 깡마른 손'이 궁극적으로 도시 노동자들을 질서로 되돌리는 수단이 될 수 있다는 의견을 표명했다. 농촌에서 지주들이 농민에게 느낀 경각심과 공포는 훨씬 더 컸다. 2월에는 마을이 조용했고, 젊은 농민 다수는 징병 때문에 마을에 없었다. 그러나 5월이 되자 1905년에 그랬던 것처럼 도시 혁명의 영향이 농촌을 혼란 속으로 밀어넣었다. 1905~1906년처럼 영주들의 저택은 약탈당하고 불탔다. 게다가 농민들이 사유지와 국유지를 점거했다. 여름 내내 불안이 심화되면서 많은 지주들이 재산을 포기하고 도주했다.

니콜라이 2세는 1905~1906년 반란 이후에도 러시아 농민들이 지역 관리와 토지 귀족들은 몰라도 차르만큼은 사랑한다는 생각을 고수했다지만, 많은 농민들은 군주제의 몰락과 2월 혁명 소식에는 꽤 다른 방식으로 반응했다. 새로운 혁명은 러시아 농촌 곳곳에서 귀족들의 오래된 불법적 권리를 폐지했거나 앞으로 폐지한

---

* 무정부조합주의는 무정부주의의 일파로 노동조합운동에 기반을 두고 무정부주의 사회의 실현을 이룩하려는 사상이다.

다는 뜻으로 받아들여졌다. 봄에 농민들은 임시정부에 보내는 수많은 청원서에 "토지는 경작하는 사람이 가져야 한다"라고 썼다.[14] 다시 말해 과거에는 농노로서 귀족들을 위해 경작했고 농노해방 이후 귀족 지주들이 보유했던 토지를, 이제 자신들이 가져야 한다는 것이다(이 토지의 대부분은 현재 농민들이 지주에게서 임대하거나 지주들이 지역 농민들을 고용해서 경작했다).

농민들이 반백년도 더 된 과거로 거슬러 올라가는 농노제 시기의 토지 관념을 여전히 가지고 있었다면, 1차 세계대전 이전 스톨리핀이 수행한 농업 개혁이 농민들의 의식에 거의 영향을 미치지 못했다는 사실도 놀랍지 않다. 1917년에도 농민 미르가 명맥을 유지하고 있었다는 사실은 많은 사람들에게 충격으로 다가왔다. 마르크스주의자들은 1880년대부터 미르는 오직 국가가 그것을 유용한 도구로 생각했기에 살아남았지 본질적으로는 내부에서 붕괴됐다고 주장했다. 서류상으로 스톨리핀 개혁은 유럽 지역 러시아의 농촌에서 미르의 상당수를 해체하는 효과를 거뒀다. 그러나 1917년에도 농민은 토지에 대해 미르를 기반으로 생각하고 있었다. 농민들은 청원서에 귀족·국가·교회가 가지고 있는 토지를 평등하게, 다시 말해 미르가 전통적으로 마을 경지에 조직했던 농촌 가구별 할당과 비슷한 방식으로 재분배하라고 요구했다. 1917년 여름에 허가받지 않은 토지 몰수가 대규모로 시작됐을 때, 이는 개별 농민 가구가 아니라 마을 공동체의 이름으로 행해졌다. 그리고 이 마을 공동체는 과거에 미르가 그랬던 것처럼 새 땅을 마을 주민들에게 나눠주었다. 1917~1918년에 미르는 종종 예전 미르 소속 구성원에게 권한을 행사할 수 있다고 재천명했다. 전쟁 전에 미르를 떠나 스스로를 독립적 소농으로 자리매김했던 스톨릐핀의 '분리자'들은 그 땅을 다시 마을의 공동 토지에 합치라고 강요받았다.

토지 문제의 심각성과 1917년 초여름부터 보고된 토지 몰수에도 불구하고 임시정부는 토지 개혁을 질질 끌었다. 자유주의자들은 원칙적으로 사유지 몰수에 반대하지 않았고, 일반적으로 농민들의 요구를 정당하다고 받아들인 것처럼 보인다. 그러나 어떠한 급진적 토지 개혁도 문제를 키울 공산이 컸다. 우선 정부는 토지 몰수와 양도를 다루는 복잡한 공식 기구를 설립해야만 했는데, 이는 당시의 행정 능력으로는 불가능한 일이다. 둘째로 정부는 자유주의자 대부분이 필요하다고 여기는 지주에게 줄 대규모 보상금을 지불할 능력이 없었다. 임시정부는 제헌의회가 해결법을 찾을 때까지 이 문제를 보류하는 것이 최선이라는 결론을 내렸다. 그사이에 정부는 농민들에게 자의적으로 법을 위반하지 말라고 경고했다(별로 소용은 없었지만 말이다).

여름의 정치 위기

6월 중순에 임시정부 육해군부장관이 된 케렌스키는 러시아군에 갈리시아 전선에서 공세를 펼치라고 명령했다. 이 공세는 2월 혁명 이후 처음으로 진지하게 시도한 군사작전이다. 독일인들은 동부전선에서 러시아군이 스스로 붕괴하는 모습을 바라보는 일이 만족스러웠으며, 실패가 두려운 러시아 최고사령부는 주도권을 잡으라는 연합군의 압력에 일찍부터 저항했다. 6월에서 7월 초에 행한 러시아의 갈리시아 공세는 20만 명으로 추산되는 사상자를 내고 실패했다. 이는 모든 면에서 재앙이었다. 군의 사기는 더욱 떨어졌으며, 독일군은 여름과 가을 내내 성공적으로 반격했다. 가뜩이나 증가하던 러시아 병사들의 탈영은 때마침 농민 병사들이 토지 몰수 소식에 반응하면서 끔찍한 비율로 늘어났다. 임시정부의 신뢰도는 추락했고, 정부와 군 지휘관 사이의 긴장이 고조됐다. 7월 초에 입헌민주당(자유주의자) 장관 일체가 물러나고 임시정부의 수반인 르보프 공이 사임하면서 정부의 위기를 재촉했다.

위기 중에 7월 3일부터 5일까지 페트로그라드에서 다시 한 번 대규모 시위, 거리 폭력, 대중의 무질서가 분출되었으니, 이른바 7월 사태이다.[15] 당대인이 목격한 바로 최대 50만 명에 이르렀던 군중은 크론슈타트 수병·병사·페트로그라드 공장의 노동자 조직으로 구성됐다. 임시정부가 보기에 이 사태는 볼셰비키의 반란 시도였다. 페트로그라드에 도착해서 무질서를 촉발한 크론슈타트 수병의 지도자 중에 볼셰비키가 있었고, 그들은 볼셰비키의 구호인 '모든 권력은 소비에트로!'라는 깃발을 들었으며, 시위의 첫 방문지를 볼셰비키당 본부인 크세신스카야 저택*으로 잡았다. 그러나 시위대가 크세신스카야 저택에 도착했을 때 레닌의 목소리는

---

* 크세신스카야 저택은 폴란드 발레리나인 마틸다 크세신스카Matylda Krzesińska(1872~1935), 러시아식으로는 마틸다 펠릭소브나 크세신스카야Матильда Феликсовна Кшесинская의 저택이다. 2월 혁명 이후에 볼셰비키가 이 저택을 점거해서 사용했고, 이곳의 발코니에서 7월 사태 당시 레닌이 연설을 했다. 지금은 러시아정치사박물관으로 쓰인다.

가라앉아 있었고 대체로 무뚝뚝했다. 레닌은 임시정부나 현재 소비에트 지도부를 상대로 폭력 행동을 취하라고 부추기지 않았다. 그 결과 시위대가 소비에트 주위를 돌면서 위협하는 행동을 취하긴 했지만, 실제로 폭력이 일어나지는 않았다. 지도부도 없고 세부 계획도 없이 혼란에 빠진 시위대는 도시를 방황하면서 술을 마시고 약탈을 하다가 결국 흩어졌다.

한 가지 의미에서 7월 사태는 4월 이후 레닌이 견지해온 비타협적 입장이 옳았음을 확인해줬다. 왜냐하면 이 사태는 임시정부와 이중권력에 대한 민중의 강한 반감과 그들이 연립 사회주의자들에게 느끼는 조바심, 일부 크론슈타트 수병 및 다른 시위자들이 지닌 폭력 충동을, 그리고 어쩌면 반란을 일으키려는 열망까지 보여주었기 때문이다. 그러나 다른 의미에서 7월 사태는 볼셰비키에게 재앙이었다. 확실히 레닌과 볼셰비키 중앙위원회*는 균형을 잃고 있었다. 그들은 이제껏 반란을 이야기했지만, 반란을 계획하지는 않았다. 크론슈타트 볼셰비키는 수병들의 혁명적 분위기에 따라 볼셰비키 중앙위원회가 사실상 거부해온 주도권을 잡은 셈이었다. 사건 전체를 보자면 볼셰비키의 사기는 한풀 꺾였고 혁명 지도자로서 레닌의 위신도 손상됐다.

피해는 훨씬 더 컸다. 7월 사태 때 볼셰비키 지도부는 주저하고

---

* Центральный комитет. 당대회와 당대회 사이 기간에 볼셰비키당을 지도하는 최고 기관이었다. 중앙위원은 당대회에서 투표로 선출됐다. 그러나 1919년 8차 당대회에서 더 빠른 의사결정을 위해 정치국을 신설했다. 그 이후로 중앙위원회는 점차 실질 의사결정 기능을 상실하고 상징적 의미가 강해졌다. 그러나 스탈린 사후 중앙위원회는 다시 중요한 역할을 하기 시작했고, 1957년 흐루쇼프를 쫓아내려는 상무국(정치국)의 결정을 뒤엎기도 했다.

불확실한 태도를 취했지만, 임시정부와 소비에트의 온건 사회주의자들은 이 사태의 책임을 볼셰비키에게 돌리며 비난했다. 임시정부는 2월 혁명 이후로 모든 정당의 정치인들에게 주어졌던 '의회 면책특권'을 철회하고 일제 단속에 나섰다. 몇몇 저명한 볼셰비키가 체포됐고, 거기에는 5월에 러시아로 돌아와 레닌의 극좌 입장과 가까운 입장을 취했으며 8월에 공식 볼셰비키당원이 될 트로츠키도 포함됐다. 임시정부는 레닌과 볼셰비키 지도부에서 레닌의 가장 가까운 동료 중 한 명인 그리고리 지노비예프를 체포하라는 명령도 내렸다. 게다가 임시정부는 7월 사태 내내 레닌이 독일 간첩이라는 뜬소문을 뒷받침하는 증거를 찾았다고 시사했다. 이 일로 볼셰비키는 언론의 애국적 비난 세례를 받고 군대와 공장에서의 인기가 일시적으로 꺾였다. 볼셰비키 중앙위원회가 (그리고 의심할 여지없이 레닌 스스로도) 레닌의 안전을 걱정해야 할 정도로 상황이 악화됐다. 레닌은 잠적했고, 8월 초 노동자로 위장한 채 국경을 넘어 핀란드에 피난처를 구했다.

볼셰비키가 곤경에 처한 만큼, 7월 초부터 케렌스키가 이끈 임시정부도 곤란해졌다. 자유주의자와 사회주의자의 연립은 계속 불안했다. 소비에트 유권자들은 사회주의자들이 왼쪽으로 가도록 압박했고, 자유주의자들은 기득권이 붕괴되고 대중이 무질서하게 봉기하는 상황에 경각심을 느낀 산업가, 지주, 군사 지휘관들로부터 오른쪽으로 가라고 압박받고 있었다. 케렌스키는 러시아를 구한다는 숭고한 임무를 맡았지만, 천성이 중재자였고 정치적으로는 협상가였다. 그는 신뢰나 존경을 받지도 않았고 어떤 주요 정당에도 정치 기반이 없었다. 케렌스키는 애처롭게도 이렇게 불평했다. "나는 좌익의 볼셰비키와도 싸우고, 우익의 볼셰비키와도 싸우고 있습니다. 나에게 사람들은 이쪽에 기대라고, 아니면 저쪽에 기대라고 요구합니다. (중략) 나는 중도를 걷고 싶습니다만 아무도 나를 도와주지 않을 것입니다."[16]

임시정부가 케렌스키가 말하는 이쪽으로든 저쪽으로든 몰락할 것은 매우 분명해 보였다. 문제는 어느 쪽이냐는 것이다. 좌익의 위협은 페트로그라드 대중 봉기나 볼셰비키 쿠데타, 혹은 둘 다였다. 좌익이 7월에 한 도전은 실패했지만, 북서부전선 독일군의 행동은 페트로그라드를 둘러싼 수비군의 긴장을 가장 심상치 않은 방식으로 높이고 있었다. 또한 짐작하건대 불만이 넘치고 직업도 없는 무장한 탈영병이 대규모로 유입되면서 도시 거리에서 폭력이 발생할 위험도 커졌을 것이다. 임시정부를 위협하는 또 다른 가능성은 법과 질서의 독재를 수립하려는 우익 쿠데타였다. 여름이 되자 군부 고위직 사이에서 이 노선이 논의되었고, 일부 산업가들의 지지도 받았다. 사전에 공식 입장을 내서 우익 쿠데타를 예방했어야 하는 입헌민주당조차도 상당한 위안을 느끼며 쿠데타를 기정사실로 받아들이는 조짐을 보였다.

8월에는 케렌스키가 러시아군의 질서와 규율을 되살릴 권한을 부여하며 총사령관으로 갓 임명한 라브르 코르닐로프 장군이 우익 쿠데타를 시도했다. 코르닐로프는 명백히 개인의 야망이 아니라 그 나름대로 해석한 국익의 관점에서 움직였다. 사실 그는 케렌스키도 강한 정부를 만들고 좌익 말썽꾼들과 협상하기 위해 군대의 개입을 환영하리라고 믿었는지도 모른다. 코르닐로프의 의도를 부분적으로 전달받은 케렌스키가 특이하게 능치는 방식으로 코르닐로프를 다뤘기 때문이다. 두 주연배우 사이의 오해는 상황을 더욱 복잡하게 만들었다. 게다가 코르닐로프의 쿠데타 전야에 독일군이 예기치 않게 리가를 점령하면서 러시아 민간 지도자 및 군부 지도자 사이에 공포, 의혹, 절망이 널리 퍼지고 있었다. 8월 마지막 주에 난처한 상황에서 결심을 굳힌 코르닐로프 장군은 표면상 수도의 무질서를 진압하고 공화국을 구한다는 이유로 전선의 병력을 페트로그라드로 파견했다.

쿠데타 시도가 실패한 이유는 페트로그라드 노동자들이 믿을 수 없을 정도로 활발하게 대응했기 때문이다. 철도원들은 군용열차를 우회시키거나 가로막았다. 인쇄공들은 코르닐로프의 움직임을 지지하는 신문의 발행을 중지했다. 금속노동자들은 진격하는 병사들에게 달려와서 페트로그라드는 평온하며 장교들이 당신들을 속이고 있다고 설명했다. 이러한 압박 속에서 병력의 사기는 땅바닥에 곤두박질했고, 쿠데타는 페트로그라드에 도착하기도 전에 어떠한 심각한 군사적 충돌도 없이 저지됐다. 코르닐로프의 명령을 받아 행동한 지휘관 알렉산드로 크리모프* 장군은 임시정부에 항복한 후 자살했다. 코르닐로프 자신은 모든 책임을 지고 육군본부에서 저항 없이 체포됐다.

페트로그라드의 중도 및 우익 정치인들은 케렌스키가 계속 이

---

* Александр Михайлович Крымов(1871~1917). 러시아의 군인으로 러일전쟁과 1차 세계대전에서 활약했다.

끄는 임시정부에 다시 충성을 확인받으려고 뛰어다녔다. 그러나 코르닐로프 사건을 처리하면서 케렌스키의 지위는 더욱 손상됐고 정부도 약해졌다. 페트로그라드 소비에트 집행위원회 또한 거의 신뢰를 보여주지 못했는데, 코르닐로프를 상대로 한 저항이 주로 지역 노동조합과 공장 수준에서 조직되었기 때문이다. 결과적으로 이 사건은 소비에트의 오래된 멘셰비키-사혁당 지도부를 즉각 대체할 수 있는 볼셰비키의 지지를 급등시켰다. 군 최고사령부도 심각한 타격을 입었다. 최고사령관의 체포와 쿠데타 실패가 최고사령부의 사기를 바닥으로 떨어뜨리고 혼란스럽게 했으며, 장교와 병사의 관계는 최악으로 악화됐다. 게다가 이것으로는 충분치 않다는 듯 독일군이 페트로그라드를 향해 계속 진격했다. 9월 중순에 코르닐로프의 후임자인 미하일 알렉세예프* 장군이 코르닐로프의 고귀한 동기에 바치는 헌사로 연설의 말문을 열면서 돌연히 총사령관직을 사임했다. 알렉세예프는 규율이 붕괴한 군대와 "순교자인 우리 장교들"을 위해 더 이상 책임을 떠맡을 수 없다고 느꼈을 것이다.

현실적으로 말해서, 본관은 이 지독하게도 위험한 시간에 우리에게는 더 이상 군대가 없다는 끔찍한 사실을 말해야 합니다(이 말을 하면서 장군은 목소리가 떨렸고 눈물을 흘렸다). 독일군이 언제라도 우리에

---

* Михаил Васильевич Алексеев(1857~1918). 러시아의 군인으로 1915년부터 1917년까지 니콜라이 2세의 총참모장이었다. 1918년 러시아 내전에서 볼셰비키와 맞서 싸우던 중 볼가 지역에서 심장마비로 사망했다.

게 최후의 일격을 날릴 준비가 된 이 순간에 말입니다.[17]

좌익은 코르닐로프 사건으로 가장 큰 이득을 봤다. 우익 반혁명의 위협이라는 추상적인 개념이 실체를 얻었고, 노동계급은 자신들의 힘을 증명했으며, 동시에 많은 노동자들이 오직 무장 경계만이 혁명을 적으로부터 구할 수 있는 수단이라고 확신하게 됐기 때문이다. 볼셰비키는 많은 지도자가 여전히 교도소에 있거나 어딘가에 숨어 있는 바람에 코르닐로프를 상대로 저항할 때 어떤 특별한 역할도 할 수 없었다. 그러나 볼셰비키를 바라보는 새로운 공론의 물결은 이미 8월 초부터 뚜렷이 감지됐고 코르닐로프 쿠데타가 실패한 후엔 더욱 가속화했다. 실제로 볼셰비키는 노동자들이 코르닐로프의 위협에 대응하려고 만든 민병대인 '적위대赤衛隊'에서 미래에 이득을 취할 수 있을 것이었다. 볼셰비키의 힘은 부르주아지 및 2월 체제의 연합과 타협하지 않는 유일한 정당이라는 점에서, 또한 노동자 권력과 무장봉기라는 생각에 가장 어울리는 정당이라는 점에서 나왔다.

10월 혁명

볼셰비키의 구호인 '모든 권력은 소비에트로!'는 4월부터 8월까지는 본질적으로 도발적이었다. 페트로그라드 소비에트를 움직였지만 권력을 장악하려고 하지는 않았던 온건파를 직접 겨눈 비웃음이었다. 그러나 코르닐로프 사건 이후에 온건파가 통제력을 잃자 상황이 바뀌었다. 볼셰비키는 8월 31일 페트로그라드 소비에트에서 다수파가 됐고, 9월 5일에는 모스크바 소비에트에서 다수파가 됐다. 10월에 열릴 예정인 제2차 전러시아소비에트대회에서 수도에서와 같은 정치적 경향이 이어진다면, 이것이 함의하는 바는 무엇이었겠는가? 볼셰비키는 임시정부에는 더 이상 국가를 통치할 권한이 없다는 대회의 결정을 바탕으로 해서 준합법적으로 권력을 소비에트로 이양하는 것을 바랐는가? 옛 구호는 정말로 반란을 요구하는 것이었나, 아니면 볼셰비키가 (나머지 정치 세력과는 달리) 권력을 장악할 용기가 있음을 확인하는 것이었나?

9월에 레닌은 은신처인 핀란드에서 볼셰비키당에 무장봉기 준비를 촉구하는 편지를 썼다. 레닌의 말에 따르면, 혁명적 순간이 다가왔고, 너무 늦기 전에 그 순간을 잡아야 했다. 지체하면 치명적일 것이다. 그는 제2차 소비에트대회에서 무엇인가가 결정되기 **전에** 볼셰비키가 먼저 행동해야 한다고 주장했다.

레닌은 즉각적인 무장봉기를 열정적으로 지지했지만 볼셰비키 지도부 내부의 동료들을 완전히 설득할 수는 없었다. 역사의 물결이 확실하게 올바른 방향으로 흘러가고 있는데, 왜 볼셰비키가 위험한 도박을 해야 한단 말인가? 게다가 레닌 스스로도 돌아와서 책임을 떠맡으려 하지 않았다. 정말 레닌이 진지했더라면 이런 행동을 했을까? 여름에 쏟아진 비난 때문에 레닌은 의심할 여지없이 지쳐 있었다. 어쩌면 레닌은 7월 사태 동안 자신과 당 중앙위원회가 주저했던 일을 곰곰이 생각하면서, 권력을 장악할 드문 기회가 날아갔다고 생각했을지도 모른다. 어떤 경우든, 레닌은 다른 위대한 지도자들처럼 괴팍한 사람이었고, 혁명적 분위기가 곧 지나가 버릴지도 몰랐다.

이때 레닌의 행동은 확실히 모순에 가득 차 있었다. 레닌은 볼셰비키가 반란에 나서야 한다고 고집하면서도, 몇 주 동안 핀란드에 남아 있었다. 임시정부가 7월에 체포한 좌익 정치인들을 풀어주었고 볼셰비키가 소비에트를 장악하면서 레닌이 긴박한 위험에서 확실히 벗어났음에도 말이다. 레닌이 페트로그라드로 돌아왔을 때조차 (아마 10월 첫째 주말로 추측된다) 그는 여전히 숨어 있었고 볼셰비키를 만나지 않았으며 격앙된 편지 여러 통을 보내며 중앙위원회와 소통했을 뿐이다.

10월 10일 볼셰비키 중앙위원회는 원칙적으로 무장봉기가 필요하다는 데에 동의했다. 그러나 볼셰비키 다수는 준합법적이고 비폭력적인 권력 이양을 달성하려고 소비에트에서 볼셰비키의 위치를 이용하는 쪽으로 확실히 기울어졌다. 페트로그라드 볼셰비키위원회의 한 위원이 나중에 회상한 바에 따르면,

우리들 중 누구도 특정한 시간에 모든 정부 기구를 무장 장악하는 것으로 시작되는 혁명은 생각해본 일도 없었다. (중략) 우리는 페트로그라드 소비에트가 간단히 권력을 장악하는 식의 봉기를 생각했다. 소비에트가 임시정부의 명령을 거부하고, 소비에트가 권력이라 선언하고, 이를 막으려 하는 이들을 치워버리는 방식 말이다.[18]

최근에 감옥에서 풀려나 볼셰비키당원이 된 트로츠키는 이제 페트로그라드 소비에트에서 다수를 차지한 볼셰비키의 지도자였다. 트로츠키는 1905년에도 소비에트 지도자 중 한 명이었다. 트로츠키는 공공연하게 레닌의 의견에 반대하지는 않았지만(나중에는 둘의 관점이 완전히 일치했다고 주장했다), 반란에 의구심을 품었고 임시정부를 축출하는 문제를 소비에트가 다룰 수 있고 다뤄야 한다고 생각했음이 분명해 보인다.[19]

볼셰비키가 주도하는 반란을 강하게 반대한 사람은 레닌의 오래된 동지인 그리고리 지노비예프와 레프 카메네프*이다. 지노비예프와 카메네프는 볼셰비키가 쿠데타로 권력을 장악한다는 생각은 무책임하며, 볼셰비키가 단독으로 권력을 유지할 수 있다는 생각은 비현실적이라고 봤다. 지노비예프와 카메네프가 실명으로 이 논쟁을 비볼셰비키 일간지(막심 고르키**의 『노바야 지즌Новая жизнь(새로운 삶)』)에 실었을 때, 레닌은 이제까지 아무도 본 적 없을 정도로 격노하고 낙담했다. 그럴 법도 했다. 이는 단순한 반항이 아니라 볼셰비키가 비밀스럽게 반란을 계획하고 있다는 사실

---

* Лев Борисович Каменев(1883~1936). 러시아의 혁명가이자 정치인이다. 본명은 로젠펠드 Розенфельд. 2월 혁명 이후 유형지에서 돌아와 레닌이 복귀하기 전까지 당을 이끌었다. 레닌 사후 후계자를 둘러싼 승계 투쟁에서 스탈린에게 패배하면서 모든 권력을 잃었다. 1936년 8월 모스크바 재판에서 스탈린과 다른 지도자들을 암살하려는 테러 조직을 만든 반혁명 혐의로 처형당했다.

** Максим Горький(1868~1936). 러시아와 소련의 작가이다. 본명은 알렉세이 막시모비치 페슈코프Алексей Максимович Пешков. 노동자와 빈민의 현실을 다룬 작품으로 높은 평가를 받았다. 1903년 이후 볼셰비키 편에서 활동했으나, 막상 10월 혁명 즈음에는 볼셰비키의 권력 장악을 반대했다. 1921년부터 1928년까지는 이탈리아에서 망명 생활을 하다가 귀국했다. 돌아와서는 소련작가연맹Союз писателей СССР 의장을 맡는 등 명성이 높았다.

을 공개적으로 선언한 것이나 다름없었기 때문이다.

이런 상황에서 볼셰비키의 10월 쿠데타가 성공했다는 사실이 놀라워 보일지도 모른다. 그러나 사실 『노바야 지즌』에 난 기사는 레닌의 대의를 방해했다기보다는 도왔다. 이제 볼셰비키는 사전에 체포되거나 페트로그라드 지역의 노동자·병사·수병이 어떤 혁명적 행동도 거부하리라는 강력한 암시를 주지 않는 한 행동을 취해야만 하는 입장에 처하게 됐다. 이때 케렌스키가 볼셰비키를 상대로 결정적인 대책을 마련하지 않고, 볼셰비키가 페트로그라드 군사혁명위원회*를 통제하게 되면서 상대적으로 쿠데타를 조직하기가 수월해졌다. 군사혁명위원회의 기본 목적은 코르닐로프의 반혁명에 맞서는 노동자들의 저항을 조직하는 것이었고, 케렌스키는 거기에 간섭할 수 없었다. 전시 상황도 중요한 요소였다. 독일군이 진격하면서 페트로그라드를 위협했다. 노동자들은 주요 산업 공장을 도시 밖으로 소개疏開하라는 임시정부의 명령을 이미 거부했다. 노동자들은 정부가 혁명에 품었던 의도를 믿지 않았고, 그 점에서 노동자들은 독일군과 싸우겠다는 임시정부의 의지를 믿지 않았다(역설적으로 노동자들이 '평화'라는 볼셰비키 구호를 받아들였음에도 독일의 위협이 즉각적이고 실제적이 되자 노동자와 볼셰비키 모두 호전적으로 행동했다. 예컨대 리가가 함락된 후인 1917년 가을과 겨울에 평화라는 옛 구호는 거의 들을 수 없었다). 독일군이 접근해 오는데 케렌

---

* Петроградский военно-революционный комитет. 페트로그라드 소비에트의 기관이었으나 사실상 볼셰비키가 통제했다. 10월 봉기 직전에 창설됐다. 훗날 '최초의 프롤레타리아트 정부'로 칭송을 받았다.

스키가 노동자들을 무장 해제하려 시도했다면, 그는 아마 반역자나 투항자로 몰려 조리돌림을 당했을 것이다.

반란은 제2차 소비에트대회 전날인 10월 24일에 시작됐다. 소비에트 군사혁명위원회의 병력은 전신국과 철도역을 탈취하고 도시의 다리마다 바리케이트를 설치했으며, 임시정부가 개회 중이던 겨울궁전을 포위하고 정부의 주요 핵심 시설을 점거하기 시작했다.

폭력적 저항은 거의 없었다. 거리는 조용했고, 시민들은 평소와 다름없이 돌아다녔다. 10월 24일에서 25일로 넘어가던 시간에 레닌은 은신처에서 나와 예전에 귀족 숙녀들의 학교였다가 지금은 소비에트 본부로 쓰는 스몰늬Смольный 학원으로 가 동지들과 합류했다. 레닌은 매우 침착해 보였고, 한 차례 자신을 휩쓸고 간 신경질적인 불안에서 회복된 것처럼 보였다. 그리고 당연한 듯이 예전에 자신이 맡았던 지도자 위치를 다시 찾았다.

25일 오후에 이르자 쿠데타는 거의 성공했다. 성가시게도 임시정부 각료들이 머물고 있던 겨울궁전의 점령만 제외하고는 말이다. 궁전은 저녁 늦게, 얼마 안 되는 수비대를 향해 어수선한 공격이 가해진 가운데 함락됐다. 나중에 소련의 공식 기록이 말하는 것처럼 영웅다운 모습은 아니었다. 예컨대 네바강의 궁전 맞은편에 정박한 전함 아브로라는 함포를 한 발도 발사하지 않았다. 점령군은 케렌스키가 쪽문으로 빠져나가 차를 타고 도시를 떠나도록 내버려뒀다. 정치극이라는 면에서는 다소 불만족스러운 결과였다. 왜냐하면 볼셰비키의 주장으로 몇 시간이나 첫 회기가 연기되고 있던 소비에트대회가 결국 궁전 함락 이전에 속개되었고, 따라서 볼셰비키는 그들이 원했던 극적인 개회 선언을 할 수 없었기 때문이다. 그러나 여전히 기본 사실은 그대로이다. 2월 체제는 전복됐고, 권력은 10월의 승자에게 넘어갔다.

물론 답해야 할 질문이 하나 남아 있다. 누가 10월의 승자였는가? 레닌은 소비에트대회가 열리기 전에 볼셰비키에게 봉기를 촉구하면서 명백히 볼셰비키가 승자가 되기를 원했다. 그러나 사실상 볼셰비키는 페트로그라드 소비에트의 군사혁명위원회를 통해 봉기를 조직했다. 그리고 우연이든 의도했든 군사혁명위원회는 전러시아소비에트대회 개회 전야까지 봉기를 미뤘다(확실히 레닌의 생각은 아니었으며, 짐작하건대 트로츠키의 전략이다. 트로츠키는 훗날 볼셰비키의 권력 장악을 합법화하려고 소비에트를 이용한 전략이 훌륭했다고 말했다[20]). 곧 소비에트가 권력을 장악했다는 소식이 지방으로 퍼져나간다.

그런데 이 문제는 10월 25일 페트로그라드에서 열린 소비에트대회에서도 명확해지지 않았다. 소비에트 대의원 중 대다수는 소비에트로 모든 권력을 이양할 것을 지지할 수 있는 권한을 가지고 대회에 왔다. 그러나 대회는 오직 볼셰비키 집단만의 대회도 아니었고(670명의 대의원 중 300명이 볼셰비키로, 볼셰비키는 제1당이었지만 과반수는 아니었다), 그들이 볼셰비키의 선제 행동을 당연히 비준해주리라는 법도 없었다. 멘셰비키와 사혁당으로 이루어진 큰 집단은 첫 회기 때 볼셰비키의 봉기를 통렬히 비판한 뒤 항의의 뜻으로 퇴장했다. 레닌의 오래된 벗인 마르토프가 이끄는 멘셰비키 집단은 더 유화적 방법으로 문제를 제기했다. 그러나 트로츠키는 길이 기억될 표현인 "역사의 쓰레기장"으로 가라며 이러한 비판을 일축했다.

대회에서 볼셰비키는 노동자·병사·농민 소비에트로 권력을 이양하라고 요구했다. 중앙 권력을 생각해보면 옛 임시정부의 자리는 소비에트대회와 수많은 정당대표가 선출한 소비에트 상설 중앙집행위원회가 차지하는 것이 논리적으로 당연하다. 그러나 그렇게 되지 않았다. 중앙정부 기능을 새로운 기관인 인민위원회의*가 행사한다는 선언에 많은 대표들이 놀랐다. 10월 26일 대회에서 한 볼셰비키당 대변인이 전원 볼셰비키당원으로 채워진 인민위원회의의 명단을 읽어 내려갔다. 정부 수반은 레닌이었고, 트로츠키는 외무인민위원(장관)이었다.

일부 역사가들은 볼셰비키의 일당 통치가 의도한 것이라기보다는 역사적 우연의 결과로 등장했다고 주장해왔다.[21] 즉 볼셰비키는 홀로 권력을 장악하려 하지 않았다는 것이다. 그러나 만약에 그 의도가 레닌의 의도라면 논거는 모호해 보인다. 레닌은 당내의 다른 지도자들의 반대를 짓눌러버렸다. 9월과 10월에 레닌은 확실히 다당제 소비에트보다 볼셰비키의 권력 장악을 원했던 것 같다. 레닌은 소비에트를 위장막으로 쓰기를 원하지 않았고, 쿠데타라는 명확한 방식으로 볼셰비키를 무대에 올리는 편을 선호했다. 지

---

* Совет народных комиссаров. 10월 혁명 이후에 설립된 정부 기구이다. 줄여서 소브나르콤 Совнарком이라고 부른다. 그 밑에 장관에 해당하는 인민위원народный комиссар을 뒀다. 초대 인민위원회의 의장은 레닌이다. 1946년 인민위원이라는 명칭이 장관министр으로 바뀌면서 인민위원회의도 장관회의Совет министров로 개칭됐다.

방에서 10월 혁명의 직접적 결과는 소비에트가 권력을 장악한 것이다. 그리고 모든 지역 소비에트에서 볼셰비키가 제1당도 아니었다. 10월 혁명 이후 소비에트를 대하는 볼셰비키의 태도가 여러 다른 해석을 낳을 수 있다 하더라도, 소비에트가 확실히 볼셰비키 편인 한 원칙적으로 볼셰비키가 지역에서 소비에트의 권력 행사에 반대하지는 않았다고 말하는 편이 공정할 것이다. 그러나 이러한 요구는 다른 정당들이 경쟁하는 민주적 선거와 조화를 이루기 어려웠다.

레닌은 인민위원회의라는 새로운 중앙정부를 구성할 때 연립이라는 문제에 대해 꽤나 확고했다. 1917년 11월에 볼셰비키만의 정부에서 더 넓은 사회주의자 정파의 연립정부로 전환할 가능성을 놓고 볼셰비키당 중앙위원회가 논의한 자리에서도 레닌은 단호하게 반대했다. 몇몇 볼셰비키가 항의의 표시로 정부직에서 사임했음에도 달라진 것이 없었다. 나중에 '사혁당 좌파(10월 쿠데타를 받아들이기로 한 사혁당의 분당 집단)' 당원 일부가 인민위원회의에 들어왔지만, 모두 당내 기반이 약한 정치인이었다. 그들은 1918년 중반에 독일과 평화조약을 체결한 것을 놓고 사혁당 좌파가 항의하면서 봉기를 준비할 때 정부에서 물러났다. 볼셰비키는 더 이상 다른 정당과 연립정부를 형성하려는 노력을 기울이지 않았다.

볼셰비키는 민중에게서 홀로 통치하라는 권한을 받았는가, 아니면 권한을 받았다고 믿었을 뿐인가? 제헌의회 선거(10월 쿠데타 이전에 예정된 대로 1917년 11월에 치러짐)에서 볼셰비키는 전체의 25퍼센트를 득표했다. 이는 40퍼센트를 득표한 사혁당에 이어 두 번째였다(사혁당 좌파는 쿠데타 문제에서 볼셰비키를 지지했지만 선거 명단에는 사혁당 우파와 좌파가 구별되어 있지 않았다). 볼셰비키는 더 나은 결과를 기대했다. 이 결과는 투표 결과를 더 상세하게 조사하면 제대로 설명할 수 있을 것이다.[22] 볼셰비키는 페트로그라드와 모스크바에서, 그리고 아마도 러시아 도시 전체에서 승리를 거뒀다. 별도로 집계된 군대의 500만 표 가운데 북부전선군·서부전선군·발트해함대에서 볼셰비키가 압도적인 다수를 차지했다. 이들은 볼셰비키가 가장 잘 아는, 그리고 그들도 볼셰비키를 가장 잘 아는 유권자 집단이다. 남부전선군과 흑해함대에서 볼셰비키는 사혁당과 우크라이나 정당들에게 졌다. 사혁당이 얻은 표는 농촌에서 승리한 결과다. 그러나 이 결과는 모호했다. 농민들은 아마 하나의 쟁점만 보고 투표를 했을 것이다. 사혁당과 볼셰비키당의 토지강령은 사실상 똑같았다. 그러나 사혁당은 전통적 지지층인 농민계급에게 훨씬 더 잘 알려져 있었다. 농민들이 볼셰비키 강령을 알았던 곳(대개 도시·수비대·철도처럼 볼셰비키가 선거운동을 더 많이 했던 곳과 가까웠는지 여부에 따른 결과)에서는 표가 볼셰비키와 사혁당으로 갈라졌다.

민주적 선거 정치에서 패배는 패배이다. 그렇지만 볼셰비키는 제헌의회의 선거 결과를 받아들이지 않았다. 볼셰비키는 승리하지 못했다는 이유로 사퇴하지 않았다(오히려 제헌의회가 열리고 그들이 볼셰비키에게 적대적이라는 사실이 증명되자 볼셰비키는 의회를 인정사정없이 해산했다). 통치의 위임이라는 면에서 볼셰비키는 자신들이 대표한다고 자임하는 집단은 주민 전체가 아니라고 반박할 수 있었고 실제로 그렇게 반박했다. 볼셰비키는 노동계급의 이름으로 권력을 잡았다. 제2차 소비에트대회 선거와 제헌의회 선거 결과로 이끌어낼 수 있는 결론은 1917년 10월부터 11월까지 볼셰비키가 다른 어떤 정당보다 노동자계급의 표를 더 많이 얻어냈다는 것이다.

그러나 만일 나중에 노동자들이 지지를 철회한다면 어떻게 할 것인가? 볼셰비키가 프롤레타리아트의 의지를 대표한다는 주장은 관찰로 내린 판단일 뿐만 아니라 신념에 기반을 둔 주장이기도 하다. 레닌이 설명한 대로라면 꼭 볼셰비키당의 통치 권한을 뺐지 않더라도 언젠가 미래에 노동자의 프롤레타리아 의식이 당의 의식보다 열등하다는 사실을 증명할 날이 올 수도 있었다. 십중팔구 볼셰비키는 그런 일이 일어나기를 기대하지 않았을 것이다. 그러나 1917년에 볼셰비키의 수많은 반대자들은 그런 일이 일어나리라 생각했고, 노동계급의 지지를 상실하더라도 레닌의 당은 권력을 포기하지 않으리라고 생각했다. 엥겔스는 때 이르게 권력을 장악한 사회주의 정당은 스스로 고립되거나 독재를 펼치게 될 것이라 경고했다. 확실히 볼셰비키 지도부, 특히 레닌은 엥겔스가 경고한 위험을 감수하려 했다.

03 ──────────── 내전

10월의 권력 장악은 볼셰비키 혁명의 끝이 아니라 시작이었다. 볼셰비키는 페트로그라드의 통제권을 장악했고, 일주일 동안의 시가전 끝에 모스크바도 손에 넣었다. 그러나 대부분의 지방 중심지에 우후죽순처럼 나타난 소비에트는 부르주아지를 전복하는 데 여전히 수도의 지시를 따라야만 했다(이는 종종 지역 수준에서 도시의 단결한 시민들이 세운 '공안위원회'를 축출하는 것을 의미했다). 지역 소비에트가 권력을 장악하기에 너무 약할 경우에도 수도에서 지원을 받을 수 있을 것 같지는 않았다.[1] 중앙에서만큼이나 지방에서도 볼셰비키는 지역 소비에트에 분명한 태도를 취해야 했다. 지역 소비에트는 성공적으로 권위를 확보했지만, 멘셰비키와 사혁당에게 지배당하게 됐다. 게다가 러시아 농촌 지역은 도시가 부과한 권위라는 멍에를 대개 벗어던졌다. 옛 제국의 외딴 비러시아 지역은 다양한 방식으로 혼란에 빠져 있었다. 만일 볼셰비키가 전통적인 의미에서 나라를 통치할 의도로 권력을 장악했다면, 무정부주의나 탈중앙화, 분리주의적 경향을 상대로 한 다소 길고 어려운 투쟁을 펼쳐 나가야 했다.

　　사실 러시아의 미래 정부 형태는 아직 열린 문제였다. 페트로그라드 10월 쿠데타로 판단할 때 볼셰비키는 '모든 권력은 소비에트로'라는 자신들의 구호에 의구심을 보였다. 다른 한편으로 그 구호는 1917~1918년 겨울 지방의 분위기에 더 걸맞은 것처럼 보였다. 그러나 아마 이것은 중앙정부의 권위가 일시적으로 붕괴했다는 말의 다른 표현에 지나지 않을 것이다. 볼셰비키의 다른 구호인 '프롤레타리아트 독재'를 통해 그들의 의도를 엿볼 수도 있다. 레닌이 그 당시 글에서 강하게 주장했듯이 만약에 그 구호가 옛 자산계급의 반혁명 시도를 분쇄해버리는 것을 의미했다면, 새로운 독재정권은 차르 비밀경찰의 기능에 비견할 만한 강압적인 기관을 설치해야 한다. 반면 그 구호가 레닌의 많은 정적들이 의심했듯이 볼셰비키당의 독재를 의미했다면 여전히 존재하는 다른 정당이 큰 문제를 낳을 것이었다. 그러나 새 체제가 스스로를 옛 차르 전제정처럼 탄압을 펼치도록 놓아둘 수 있었을까? 그리고 그렇게 행동한다면 대중의 지지를 유지할 수 있었을까? 게다가 프롤레타리아트 독재는 노동조합이나 공장위원회를 포함한 모든 프롤레타리아트 기구의 폭넓은 권력과 독립을 의미하는 것처럼 보였다. 만약 노동조합과 공장위원회에서 노동자들이 이해관계를 두고 생각을 달리했다면 어떻게 할 것인가? 공장에서 '노동자 관리'가 노동자 자율경영을 의미한다면, 이는 볼셰비키가 사회주의의 기본 목표로 본 중앙에서 계획하는 경제 발전과 양립 가능한 것인가?

러시아의 혁명정권은 더 넓은 세계에서 스스로의 위치를 고려해야 했다. 볼셰비키는 스스로를 국제 프롤레타리아 혁명운동의 일부라 여겼고, 러시아에서 볼셰비키가 거둔 성공이 유럽 전체에 유사한 혁명을 일으키길 바랐다. 볼셰비키는 원래 새로운 소비에트공화국을 다른 나라와 전통적 외교관계를 맺는 국민국가로 설정하지 않았다. 트로츠키는 외무인민위원으로 임명됐을 때 몇몇 혁명적 선언문을 발표하고 '가게 문을 닫'으려 했다. 1918년 초 독일과 추진한 브레스트리토프스크 강화조약* 협상의 소비에트 측 대표로 참여한 트로츠키는 독일의 정식 대표단이 아니라 독일 인민, 특히 동부 전선의 독일 병사들에게 연설함으로써 모든 외교 절차를 뒤엎으려고 시도했다(성공하지는 못했다). 혁명 초기에 볼셰비키 지도부는 유럽의 더 발전한 자본주의 국가들에서 노동자 혁명을 지원하지 않는다면 러시아혁명이 오래 살아남을 수 없으리라 굳게 믿었기에, 전통적 외교의 필요성을 인식하는 일이 늦어졌다. 혁명 러시아의 고립이 점차 분명해지면서 볼셰비키는 바깥 세상에 관한 스스로의 입장을 재평가하기 시작했다. 그리고 그때부터 혁명적 호소에 국가 대 국가의 전통적인 접촉을 섞는 습관이 확고히 뿌리내렸다.

새로운 소비에트공화국의 국경과 비러시아계 민족들에 대한 정책이 새로운 중요한 문제를 제기했다. 마르크스주의자에게 민족주의란 그릇된 의식의 형태였으나, 레닌은 전쟁 이전에 민족자결의 원칙을 조심스레 옹호했다. 민족주의가 위협으로 남지 않으려

---

* 1918년 3월 소비에트 러시아와 동맹국 사이에 맺어진 평화조약으로, 독일군의 진격을 막아 낼 힘이 없던 볼셰비키 정권은 '숨 쉴 틈'을 얻자는 레닌의 주장에 따라 가혹한 조건으로 강화를 맺었다. 이 조약으로 러시아는 전체 인구의 34퍼센트, 경작지의 32퍼센트, 공업 시설의 54퍼센트, 탄광의 89퍼센트를 상실했다. 동년 11월 독일이 연합군에게 항복하면서 브레스트리토프스크 조약은 사실상 파기됐다.

면 수용해야 한다는 실용적 의식에서였다. 미래의 소비에트연맹의 형태가 결정된 1923년에 채택된 민족자결은 '민족의 형태를 부여'하는 정책으로, 분리된 민족 공화국, 소수민족의 보호, 민족 언어와 민족 문화의 지원, 민족 엘리트의 형성을 통해 민족주의를 무장해제하는 것이었다.[2]

그러나 새로운 소비에트공화국이 옛 러시아제국의 영토를 편입하는 것이 확실해지면서 민족자결의 한계가 드러났다. 페트로그라드의 볼셰비키가 헝가리에서 소비에트 권력의 혁명 승리를 바랐던 것처럼, 아제르바이잔에서도 혁명의 승리를 바란 것은 자연스러운 일이었다. 러시아제국의 옛 신민이었던 아제르바이잔인들이 이를 그리 좋아하지 않았을지라도 말이다. 볼셰비키가 우크라이나에서 노동자 소비에트를 지원하고 우크라이나의 '부르주아지' 민족주의자들에게 반대한 것도 자연스러웠다. (우크라이나 노동계급의 민족 구성을 반영한) 우크라이나 소비에트가 민족주의자들뿐만 아니라 우크라이나 농민계급에게도 '외국인'이었던 러시아인, 유대인, 폴란드인이 다수를 이루고 있었다는 사실을 제외한다면 말이다. 볼셰비키의 딜레마는 1920년에 붉은 군대가 폴란드로 진군하자 바르샤바의 노동자들이 '러시아의 침략'에 저항했을 때 가장 극적으로 나타났다. 실제로 프롤레타리아 국제주의 정책은 구식 러시아의 제국주의 정책과 당황스러울 만큼 유사했다.[3]

그러나 10월 혁명 이후 볼셰비키의 행동과 정책은 진공 속에서 형성된 것이 아니었고 내전이라는 요인은 이를 설명하는 데에 거의 항상 중요했다. 내전은 1918년 중순에 발발했다. 이때는 러시아와 독일이 브레스트리토프스크 강화조약을 공식적으로 매듭짓고 러시아가 유럽 전쟁에서 확실히 발을 뺀 지 몇 달 지나지 않은 시기였다. 많은 전선에서 다양한 백군白軍(즉, 반反볼셰비키 군대)을 상대로 한 전투가 벌어졌다. 백군은 1차 세계대전에서 러시아와 함께 싸운 옛 동맹군을 포함한 수많은 외세의 지원을 받았다. 볼셰비키는 이 전쟁을 계급 전쟁으로 봤다. 국내에서는 러시아 부르주아지를 상대로 한 러시아 프롤레타리아트의 전쟁으로, 국제적으로는 국제 자본주의를 상대로 한 (소비에트공화국으로 대표되는) 국제 혁명으로 말이다. 따라서 1920년 (볼셰비키의) 붉은 승리는 프롤레타리아트의 승리였다. 그러나 투쟁의 쓰라림은 프롤레타리아트의 계급의 적이 가진 힘과 단호함이 어느 정도인지를 보여줬다. 내전에 개입한 자본주의 열강은 철수했지만, 볼셰비키는 그것이 끝이라고 믿지 않았다. 볼셰비키는 더 적절한 시기에 국제 자본주의 세력이 다시 돌아와 국제 노동자혁명을 원천에서부터 분쇄하려 할 것이라 믿었다.

내전은 의심할 여지없이 볼셰비키와 신생 소비에트공화국에 막대한 영향을 끼쳤다. 내전은 지속되는 원한과 상처만 남긴 채로 사회를 양극화했다. 그리고 외국 군대의 개입은 소비에트 러시아에 편집증과 외국인 혐오가 포함된 '자본주의의 포위'라는 영구적 공포를 가져왔다. 내전은 산업을 거의 정지시키고 도시를 텅 비게 만들어 경제를 박살내버렸다. 이 사실은 경제적·사회적 함의뿐만 아니라 정치적 함의도 컸다. 볼셰비키는 산업 프롤레타리아트의 이름으로 권력을 장악했지만, 내전은 그 계급이 최소한 일시적으로 해체되고 흩어졌다는 사실을 의미했기 때문이다.

볼셰비키가 처음으로 통치 행위를 경험한 것도 내전이라는 맥락에서였다. 이는 의심할 여지없이 많은 중요한 측면에서 당의 향후 발전 양상을 규정하게 되었다.[4] 내전 중에 50만 명이 넘는 공산주의자가 한때라도 붉은 군대에 복무했다(그리고 이들 중 절반은 볼셰비키당에 가입하기 전에 붉은 군대에 먼저 가입했다). 1927년 볼셰비키 총 당원 중 33퍼센트가 1917~1920년에 가입한 반면, 1917년 이전에 가입한 당원은 1퍼센트에 지나지 않았다.[5] 따라서 볼셰비키 지도자들 중 '고참 집단' 의식이 형성된 혁명 이전 지하운동의 삶을 1920년대의 당원 대부분은 소문으로만 듣고 있었다. 내전 기간에 당에 가입한 무리에게 당은 문자 그대로 전우회였다. 붉은 군대에 복무한 공산주의자들은 군대 은어를 당의 정치 언어로 가져왔다. 민간직에 복무하거나 전투를 치르기에는 아직 어린 사람들까지도 군복을 입고 군화를 신었는데, 1920년대부터 1930년대 초에 이르기까지 이것이 당원의 준準제복처럼 되었다.

한 역사학자의 평가에 따르면 내전의 경험은 "볼셰비키 운동의 혁명적 정치문화를 군사화"했으며, "강제력에 쉽게 의존하기, 행정명령 통치администрирование, 중앙화된 행정, 약식재판"이라는 유산을 남겼다.[6] 바로 이로부터 소련 (그리고 스탈린주의) 권위주의의 기원을 찾는 시각은 혁명 이전부터 당에 내려온 전통과 레닌이 옹호한 중앙화된 당 조직 및 엄격한 규율을 강조한 서양의 전통적 해석보다 많은 점에서 만족스럽다. 그럼에도 당의 권위주의적 경향을 강화한 다른 요인 역시 고려해야만 한다. 첫째로 소수의 독재는 권위적이 되기 십상이고, 그 독재의 집행자는 1917년 이후 수년간 레닌이 종종 비판했던, 명령하고 괴롭히는 식으로 행세하기 마련이다. 둘째로 볼셰비키당은 1917년에 러시아의 노동자·병사·수병의 지지를 받아 성공할 수 있었다. 이들은 전술적 설득 대신 반대 의견을 짓누르고 힘으로 권위를 부과하는 일을 고참 볼셰비키 지식인보다 덜 걱정했다.

마지막으로 내전과 권위주의 통치 사이의 연결점을 고려해볼 때 볼셰비키와 1918~1920년의 정치 환경 사이에 쌍방향 관계가 있었다는 사실을 기억해야만 한다. 내전은 볼셰비키에게 전혀 책임이 없고 예측할 수 없는 불가항력이 아니었다. 오히려 볼셰비키는 1917년 2월과 10월 사이의 몇 달 동안 스스로를 무장 충돌 및 폭력과 결합시켰다. 그리고 볼셰비키 지도부가 10월 이전에 잘 알고 있던 것처럼 10월 쿠데타는 많은 사람들에게 노골적으로 내전을 도발하는 것처럼 보였다. 내전은 확실히 새 체제에 포화 세례를 퍼부었고, 미래의 발전에도 영향을 끼쳤다. 그러나 그 세례는 볼셰비키가 위험을 무릅썼던, 그리고 어쩌면 추구했는지도 모르는 세례였다.[7]

내전, 붉은 군대, 체카

볼셰비키의 10월 쿠데타 직후에 입헌민주당의 신문은 혁명을 구원할 병력 소집을 요구했고, 표트르 크라스노프* 장군의 충성스러운 부대는 페트로그라드 밖 풀코보 언덕Пулковские высоты 전투에서 친볼셰비키 세력과 적위대에게 패배했다. 모스크바에서는 치열한 전투가 벌어졌다. 이 예비 회전會戰에서도 볼셰비키가 승자였다. 그러나 다시 한 번 싸움이 있을 것이라는 사실은 거의 분명했다. 독일 및 오스트리아-헝가리를 상대하고 있던 남부전선의 러시아군 다수에서 볼셰비키는 북부 및 서부전선에서보다 인기가 훨씬 적었다. 독일은 여전히 러시아와 전쟁 중이었다. 동부전선에서 평화조약을 맺으면 독일에게 유리한 상황이었음에도, 러시아의 새 정권은 연합군의 동정에 기댈 수 없듯이 독일군의 자비심에도 기댈 수 없었다. 브레스트리토프스크에서 열린 강화회담이 결렬되고 독일이 새로이 공습에 나서기 직전인 1918년 2월 초에 동부전선 독일군 사령관이 일기에 쓴 바에 따르면,

> 빠져나갈 길은 없다. 아니면 이 짐승들[볼셰비키]은 우크라이나·핀란드·발트 3국 사람들을 모조리 쓸어버리고, 차분히 새로운 혁명군을 규합하여 유럽 전체를 돼지우리로 만들어버릴 것이다. 러시아 전역은 더럽게 바글거리는 구더기 천국이나 마찬가지이다.[8]

1월에 브레스트리토프스크에서 강화를 협의하던 도중에 트로

---

* Пётр Николаевич Краснов(1869~1947). 러시아의 군인으로 가장 마지막까지 볼셰비키 정권에 투쟁했다. 1차 세계대전에서는 카자크 부대를 지휘했으며, 10월 혁명 직후 본문의 전투에서 패해 수감됐으나, 반혁명 투쟁에 가담하지 않겠다는 서약을 하고 풀려났다. 그러나 내전이 시작되자 백군 편에서 치열하게 붉은 군대와 싸웠다. 내전 종료 이후에도 망명지인 프랑스에서 반소비에트 조직을 수립해서 활동했다. 2차 세계대전에서는 나치에 협력했으며, 종전 이후 소련 측으로 넘겨져 교수형 당했다.

츠키는 독일이 제시한 조건을 거부한 채 '전쟁도 없고 평화도 없다'는 전략을 시도했다. 이 전략은 러시아가 전쟁을 지속하지 않을 것이며, 받아들일 수 없는 조건으로 평화조약에 서명하지도 않으리라는 것을 의미했다. 이는 순전히 허장성세에 불과했다. 전선의 러시아군은 괴멸하고 있었고, 볼셰비키가 노동계급의 형제애에 호소했음에도 독일군은 타격을 받지 않았다. 독일군은 트로츠키의 허세를 무시하고 진격해서 우크라이나의 광범위한 영토를 점령했다.

레닌은 평화조약을 맺는 일을 긴요하다고 여겼다. 이는 러시아 전투부대의 상태와 볼셰비키가 내전에 돌입할 가능성을 고려할 때 매우 합리적이었다. 게다가 볼셰비키는 10월 혁명 이전부터 러시아가 유럽 제국주의 전쟁에서 즉각 발을 빼야 한다고 반복해서 언급했다. 그러나 10월에 이르기까지 볼셰비키가 어떠한 의미에서든 '평화 정당'이었다고 보는 것은 오해를 유발한다. 10월에 케렌스키를 상대로 싸울 준비가 된 볼셰비키 쪽 페트로그라드 노동자들은 페트로그라드를 지키기 위해 독일을 상대로 싸울 준비도 된 상태였다. 이러한 호전적 분위기는 1918년 초 몇 달 동안 볼셰비키 당내 분위기에 강하게 반영됐고, 이어지는 내전에서 그들의 막대한 자산이 될 것이었다. 브레스트리토프스크 강화조약 당시 레닌은 독일과 평화를 유지하는 일의 필요성을 놓고 볼셰비키당 중앙위원회를 설득하는 데 어려움을 겪었다. 훗날 당 지도부에서 스탈린의 마지막 반대자로 역사에 기록될 젊은 니콜라이 부하린*을 포함한 당내 '좌익 공산주의자' 집단은 독일 침략자를 상대로 게릴라 투쟁을 하는 혁명전쟁을 옹호했다. 당시 볼셰비키와 동맹을 맺고 있던 사혁당 좌파도 비슷한 입장을 취했다. 레닌은 중앙위원회에서 사직하겠다고 위협하면서 결정을 강요했지만, 이는 힘겨운 싸움이었다. 독일군이 성공적으로 공세를 마친 후 제시한 조건은 1월의 조건보다 엄청나게 가혹했다(그러나 볼셰비키에게는 행운이 따랐다. 독일이 얼마 지나지 않아 유럽 전쟁에서 패배했고, 그 결과 동부전선에서 독일군이 얻은 전리품은 무효가 됐다).

브레스트리토프스크 강화조약은 다가올 군사 위협으로부터 아주 잠시 숨 돌릴 시간만을 제공했다. 옛 러시아군 장교들은 남부, 즉 돈과 쿠반의 카자크** 영토에 집결해 있었고, 알렉산드르 콜차크*** 제독은 시베리아에 반볼셰비키 정부를 수립했다. 영국은 러시아 북부의 두 항구인 아르한겔스크Архангельск와 무르만스크

---

* Николай Иванович Бухарин(1888~1938). 러시아의 정치가이자 이론가이다. 10월 혁명 시기에는 모스크바에서 혁명을 지도했다. 레닌의 유언장에 그 이름이 후계자 가운데 하나로 언급될 정도로 당내에서 명망 높았다. 좌익 반대파와 투쟁할 때에는 스탈린 편에서 싸웠으나, 좌익 반대파의 패배 이후에는 정치적 미숙함을 드러내며 권력과 점차 멀어졌다. 소비에트 국가를 전복할 음모를 꾸민 혐의로 1937년 2월에 체포됐으며, 1938년 3월 제3차 모스크바 재판에서 사형을 선고받고 처형됐다.

** 카자크казак는 오늘날의 러시아 서남부와 우크라이나 영토에서 준군사적 자치 공동체를 이루고 살며 동슬라브어를 사용하는 집단을 말한다. 우크라이나어로는 코자크козак라고 하며, 영어 명칭인 코사크Cossack로도 잘 알려졌다. 러시아 내전기에 남부 러시아 카자크는 반혁명 백군 세력의 중핵으로 활동했다. 현재 소련 해체 이후 우크라이나에서는 '코자크'를 우크라이나 역사의 기원으로 삼고 있다.

*** Александр Васильевич Колчак(1874~1920). 러시아제국 해군의 지휘관으로 러일전쟁과 1차 세계대전에 참전했다. 러시아 내전 중에 콜차크는 시베리아 옴스크Омск에 전러시아임시정부Временное Всероссийское правительство를 세우고 러시아 최고통치자Верховный правитель России직에 올랐으나, 다른 백군 세력의 힘을 모으는 데는 실패했다. 1919년 11월 옴스크가 함락당하고 이르쿠츠크Иркутск로 후퇴했지만, 결국 볼셰비키에게 붙잡혀 처형당했다.

Мурманск에 병력을 상륙시켰다. 표면상으로는 독일군과 싸우겠다는 이유였지만, 실제로는 각 지역에서 새 소비에트 체제에 반대하는 세력을 지원하려는 의도였다.

전쟁이 낳은 기묘한 우연으로, 러시아 영토를 통과해 가고 있던 비러시아인 부대가 있었다. 약 3만 명 정도인 체코슬로바키아 군단은 유럽의 전쟁이 끝나기 전에 서부전선에 도착해 연합군 편에서 옛 오스트리아 주인과 싸움으로써 민족 독립 요구에 힘을 싣고자 했다. 러시아를 가로질러 갈 수 없게 되자, 체코인들은 블라디보스토크로 가서 배를 타고 유럽으로 돌아간다는 계획을 세우고 시베리아 횡단열차를 타고 동쪽으로 가는 무리한 여정에 나섰다. 볼셰비키는 그 여행을 허가해줬으나, 기차역에 무장한 외국인 분견대가 도착하는 것에 지역 소비에트가 적개심을 보이는 것을 막진 못했다. 1918년 5월에 한 체코인 무리는 우랄산맥의 도시인 첼랴빈스크Челябинск에서 볼셰비키가 주도하던 소비에트와 처음으로 충돌했다. 다른 체코 부대는 러시아 사혁당이 사마라Самара에서 볼가공화국을 수립해 볼셰비키에 맞서 봉기하자 이를 지원했다. 체코인들은 러시아를 빠져나가려고 많은 전투를 치렀고, 여러 달이 지나서야 모두가 블라디보스토크에서 배를 타고 유럽으로 돌아갈 수 있었다.

볼셰비키의 '붉은 군대'와 러시아 반볼셰비키 '백군' 사이의 내전은 정확히 1918년 여름에 시작됐다. 당시에 볼셰비키는 수도를 모스크바로 옮겼는데, 이는 페트로그라드가 독일에게 점령당할 위험은 피했으나 니콜라이 유데니치* 장군 휘하의 백군에게 공격당할 위험에 놓여 있었기 때문이다. 그러나 모스크바는 전국의 여러 지역을 효율적으로 통제하지 못했고(시베리아, 남부 러시아, 카프카즈, 우크라이나는 물론, 지역 볼셰비키가 도시 소비에트의 다수를 차지했던 우랄과 볼가 지역의 대부분도 그랬다), 백군은 소비에트공화국을 동쪽에서, 북서쪽에서, 남쪽에서 위협했다. 연합군 중에서는 영국과 프랑스가 러시아의 새 체제에 극도로 적대감을 나타냈고, 소규모였지만 어쨌든 군사를 보내 백군을 지원했다. 미국과 일본은 시베리아로 병력을 보냈다. 일본은 영토 획득을 희망했고, 미국은 일본을 억제하고 시베리아 횡단열차를 보호하기 위해, 그리고 만약에 콜차크의 시베리아 정부가 미국식 민주주의의 기준에 들어맞는다면 지원할 수도 있다는 식의 복잡한 수고를 기울였다.

1919년에 볼셰비키가 확실히 통제하는 영토는 거칠게 말하자면 16세기 모스크바대공국**의 영토와 비슷한 정도였다. 실제로 볼셰비키의 상황은 절망적으로 보였지만, 볼셰비키의 적들에게도 문제가 산적했다. 첫째로 백군은 대개 중앙의 지시나 상호 협력 없이 각자 독립적으로 작전을 펼쳤다. 둘째로 백군은 영토 통제라는

---

* Николай Николаевич Юденич(1862~1933). 러시아의 군인으로 적백내전에서 백군 장군으로 볼셰비키와 싸웠다. 주로 북유럽과 발트 3국에 기반을 두고 페트로그라드를 위협했다. 특히 1919년 10월의 공세 때 페트로그라드 근교까지 진격했으나 결국 실패했다. 내전 이후에는 프랑스로 망명을 가서 그곳에서 사망했다.

** Великое княжество Московское. 다닐 알렉산드로비치Даниил Александрович가 1283년 세웠으며, 점차 주변의 여러 공국들을 병합하며 힘을 키웠다. 몽골 침략 이래로는 킵차크 칸국에게 공물을 바치는 예속 국가였으나, 1480년에 이 관계를 청산했다. 이 시기의 군주인 이반 3세는 영토를 확장하고 마지막 비잔티움 황제의 조카딸과 혼인하면서 모스크바공국을 '제3의 로마'로 자처했다. 1547년 이반 4세가 러시아차르국Царство Русское을 선포하면서 역사 속으로 사라졌다.

측면에서 볼셰비키에 비해 훨씬 빈약했다. 백군이 지역 정부를 설립한 곳에서 행정기구는 거의 무無에서 설립됐고 그 결과는 극히 불만족스러웠다. 역사적으로 모스크바와 페테르부르그 중심으로 중앙화된 러시아의 수송 및 통신체계는 변경을 점령한 백군의 작전에 도움이 되지 않았다. 백군 세력은 붉은 군대뿐만 아니라 농민과 카자크로 구성된 소위 '녹군綠軍'과도 전투를 치러야 했다. 녹군은 양편 모두에게 충성을 맹세하지 않았지만 백군이 자리 잡았던 외곽 지역에서 더 활발하게 활동했다. 백군은 옛 차르 군대에서 장교단을 보충할 수 있었지만 그 장교단이 지휘할 병력을 충원하고 징집하는 데에는 어려움을 겪었다.

볼셰비키의 군사력은 1918년 봄에 육해군인민위원이 된 트로츠키가 직접 지휘하는 붉은 군대였다. 붉은 군대는 무에서부터 다시 조직되어야 했는데, 옛 러시아군의 붕괴가 진행된 지 너무 오래됐기 때문이다(볼셰비키는 권력을 잡은 지 얼마 지나지 않아 군대의 총동원을 해제했다). 1918년 초에 형성된 붉은 군대의 중핵은 공장에서 온 적위대와 옛 러시아 육해군에서 온 친볼셰비키 병력이었다. 여기에 자원병이 보충되었고 1918년 여름에 선택적 징집을 시행해 규모가 확장됐다. 노동자와 공산주의자가 처음으로 징집됐고 내전 기간 내내 이들은 전투부대에서 높은 비율을 차지했다. 그러나 내전이 끝날 무렵에 붉은 군대는 주로 농민 징집병으로 이루어진 500만 명이 넘는 병력의 거대 기구가 됐다. 약 10분의 1만이 전투부대였고(붉은 군대든 백군이든 전선에 배치된 부대가 10만 명을 초과하는 경우는 드물었다), 나머지는 보급, 수송, 행정 일을 맡았다. 붉은 군대는 민간 행정의 붕괴로 생긴 빈자리를 상당한 정도로 메꿔야만 했다. 붉은 군대는 모든 가용할 수 있는 자원을 제일 먼저 쓸 수 있었고, 소비에트 체제가 초기에 보유했던 가장 크고 효율적인 관료제였다.

많은 볼셰비키가 적위대 같은 민병대 유형을 이념적으로 선호했지만, 붉은 군대는 처음부터 병사는 군대 규율에 복종하고 장교는 선출이 아니라 임명되는 정규군의 방식으로 조직됐다. 훈련받은 군사 전문가가 부족했기에, 트로츠키와 레닌은 옛 차르 군대 출신 장교들을 이용했다. 다만 이 정책은 볼셰비키당 내에서 심하게 비판받았고, 군사 반대파 분파는 이어지는 두 차례의 당대회에서 이 정책을 뒤집으려고까지 했음을 지적해야겠다. 내전이 끝날 무렵에 붉은 군대에는 5만 명의 전직 차르 장교가 있었고, 이들 대부분은 징집된 자들이었다. 또한 고위 지휘관의 절대다수가 이 집단 출신이었다. 옛 장교들은 충성을 보장하려고 대개 공산주의자인 정치위원과 짝지어졌고, 이 정치위원들은 모든 명령에 연서를 해서 군사 지휘관과 최종 책임을 나눴다.

군사력에 더해서 소비에트 체제는 체카ЧК로 알려진 '반혁명·사보타주·투기에 맞선 투쟁을 위한 전러시아비상위원회'라는 보안 조직을 재빨리 편성했다. 이 기구가 1917년 12월에 설립됐을 때, 체카의 당면한 임무는 10월 권력 장악 이후의 강도, 약탈, 주류 판매점 습격을 통제하는 것이었다. 그러나 체카는 곧 반체제 음모를 다뤘고 부르주아지인 '계급의 적', 구체제나 임시정부의 관리, 반대 정당원 등 충성심이 의심스러운 집단을 감시하는 비밀경찰

기능을 떠맡게 됐다. 내전이 발발한 후에 체카는 처형을 포함한 약식재판을 시행하고, 대규모 체포를 자행하며, 백군의 통제에 들어가거나 백군으로 기운 것처럼 보이는 지역에서 무작위로 인질을 나포하는 테러 기관이 됐다. 볼셰비키의 계산에 따르면 1918년부터 1919년 전반까지 체카는 유럽 지역 러시아의 20개 주에서 최소한 8,389명을 재판 없이 총살했고, 8만 7,000명을 체포했다.[9]

반볼셰비키 세력은 자신의 점령 지역에서 볼셰비키의 적색 테러에 맞먹는 백색 테러를 자행했다. 같은 종류의 잔학 행위가 서로의 탓으로 돌려졌다. 볼셰비키는 테러를 사용하는 일에 거리낌이 없었다(약식재판이나 개인의 죄상과 무관한 무작위 처벌의 목적은 특정한 집단이나 주민 전체에 으름장을 놓는 것이었다). 그들은 부르주아지의 말뿐인 위선을 회피하고 프롤레타리아트를 포함한 어떠한 계급의 지배도 다른 계급에 대한 억압을 포함한다는 사실을 인정하면서 폭력 사용을 완고하게 자랑스러워했다. 레닌과 트로츠키는 테러의 필요성을 이해하지 못하는 사회주의자들에게 경멸을 감추지 않았다. "우리가 사보타주 행위자나 백위대를 총살할 준비가 안 됐다면, 도대체 그 혁명은 어떤 혁명인가?" 레닌은 새 정부의 동료들을 훈계했다.[10]

볼셰비키는 체카와 1794년 프랑스의 혁명적 테러 사이의 공통점을 언급했다. 반면 서양 역사가들이 종종 주장했던 것과는 달리 체카와 차르 비밀경찰 사이의 유사점은 보지 못했다. 사실 체카는 옛 경찰보다 훨씬 더 공공연하고 폭력적인 방식으로 운영됐다. 체카가 일하는 방식은 한편으로 1917년에 발트해의 수병들이 장교들을 다뤘던 '계급 복수'와 공통점이 있었고, 다른 한편으로 1906~1907년에 스톨리핀이 농촌을 무력으로 평정한 것과도 유사한 면이 있었다. 차르 비밀경찰과의 유사점은 내전 이후에 체카가 국가정치실*로 대체됐을 때 더 분명하게 드러났다. 국가정치실은은 테러를 포기하고 합법성을 확대한다는 시도였지만, 보안기관의 운영 방식은 더 일상적이고 관료적이고 신중해졌다. 보다 더 장기적 관점에서 차르 비밀경찰과 소비에트 비밀경찰 사이에는 (인력의 연속성은 없었지만) 연속성이 강했다. 이 요소가 명백해질수록 소련에서 비밀경찰은 말을 꺼내기 어려운 위선적인 주제로 변해갔다.

붉은 군대와 체카 모두 내전에서 볼셰비키가 승리하는 데 크게 기여했다. 그러나 승리가 단순히 군사적 힘과 테러 때문이었다고 설명하는 것도 부적절하다. 아직까지 아무도 붉은 군대와 백군 사이의 전투력을 측정하는 방법을 찾지 못했기 때문에 더 그렇다. 사회의 적극적 지원과 소극적 수용도 고려해야만 한다. 실제로 이 요인들이 결정적이었을 것이다. 붉은 군대는 볼셰비키 조직의 중핵을 제공하는 도시 노동계급의 적극적 지지를 받았다. 백군은 일부 차르 장교단이 중요 조직자로 복무하면서 옛 중간계급과 상류계급의 적극적 지지를 받았다. 그러나 내전 국면을 바꾼 것은 인구의 절대다수를 구성하고 있던 농민계급이었다.

---

* Государственное политическое управление. 체카의 후신인 정보기관이자 비밀경찰. 1922년 2월에 설립돼 내무인민위원부 산하에 있었다. 러시아어 줄임말로는 게페우ГПУ라고 한다. '사회주의 법치'를 위한 감독 기능이 법무인민위원부에 부여된 것은 기존 체카의 자의적 행동을 제어하고 합법성을 확대하기 위해서였다. 1923년 11월에 인민위원회의 산하의 합동국가정치실Объединённое государственное политическое управление로 재창설됐다.

붉은 군대와 백군 모두 점령지역에서 농민들을 징집했고, 탈영하는 비율도 둘 다 대단히 높았다. 그러나 내전이 진행되면서, 백군은 농민을 징집하는 데 붉은 군대보다 훨씬 더 어려움을 겪게 됐다. 농민들은 볼셰비키의 식량 징발 정책에 분개했지만(154~155쪽을 보라), 이 점은 백군도 다르지 않았다. 1917년 러시아군의 경험이 증명했듯이, 농민들은 어느 편의 군대에서 복무하든 큰 열정이 없었다. 그러나 1917년의 대규모 농민병 탈영은 마을의 토지 장악 및 재분배와 밀접한 관련이 있었다. 이 과정은 1918년 말이 되면 거의 완료됐고(이로써 농민의 군복무 반대가 현저히 감소했다), 볼셰비키는 이를 승인했다. 백군은 농민의 토지 장악을 승인하지 않고, 이전 지주들의 요구를 들어주었다. 따라서 토지라는 중요한 문제에서 농민에게는 볼셰비키가 차악이었던 셈이다.[11]

전시 공산주의

거의 붕괴한 상태의 전시경제를 넘겨받은 볼셰비키의 최우선 문제이자 가장 중요한 문제는 경제를 계속 돌아가게 하는 것이었다.[12] 이것이 훗날 '전시 공산주의'라 이름 붙인 내전기 경제 정책의 실용적 맥락이었다. 그러나 이념에 따른 맥락도 있었다. 장기적으로 볼셰비키는 사적 소유와 자유시장을 폐지하고 상품을 필요에 따라 분배하는 것을 목표로 했다. 단기적으로는 이 이상을 실현하기에 더 좋은 정책을 선택하기를 바랐다. 전시 공산주의에 나타난 실용주의와 이념 사이의 균형은 오랫동안 논쟁의 대상이었다.[13] 국유화나 국가 주도 분배 같은 정책은 전시의 실용적인 긴급 조치였다고, 혹은 공산주의를 이념적으로 강제했다고, 어느 쪽으로든 그럴듯하게 설명할 수 있다. 볼셰비키 스스로 명확한 답을 주지 않았기 때문에, 학자들은 어느 쪽을 근거로 들든 레닌과 다른 볼셰비키 지도자들의 견해를 인용할 수 있었다. 전시 공산주의를 폐기하고 신경제정책을 채택한 1921년부터 볼셰비키는 실용적 해석을 확실히 선호했다. 전시 공산주의는 실패했고, 그것의 기반이 된 이념에 대해서는 덜 말하는 편이 나았다. 그러나 예컨대 부하린과 예브게니 프레오브라젠스키*가 쓴 고전 『공산주의 ABC Азбука коммунизма』에 드러난 볼셰비키의 초기 관점에 따르면 그 반대가 옳았다. 전시 공산주의 정책이 시행되고 있을 때, 볼셰비키는 그 정책을 이념상으로 정당화하는 것, 즉 마르크스주의라는 과학적 이념으로 무장한 당이 사태 유지에 급급해 하지 않고 사건을 완전히 통제하고 있다고 주장하는 것이 당연했다.

논쟁 뒤에 숨겨진 문제는 공산주의로 빠르게 나아갈 수 있는 방법을 볼셰비키가 어떻게 생각했느냐는 것이다. 해답은 우리가 1918년을 놓고 이야기할지, 1920년을 놓고 이야기할지에 따라 다르다. 볼셰비키의 첫 발걸음은 조심스러웠고, 미래에 대한 견해도 마찬가지였다. 그러나 1918년 중반에 내전이 발발하면서 이 조심

---

* Евгений Алексеевич Преображенский(1886~1937). 러시아의 혁명가이자 경제학자이다. 프레오브라젠스키는 1920년대에 트로츠키와 함께 좌익 반대파를 이끌었으며, 중공업을 우선시하는 급격한 공업화를 주장한 것으로 잘 알려져 있다. 좌익 반대파의 패배 이후 1930년대에 복당과 출당을 반복하다가 1937년에 처형당했다.

성은 사라지기 시작했다. 절망적 상황에 대처하기 위해 볼셰비키는 더 급진적인 정책들로 돌아섰고, 그 과정에서 원래 의도했던 것보다 더 강하고 빠르게 중앙화된 정부의 통제 영역을 확대하려 했다. 볼셰비키가 내전에서는 승리로, 경제에서는 파국으로 향하고 있던 1920년이 되자 도취감과 자포자기의 분위기가 나타났다. 혁명과 내전의 불길 속에서 옛 세계가 사라지면서 많은 볼셰비키는 새로운 세계가 불사조처럼 잿더미 속에서 나타날 것이라 기대했다. 아마 이 희망은 마르크스주의보다는 무정부주의 이념에 더 가까운 것이었지만, 그럼에도 마르크스주의 용어로 표현됐다. 그들은 프롤레타리아혁명의 승리와 함께 공산주의로의 이행이 아마도 몇 주나 몇 달 안으로 완료될 것이라고 기대했다.

이 희망의 귀결은 주요 경제 정책인 국유화로 확실히 표명됐다. 볼셰비키는 10월 혁명 이후 마르크스주의 이념에 따라 은행과 채권을 국유화했다. 그러나 볼셰비키는 즉각 대대적인 국유화에 착수하지는 **않았다**. 첫 국유화 포고령은 국방물자 생산이나 정부 간 계약으로 국가와 이미 밀접한 관계였던 푸틸로프 공장 같은 대형 개인사업체에 한정됐다.

그러나 다양한 상황 때문에 볼셰비키는 원래의 단기 계획을 크게 넘어서 국유화를 대대적으로 확대해야만 했다. 지역 소비에트는 독단으로 공장들을 몰수했다. 일부 공장에서는 소유주나 경영자가 도주했다. 다른 공장은 옛 경영진이 쫓아낸 노동자들의 청원으로, 혹은 무질서한 노동자들에게서 보호해달라는 경영진의 청원으로 국유화됐다. 1918년 여름에 정부는 모든 대규모 산업을 국유화하는 포고령을 반포했고, 1919년 가을에 이르면 그러한 기업의 80퍼센트 이상이 사실상 국유화된 것으로 추정된다. 이는 새로 설치된 인민경제최고회의*의 능력을 훨씬 초과한 것이었다. 실제로 노동자 스스로 원재료를 공급하거나 완제품을 분배하는 조직을 꾸려서 공장을 계속 돌아가게 하지 못할 경우에 공장은 종종 문을 닫았다. 그러나 볼셰비키는 너무 나아갔음에도 더 나아가야 한다는 압박에 시달렸다. 1920년 11월에 정부는 적어도 서류상으로는 소규모 산업까지 국유화했다. 물론 볼셰비키는 국유화된 산업을 감독하기는커녕 이름을 붙이거나 식별하기조차 어려워했다. 그러나 이론상으로 생산의 모든 영역은 이제 소비에트 권력의 손에 있었고, 장인들의 작업장이나 풍차들까지 중앙에서 지령을 내려 통제하는 경제의 일부가 됐다.

비슷한 후속 조치로 볼셰비키는 내전이 끝날 무렵에는 자유거래를 거의 완전히 금지하고 실제적으로 화폐 없는 경제로 나아갔다. 볼셰비키는 전임자에게 도시의 배급제(1916년에 도입됨)를 물려받았고, 이론상으로는 농민들에게 총 잉여를 돌려줄 필요가 없는 곡물의 국가 독점(임시정부가 1917년 봄에 도입함)을 물려받았다. 그러나 도시에는 여전히 빵과 다른 식량이 부족했는데, 농민들이 살 만한 공산품이 거의 없는 시장에 식량을 팔지 않았기 때문이다.

---

* Высший совет народного хозяйства. 소비에트 국가의 경제 관리를 위해 혁명 직후 창설된 경제 분야의 최고 기구로, 줄여서 베셴하BCHX라고도 한다. 내전이 심화되고 전시 공산주의 체제가 도입되자 기업의 국유화 문제에 더 많은 관심이 집중되면서, 모든 경제 분야를 다루는 최고 기구에서 오직 공업 문제만을 다루는 기관으로 역할이 축소됐다. 1932년에 중공업인민위원부Наркомтяжпром, 경공업인민위원부Наркомлегпром, 임업인민위원부Наркомлеспром 등 세 부서로 나뉘면서 해체됐다.

10월 혁명 직후 볼셰비키는 농민들에게 화폐 대신 공산품을 제공함으로써 곡물 유통을 늘리려고 했다. 볼셰비키는 도매업도 국유화했고, 내전 발발 이후에는 가장 기본적인 식량 및 공산품의 자유소매 거래를 금지했으며, 소비자 협동조합을 국가 배급망으로 전환하려 했다.[14] 이는 도시의 식량 위기와 군 보급 문제에 대처하려는 긴급조치였다. 볼셰비키는 이 조치들을 이념의 측면에서 정당화할 수 있었고, 그렇게 했다.

도시에서 식량난이 심각해지면서 물물교환이 거래의 기본 형태가 됐고 화폐는 가치를 잃었다. 1920년에 임금과 봉급은 부분적으로 현물(식량과 물품)로 지급되고 있었고, 화폐가 아니라 상품을 기반으로 예산을 구축하려는 시도마저 있었다. 쇠퇴해가는 도시에서 공공서비스는 더 이상 개별 사용자에게 요금을 받을 수 없었다. 일부 볼셰비키는 이를 이념의 승리, 즉 사회가 얼마나 공산주의에 가깝게 도달했는지 알려주는 '화폐의 사멸'로 여기며 칭송했다. 그러나 덜 낙관적인 관찰자들에게 이는 악성 인플레이션으로 보였다.

불행하게도 볼셰비키에게 이념과 실용적 필요가 항상 합치하지는 않았다. 그 불일치(일부 볼셰비키는 볼셰비키 이념이 무엇을 의미하는지 확신이 없었다)는 특히 노동계급에게 영향을 끼치는 정책에서 뚜렷했다. 예컨대 임금 문제에서 볼셰비키는 실제로 엄격한 평등주의적 정책을 펼치기보다는 평등주의적 본능만 가지고 있었다. 볼셰비키는 생산을 최대화하기 위해 산업에서 성과급제를 유지하려 했다. 노동자들은 이런 지불 방식을 본질적으로 불평등하고 불공정하게 여겼다. 물자 부족과 배급제는 십중팔구 내전 시기 내내 도시의 불평등을 완화하는 기제로 작용했을 것이다. 그러나 이를 볼셰비키의 성취로 간주하기는 어렵다. 사실 전시 공산주의하의 배급 제도는 붉은 군대 인력, 핵심 산업의 숙련 노동자, 공산주의자 행정가들, 일부 인텔리겐치아 집단을 포함한 특정 범주의 주민들에게 유리했다.

공장 조직은 또 다른 까다로운 문제였다. 공장을 (1917년에 볼셰비키의 '노동자 관리' 지지가 시사하는 것처럼 보이듯이) 노동자 스스로 운영할 것인가 아니면 중앙 계획과 조정 기관의 명령에 따라 국가가 임명한 경영진이 운영할 것인가? 볼셰비키는 후자를 선호했으나, 전시 공산주의 기간 동안 효과를 본 곳은 경우에 따라 차이는 있지만 두 가지 운영 형태를 절충한 곳이었다. 일부 공장은 선출된 노동자위원회가 계속 운영했다. 다른 공장은 국가가 임명한 사장이 운영했는데, 사장은 공산주의자인 경우도 종종 있었지만 때때로 이전 경영진, 최고기술자, 심지어 공장의 소유주 출신인 경우도 있었다. 다른 경우에는 여전히 공장위원회나 지역 노동조합에서 온 노동자나 노동자 집단이 공장을 운영하도록 임명됐다. 이러한 이행기의 배치, 즉 노동자 관리와 임명된 경영진이 타협했을 때의 공장 운영이 가장 성공적이었다.

농민계급을 다룰 때, 식량난은 볼셰비키가 해결해야 하는 가장 시급한 문제였다. 국가의 곡물 조달은 개인 간의 불법 곡물 거래나 봉급을 돈 대신 공산품으로 주는 것으로도 나아지지 않았다. 국가는 여전히 제공할 물품이 거의 없었고, 농민들은 생산물을 내놓기를 꺼려했다. 도시와 붉은 군대를 먹이기 위해 국가는 선택의 여지 없이 농민의 생산물을 설득, 계략, 위협, 무력으로 취할 수밖에 없었다. 볼셰비키는 곡물 징발 정책을 시행했고, 농민들의 창고에 쌓인 곡물을 끌어내기 위해 노동자 병사 연대를 보냈는데, 이들은 대게 무장했고 가능한 한 물물교환을 위해 약간의 물품을 제공받고 있었다.[15] 이는 소비에트 체제와 농민계급 사이에 긴장을 불러일으켰다. 그러나 백군도 연령을 가리지 않고 군대를 징집하면서 같은 일을 했다. 볼셰비키가 토지로 먹고 살아야만 했다는 사실은 농민들보다 볼셰비키 스스로를 더 놀라게 했다.

볼셰비키의 정책은 또 다른 측면에서 농민계급의 불안을 고조시켰다. 첫 번째로 볼셰비키는 마을을 적대적 집단으로 쪼개어 곡물 조달을 촉진하려 했다. 농촌 자본주의의 성장이 이미 농민들 사이에 확고한 계급 분화를 만들어냈다고 믿은 볼셰비키는 가난하고 토지 없는 농민은 본능적으로 자신들을 지지하고, 부유한 농민들은 반대할 것이라 예견했다. 따라서 볼셰비키는 마을마다 빈농위원회를 조직하기 시작했고, 부농들의 헛간에서 곡물을 긁어내는 소비에트 당국에 협조하도록 빈농들을 고무했다. 그러나 이 시도는 형편없는 실패로 끝났는데, 부분적으로는 마을 사람들이 외부인을 상대할 때 느끼는 일반적 연대감 때문이고, 또한 1917~1918년 토지 점거와 재분배의 결과로 예전에 토지가 없거나 가난했던 많은 농민들의 지위가 향상됐기 때문이다. 설상가상으로 혁명에 대한 볼셰비키의 이해가 농민들의 이해와 꽤 다르다는 것이 증명됐다.

볼셰비키는 여전히 인민주의자들과 벌였던 마르크스주의 논쟁에 근거해, 미르가 차르 국가 때문에 부패했고 농촌 자본주의에 침식당했으며 사회주의적 발전의 잠재력을 결여한 퇴락하는 기구가 됐다고 여겼다. 게다가 볼셰비키는 토지 장악과 평등주의적 재분배라는 농촌의 '첫 번째 혁명'에 이어 이미 '두 번째 혁명', 즉 부농을 상대로 한 빈농의 계급 전쟁이 진행되고 있다고 믿었다. 이 두 번째 혁명이 마을 공동체의 단결을 파괴하고 미르의 권위를 궁극적으로 깨부술 것이었다.[16] 반면 농민들은 미르를 역사적으로 국가에 의해 악용됐고 착취당했지만 결국 국가 권위를 날려버리고 농민 혁명을 성취한 진정한 농민의 기구로 인식했다.

볼셰비키는 1917~1918년에 농민들이 자신의 길을 가도록 내버려두었지만, 볼셰비키의 장기 계획은 스톨리핀이 계획했던 것만큼이나 농촌을 붕괴시키는 것이었다. 볼셰비키는 미르, 토지를 나누는 지조 체계, 가부장제 가족에 이르는 거의 모든 전통적 농촌 질서를 거부했다(『공산주의 ABC』는 농민 가족들이 집에서 저녁식사를 하는 '야만스럽고' 낭비가 심한 관습을 포기하고 마을 공동 식당에서 이웃과 함께 식사를 하는 때를 기대했다[17]). 볼셰비키는 스톨리핀처럼 마을의 대소사에 참견했다. 그리고 볼셰비키는 원칙적으로 소부르주아지 독립 소농에 대한 스톨리핀의 열정을 공유할 수는 없었어도, 각 농가의 지조를 근대적 소규모 농업에 적합한 건실한 크기로 확고히 하자는 스톨리핀의 정책을 지속했을 정도로 농민의 후진성에 대한 아주 뿌리 깊은 반감을 여전히 가지고 있었다.[18]

볼셰비키의 진정한 관심은 대규모 농업 부문이었다. 볼셰비키가 1917~1918년에 농민계급이 대규모로 농지를 분할하는 것을 용인한 이유는 농민계급의 지지를 획득하려는 정치적 필요 때문이다. 남아 있는 국가 토지의 일부에 볼셰비키는 국영농장(소브호즈совхоз)을 설치했다. 이것은 실제로 대규모 자본주의적 농업에 비견되는 사회주의적 농업으로, 여기에 임금을 받으며 일하는 농업노동자를 감독하는 관리자가 임명됐다. 또한 볼셰비키는 집단농장(콜호즈колхоз)이 전통식 농업이나 독립 소농식 농업보다 정치적으로 유리하다고 생각했다. 그리하여 내전 시기에 소집해제된 병사들이나 굶주림 때문에 도시에서 도망친 노동자들을 모아 몇몇 집단농장을 설립했다. 집단농장은 전통적 농민 마을처럼 토지를 지조로 나누지 않았고, 농민들은 집단적으로 토지를 일구고 시장에 내다 팔았다. 종종 초기 집단농장은 미국과 그 밖의 곳에서 유토피아 농업 공동체를 만든 이들의 이념과 비슷하게 거의 모든 자원과 소유물을 공동으로 이용했다. 그리고 바로 그 유토피아 공동체 사람들처럼 집단농장의 농업도 성공을 거두지 못했고 조화로운 공동체가 오래 지속되지도 않았다. 농민들은 국가와 집단농장을 의심의 눈초리로 바라봤다. 집단농장은 전통적 농업 경영을 해체하기에는 수가 너무 적고 약했다. 그러나 그 존재 자체는 농민들로 하여금 자꾸만 이상한 계획을 세우는 볼셰비키를 신뢰하기 어렵게 만들었다.

신세계의 전망

　내전 기간에 볼셰비키의 사고는 심하게 비현실적이고 유토피아적인 경향을 드러냈다.[19] 의심할 여지없이 모든 성공한 혁명은 이런 특징을 지닌다. 혁명가들은 항상 열정과 불합리한 희망에 쫓길 수밖에 없다. 그렇지 않으면 혁명의 이익보다 그 위험과 비용이 크다는 상식적 판단을 내릴 것이기 때문이다. 볼셰비키는 자신들의 사회주의는 과학적이기 때문에 유토피아주의에 면역력이 있다고 생각했다. 그러나 마르크스주의에 내재한 과학적 성격이 옳았든 글렀든, 과학조차도 인간의 해석을 필요로 하며 그 해석자는 주관적 판단을 내리고 감정적 편견을 가지고 있다. 볼셰비키는 열광적 혁명가였지 실험실 조교는 아니었다.

　볼셰비키는 마르크스주의 사회과학 이론이 혁명을 뒷받침한다고 끌어다댔지만, 1917년에 러시아가 프롤레타리아혁명을 할 준비가 됐다는 것은 주관적 판단이었다. 세계 혁명이 임박했다는 주장은 과학적 예측이라기보다 신념의 문제였다(무엇보다도 마르크스주의 관점에서 볼 때 당시 볼셰비키는 실수를 저질러서 권력을 너무 빨리 잡았을 수도 있다). 후일 전시 공산주의 경제 정책을 뒷받침하는 믿음, 즉 러시아가 공산주의로 확실히 이행하는 중이라는 믿음은 마르크스주의 이론으로 전혀 정당화되지 않았다. 1920년에 이르면 현실 세계에 대한 볼셰비키의 인식은 많은 측면에서 우스꽝스러울 정도로 왜곡됐다. 볼셰비키는 바르샤바로 붉은 군대를 진군시켰는데, 많은 볼셰비키는 폴란드인들이 붉은 군대를 러시아 침략자가 아니라 프롤레타리아트 형제로 인식할 것이라고 여겼다. 국내에서 볼셰비키는 만연하는 인플레이션과 통화가치 절하를 공산주의 체제 내 화폐의 사멸로 혼동했다. 내전 동안 전쟁과 기근으로 집 없는 아이들의 무리가 생겼을 때 일부 볼셰비키는 이를 뜻밖의 축복으로까지 봤다. 국가가 아이들에게 진정한 집단 양육(고아원에서)을 제공한다면 이 아이들은 옛 가족의 부르주아적 영향에 노출되지 않을 것이기 때문이다.

정부와 행정조직을 대하는 볼셰비키의 초기 접근방식에서도 똑같은 자세를 발견할 수 있다. 이때 볼셰비키는 공산주의하에서 국가가 사멸할 것이라는 마르크스와 엥겔스의 언명, 그리고 레닌이 『국가와 혁명Государство и революция』(1917)에서 행정조직은 궁극적으로 전업 전문직의 일에서 시민 전체가 돌아가며 하는 의무로 바뀌리라고 주장한 것을 근거로 삼았다. 그러나 실제로 레닌은 정부에 대해 완고하게 현실주의를 유지했다. 즉 일부 볼셰비키는 1917~1920년에 옛 행정기구가 붕괴하고 있다고 보면서 러시아가 공산주의에 근접했기에 국가는 이미 사멸해가고 있다고 봤지만, 레닌은 이들에 속하지 않았다.

『공산주의 ABC』를 쓴 부하린과 프레오브라젠스키는 한 발 더 나아갔다. 이 책에는 당대 러시아 작가 예브게니 자먀틴*이 『우리

---

* Евгений Иванович Замятин(1884~1937). 러시아의 작가로 과학소설과 풍자소설의 대가이다. 혁명 전부터 활동한 고참 볼셰비크였으며, 두 번이나 체포되어 시베리아로 유형을 가기도 했다. 자먀틴은 훌륭한 조선 기사로 일하는 와중에 틈틈이 여러 소설을 발표해 명성을 높였다. 1931년 자먀틴은 스탈린에게 소련을 떠나게 해달라고 직접 탄원해서 허락을 받아냈다. 1937년 심장마비로 사망했다.

들*Мы*』(1920)에서 풍자했고 조지 오웰이 훗날 『1984』에서 묘사한, 몰개성화되고 과학적으로 관리되는 세상의 모습이 담겨 있었다. 이 세상은 과거나 현재, 미래에 존재한 러시아의 모습과 완전히 달랐다. 내전의 혼돈 속에서 그러한 세상은 특히 호소력이 있었을 것이다. 부하린과 프레오브라젠스키는 국가가 소멸한 다음에 중앙화된 계획경제를 어떻게 운영할 수 있을지 설명하면서 다음과 같이 썼다.

주요 방침을 정할 권한은 여러 종류의 회계국이나 통계국에 위임될 것이다. 회계는 매일매일 생산량과 그에 필요한 모든 자원을 고려할 것이다. 회계는 노동자들을 어디로 보낼지, 어디에서 데려올지, 얼마나 많은 일을 해야 할지 결정할 것이다. 모든 인민이 어린 시절부터 사회적 노동에 익숙해진다면, 그리고 모든 일이 계획에 따라 이루어지고 사회질서가 잘 짜인 기계처럼 작동한다면 인민은 이 일이 꼭 필요한 것이라고 이해하게 된다. 그리고 이런 삶의 유용성을 확인한 인민은 통계국의 지시에 따라 일하게 될 것이다. 이 체제에서 각 부처의 장관이나 경찰, 감옥, 법률과 포고령 등은 전혀 필요 없다. 오케스트라에서 모든 연주자가 지휘자의 지휘봉을 보고 그에 따라 연주하듯이 여기에서 모두는 통계 보고서로 조언을 듣고 그에 따라 스스로 할 일을 지시할 것이다.[20]

『1984』를 쓴 오웰 덕분에, 이 구절은 우리에게 불길한 합의를 전해줄 수도 있다. 그러나 당대에 이는 미래파 예술처럼 흥미진진하게 근대적이고 대담하며 혁명적인 생각이었다. 내전은 지적이고 문화적인 실험을 꽃 피웠고, 과거라는 우상을 타파하려는 태도는 젊은 급진 지식인들 사이에 관례처럼 필수였다. 미래 사회의 '잘 짜인 기계'를 포함한 기계는 예술가와 지식인을 매혹했다. 감성, 영성, 인간애의 드라마, 개인의 심리에 보이는 과도한 관심은 구식으로 취급받고 종종 '소부르주아적'이라고 격하됐다. 시인 블라디미르 마야코프스키*나 극 연출가 프세볼로드 메이예르홀드** 같은 전위예술가들은 혁명적 예술과 혁명적 정치를 옛 부르주아 세계를 상대로 한 저항과 똑같은 저항의 일부로 봤다. 전위예술가들은 10월 혁명을 받아들이고 새로운 소비에트 정부에 봉사한 첫 인텔리겐치아 구성원들이었다. 그들은 입체파 및 미래파 양식의 선전 포스터를 만들어냈고, 옛 궁전의 벽에 혁명적 구호를 그렸으며, 거리에서 혁명의 승리를 대규모로 재현했다. 또 그들은 정치적으로 적절한 메시지와 곡예를 전통적 극장으로 가져갔으며, 과거의 혁명 영웅들에게 바치는 추상적 기념물을 기안했다. 만약 전위예술가들이 제 갈 길을 갔다면, 전통적 부르주아 예술은 부르주

---

* Владимир Владимирович Маяковский(1893~1930). 러시아의 시인이자 극작가, 예술가이다. 혁명 전부터 미래파운동의 거두로 유명했다. 10월 혁명 이후 소비에트 체제 건설에 열정적으로 참여하고 각종 희곡과 시를 쓰면서 혁명의 정열을 노래했다. 그렇지만 마야코프스키와 공산당 사이의 관계는 복잡했고 종종 원만하지 않았다. 결국 마야코프스키는 1930년 자신의 아파트에서 권총으로 자살했다.

** Всеволод Эмильевич Мейерхольд(1874~1940). 러시아의 연출가이자 배우이다. 1902년부터 수많은 연극에 연출가이자 배우로 참여해서 이름을 알렸다. 10월 혁명 이후 새로운 소비에트 연극계에 적극적으로 참여했고 공산당에도 가입했다. 특히 1920년에는 자신의 이름을 딴 메이예르홀드 극장을 세웠다. 그러나 1930년대에 각종 전위적 실험들이 억압받으면서 1938년에 결국 그의 극장도 폐쇄됐고, 일본과 영국 첩자라는 혐의로 체포돼서 처형됐다.

아 정당보다 더 빨리 소멸했을 것이다. 그러나 볼셰비키 지도자들은 미래파 예술과 볼셰비키주의가 자연스러운 불가분의 동맹이라는 사실을 완전히 확신하지는 못했고, 고전예술에 더 신중한 입장을 취했다.

볼셰비키(혹은 최소한 볼셰비키 지식인들)는 여성과 가족 문제에서 혁명적 해방의 정신을 더욱 진심으로 받아들였다. 1860년대 이래로 러시아의 급진 인텔리겐치아 대부분이 그랬듯이 볼셰비키도 여성해방을 지지했다. 근대 가족에서 남편은 '부르주아적'이고 아내는 '프롤레타리아적'이라고 썼던 프리드리히 엥겔스처럼 볼셰비키는 여성을 착취당하는 집단으로 봤다. 내전 말기에 이르면 이혼을 쉽게 허용하고, 사생아에 대한 공식적인 치욕의 낙인을 제거하며, 낙태를 허용하고, 여성에게 동등한 권리와 임금을 천명한 법률들이 제정됐다.

가장 급진적인 볼셰비키 사상가만이 가족을 파괴하자고 이야기했지만, 여성과 아이들이 가족 내 억압의 잠재적 피해자이고 가족은 부르주아 가치를 주입하는 경향이 있다는 생각에는 전반적으로 동의하는 분위기였다. 볼셰비키당은 여성을 조직 및 교육하고, 그들의 이해관계를 보호하며, 그들이 독립적 역할을 하도록 돕는 특별 여성 부서(여성처жeнотдел)를 설립했다. 젊은 공산주의자들, 예컨대 청소년과 청년은 콤소몰*에, 열 살에서 열네 살까지는 피오

---

* 전연맹레닌주의공산주의청년연맹Всесоюзный ленинский коммунистический союз молодёжи(ВЛКСМ)은 1918년에 설립된 소련의 청년 정치 조직이다. 줄임말로 콤소몰 Комсомол이 유명하다. 콤소몰은 13~14세에서 24~25세까지의 청년으로 구성됐다. 내전 기간에는 전투에 참여했으며, 그 이후에는 사회주의 건설의 기치를 내걸고 스탈린 혁명에

네르*(몇 년이 더 지나 설립) 같은 독립 조직에 가입시켜 그들이 집과 학교에서 부르주아적 경향을 주입받지 못하게 했다. 또한 이 조직들을 통해 옛 시절을 향수에 젖어 회상하고 볼셰비키와 혁명을 싫어하며 '종교적 미신'에 매달리는 부모와 교사를 재교육했다. 내전기에 유포된 "부모의 자본주의적 폭정 타도!"라는 구호가 나이든 볼셰비키의 눈에는 지나치게 설쳐대는 짓으로 보였을 터이지만, 젊은 반란의 정신은 초기의 당내에서 일반적으로 귀중히 여겨졌고 존중받았다.

젊은 공산주의자들이 내세웠던 성해방이라는 대의는 볼셰비키 지도부를 다소 당황시켰다. 흔히 낙태와 이혼을 합법화한 볼셰비키당이 난잡한 섹스를 의미하는 '자유연애'를 옹호했다고 알려져 있지만, 레닌은 확실히 그렇지 않았다. 레닌의 세대는 부르주아지의 속물근성에는 반대했지만, 이성 간의 동지다운 관계를 강조했고 방종은 천박한 것으로 간주했다. 성 문제에 관해 많은 글을 썼고 어느 정도는 여성주의자였던 볼셰비키 지도자 알렉산드라 콜론타이**조차 종종 자신의 탓으로 돌려진 '물 한 잔 이론'의 신봉자

동원되거나 적극적으로 참여했다.

* 전연맹개척자조직Всесоюзная пионерская организация имени В. И. Ленина은 1922년에 설립된 소련의 소년 대중 조직으로 10~14세의 아이들로 구성됐으며, 피오네르(개척자라는 뜻)로 잘 알려졌다. "항상 준비!(Всегда готов!)"라는 구호가 유명하다. 피오네르는 사회적 협동에 관한 기술을 배우고 여름 캠프에 참여하는 등 서양의 스카우트와 유사한 활동을 했다. 콤소몰 가입 전 단계의 기관이었다.

** Александра Михайловна Коллонтай(1872~1952). 러시아의 혁명가이자 정치가이다. 처음에는 멘셰비키 편에 섰다가 1915년부터 볼셰비키로 돌아섰다. 10월 혁명 이후에는 사회보장인민위원이 되었으며, 무엇보다도 1919년 여성처를 설립해서 문맹을 퇴치하고 새로운 결혼·교육·노동 법률을 제정해서 여성의 생활 조건을 향상하려 한 것으로 유명하다. 1923년에 콜론타이는 세계에서 두 번째로 여성 외교관이 되어서 노르웨이에 파견됐으며

라기보다는 사랑의 신봉자였다.

그러나 '물 한 잔 이론'의 접근 방식은 붉은 군대에서 이념을 배웠고, 가벼운 성관계를 공산주의적 통과의례인 양 간주했던 젊은 공산주의자들 사이에서 인기를 누렸다. 이들의 태도는 다른 유럽 국가들에서보다 러시아에서 더 뚜렷했던 전시의 일반적 분위기와 전후의 도덕적 해이를 반영했다. 더 나이 든 공산주의자들은 입체파와 에스페란토*의 옹호자를 참아내고 붐비는 모스크바의 노상 전차에 종종 발가벗고 뛰어드는 이념상의 확인 행위를 하는 나체주의자를 참아내야 했듯이 이 또한 참아내야 했다. 그들은 성이 사적인 문제라는 사실과 결국 그들이 부르주아 속물이 아니라 혁명가라는 사실을 인정했다. 하지만 속으로는 그런 것들이 혁명의 진지함에서 일탈했다고 느꼈다.

권력을 잡은 볼셰비키

권력을 잡은 볼셰비키는 통치하는 법을 배워야 했다. 과거에 행

남은 생애는 주로 외교 활동과 소설 창작에 힘썼다. 콜론타이는 성욕이 배고픔이나 목마름처럼 인간의 자연스러운 본능이며 성욕의 충족은 물 한 잔 얻는 것처럼 간단해야 한다고 말했다. 레닌이 이를 '물 한 잔 이론'이라 희화화하며 비판했다.

* 에스페란토Esperanto는 세계에서 가장 많이 쓰이는 인공어로 '희망하는 사람'이라는 뜻이다. 1887년 의사인 자멘호프Zamenhof가 배우기 쉽고 중립적인 국제어로서 에스페란토를 발표했다. 10월 혁명 이후 러시아에서는 '세계 프롤레타리아트의 상호 이해 수단'으로서 에스페란토를 적극 수용했고 에스페란토 사용자들도 활발한 활동을 보였다. 그러나 대숙청 기간에 에스페란토는 '첩자의 언어'로 격하됐으며, 사용자들은 탄압을 받았다.

정을 경험한 볼셰비키는 거의 없었다. 그들의 이전 직업을 살펴보면 대부분 직업혁명가이거나 노동자, 혹은 자유계약 기자였다(레닌은 자신의 직업을 '문필가'로 적었다). 볼셰비키는 관료제를 경멸했고 관료제가 어떻게 돌아가는지 거의 몰랐다. 볼셰비키는 예산에 대해서도 알지 못했다. 계몽인민위원이었던 아나톨리 루나차르스키*는 자신의 첫 재무담당에 대해서 이렇게 썼다.

은행에서 돈을 받아올 때면 [그의] 얼굴은 항상 엄청난 놀라움에 가득 차 있었다. 그에게는 혁명과 새로운 권력 조직이 일종의 마술놀이로 보였는데, 그러한 마술을 통해 진짜 돈을 받는 것이 불가능했을 터이니 말이다.[21]

내전 기간 동안 볼셰비키는 조직의 역량 대부분을 붉은 군대, 식량인민위원부, 체카에 쏟아부었다. 지역 당위원회와 소비에트에서 온 유능한 조직자들은 계속해서 붉은 군대에 동원되거나 어디서든 발생한 분쟁 조정 임무에 투입됐다. (지금은 인민위원부가 된) 옛 중앙정부 부처는 대개 주로 지식인으로 구성된 소규모 볼셰비키 집단과 예전에 차르 정부와 임시정부에서 일했던 관리들이 운영했다. 중앙의 권위는 정부(인민위원회의)와 소비에트 중앙집행

---

* Анатолий Васильевич Луначарский(1875~1933). 러시아의 혁명가이자 정치인, 예술 평론가이다. 어릴 때부터 마르크스주의자였고, 사회민주노동당 분당 때 레닌 편에 섰다. 10월 혁명 이후에 계몽인민위원을 맡아 1929년까지 수행하면서 옛 인텔리겐치아를 볼셰비키 편으로 끌어들이고 각종 역사적 문화유산을 보존하는 데 힘썼다. 1933년 스페인 대사로 가던 중 프랑스에서 사망했다.

위원회, 볼셰비키당 중앙위원회가 복잡하게 나눠 가졌는데, 당 중앙위원회에는 서기국Секретариат과 조직 문제를 다루는 조직국Оргбюро, 정치 문제를 다루는 정치국Политбюро이 있었다.

볼셰비키는 스스로의 통치를 '프롤레타리아트 독재'로 묘사했다. 그러나 실제 운영은 볼셰비키당 독재에 더 가까웠다. 처음부터 다른 정당이 활동할 여지가 거의 없었다. 백군을 지지했지만 불법화되지 않은 당이나 반란을 준비했던 당(사혁당 좌파의 경우)은 내전 내내 체포에 시달리거나 위협당했으며, 1920년대 초에 자진해서 사멸했다. 그러나 정부의 형태라는 측면에서는 독재 체제가 훨씬 덜 명확했다. 볼셰비키는 애초에 당 조직을 잠재적 정부 기구로 생각하지 않았다. 당 조직은 정부와 분리되고 행정 기능을 담당하지 않을 것이라고 가정했던 것처럼 보인다. 이는 볼셰비키가 다당제 정치 체제에서 여당이 되었다면 취했을 법한 태도와 흡사했다.

볼셰비키는 스스로의 통치를 '소비에트 권력'으로도 묘사했다. 그러나 이 또한 사실과 다르다. 첫째로 10월 혁명은 본질적으로 당의 쿠데타였지 소비에트의 쿠데타가 아니었다. 둘째로 (볼셰비키 중앙위원회가 선택한) 중앙정부는 소비에트와 전혀 무관했다. 새 정부는 임시정부에서 다양한 부처의 관료 조직 통제권을 넘겨받았다. 이는 임시정부가 차르의 대신회의에서 넘겨받았던 것이다. 그러나 소비에트는 옛 행정기구가 완전히 붕괴된 지역에서만 역할을 획득했다. 소비에트(혹은 더 정확하게 말하자면 집행위원회)는 스스로 재정·교육·농업 등의 관료 부서를 만들면서 중앙정부의 지역 기관이 됐다. 이 행정 기능은 소비에트 선거가 형식적으로만 존재하게 된 이후에도 소비에트의 존재를 부각시켰다.

처음에는 중앙정부(인민위원회의)가 새 정치 체제의 중심으로 보였다. 그러나 내전 말엽에 이르면 볼셰비키당 중앙위원회와 정치국이 정부의 권력을 침해하는 경향이 드러났고, 지역 수준에서도 당위원회가 소비에트보다 우세하다는 징후가 나타났다. 따라서 국가기구에 대한 당의 우위는 소비에트 체제에서 영구적 특징이 됐다. 한편에서 후대의 연구자들은 레닌이 무대에서 퇴장하지 않았더라면(1921년에 중병이 들어 1924년에 죽었다) 이 경향에 맞서 당보다 정부가 지배적 역할을 해야 한다고 주장했을 것으로 보기도 한다.[22]

혁명가이자 혁명정당의 창조자라는 점을 감안하고 볼 때 레닌은 기구를 다룰 때 확실히 묘하게도 보수적 성향을 보였다. 레닌은 급조된 이사회가 아니라 진정한 정부를 원했다. 진정한 군대, 진정한 법률, 그리고 아마 진정한 러시아제국을 원했던 것처럼 말이다. 그러나 이 정부의 구성원을 항상 볼셰비키당 중앙위원회와 정치국이 선택했다는 점을 기억해야 한다. 레닌은 정부를 이끌었지만, 동시에 중앙위원회와 정치국의 수장이었다. 그리고 내전기 내내 이 당 기관들이 군사 정책과 대외 정책의 핵심 문제를 다뤘다. 레닌의 시각에서 볼 때 이 체제에서 정부의 큰 장점은 십중팔구 많은 기술 전문가(재정·공학·법률·공공위생 등의 전문가)를 포함한 관료 조직이었고, 이 기술들은 본질적으로 유용했다. 볼셰비키당은 내부 관료 조직을 발달시키고 있었지만, 당원이 아닌 외부인을 고용하지는 않았다. 당내에서, 특히 노동계급 당원들은 '부르주아 전문가'를 불신했다. 이는 이미 1918~1919년에 군대에 군사 전문가(이전 차르 군대 장교단)를 배치하는 문제에 볼셰비키당이 강하게 반대했을 때 확실히 증명됐다.

볼셰비키가 권력을 잡은 이후에 등장한 정치체제를 제도적 장치라는 측면뿐만 아니라 볼셰비키당의 성격이라는 측면에서도 설명해야 한다. 볼셰비키당은 권위주의적인 강한 지도자, 심지어 레닌의 적들의 표현에 따르면 독재하는 지도자가 이끄는 당이었다. 항상 당의 규율과 단결이 강조됐다. 1917년 이전에 레닌에 반대했던 당원들은 대개 당을 떠났다. 1917~1920년의 시기에 레닌은 반대자, 심지어 당내의 조직적 반대 분파를 상대해야 했다. 레닌은 이를 비정상적이고 짜증나는 상황으로 여겼던 것처럼 보인다. 결국 레닌은 상황을 바꾸려고 단호한 조치를 실행했다(187~190쪽을 보라). 볼셰비키는 혁명 전에나 후에나 당에 대한 반대나 비판에 관용을 베풀지 않았다. 레닌과 스탈린의 젊은 동료인 뱌체슬라프 몰로토프가 수십 년 후에 감탄하며 언급한 바에 따르면, 1920년대 초에 레닌은 심지어 스탈린보다 더 의지가 강했으며, "반대파를 선택할 가능성이 주어지더라도 어떠한 반대파도 용납하지 않을 것이다."[23]

볼셰비키당의 다른 특징은 그들이 노동계급 정당이었다는 점이다. 스스로 만든 자아상도, 사회에서 당을 지지하는 세력도, 당원의 실제 비중도 그랬다. 당의 통념에 따르면 노동계급 볼셰비키당원은 '거친' 반면, 인텔리겐치아 출신 볼셰비키는 '부드러운' 경향이 있었다. 비록 지식인이었던 레닌과 트로츠키는 여기에서 예외

였지만, 십중팔구 어느 정도는 진실일 것이다. 권위주의적이고 편협하고 거칠고 탄압을 일삼는 당의 경향은 1917년과 내전 기간 동안 노동계급 및 농민 출신 당원들이 유입되면서 더 강해졌다.

볼셰비키의 정치사상은 계급을 중심으로 돌아갔다. 볼셰비키는 사회가 적대적 계급들로 나누어졌고, 정치적 투쟁은 사회적 투쟁의 반영이며, 도시 프롤레타리아트와 기타 과거의 피착취계급 구성원들은 혁명의 타고난 동맹이라고 믿었다. 같은 논리로 옛 특권계급과 착취계급은 타고난 적으로 여겼다.[24] 프롤레타리아트에 대한 볼셰비키의 애착은 볼셰비키의 감정을 구성하는 중요한 부분이었다. '계급의 적'— 즉 과거의 귀족, 자본주의적 부르주아지의 구성원, 쿨라크(부농)—에 대한 볼셰비키의 증오와 의심 또한 뿌리 깊었고 아마 장기적으로는 더 중요했다. 볼셰비키가 보기에 옛 특권 계급은 단지 정의상으로만 반혁명적이지 않았다. 그들이 존재한다는 사실 자체가 반혁명 음모를 구성하는 것이었다. 내전에서 외세의 개입이라는 이론과 현실이 증명했듯이, 이 내부 음모는 국제 자본주의 세력의 지원을 받았기 때문에 더욱 위협적이었다.

볼셰비키는 러시아에서 프롤레타리아트의 승리를 강화하려면 계급 착취의 옛 양상을 박멸하는 것뿐만 아니라 뒤집는 것도 필요하다고 믿었다. 이를 역전하는 한 방법은 '계급 심판'의 원칙들을 적용하는 것이었다.

옛 법정에서는 소수 계급의 착취자들이 노동하는 다수를 심판했다. 프롤레타리아트 독재의 법정은 노동하는 다수가 소수의 착취자를 심판하는 장소이다. 이 법정은 그 목적을 위해 특별히 건축됐다. 판사들은 노동계급에 의해서만 선출된다. 판사들은 노동계급 가운데에서만 선출된다. 착취자들에게 유일하게 남은 권리는 심판받을 권리이다.[25]

이 원칙은 평등주의가 아니었다. 그러나 볼셰비키는 혁명과 사회주의 이행 시기에 스스로를 평등주의자라 일컫지 않았다. 볼셰비키의 입장에서 시민 중 일부가 계급의 적인 상황에서 모든 시민을 평등하게 대우하기는 불가능했다. 러시아공화국의 1918년 헌법은 (성이나 민족에 관계없이) 모든 '근로인민'에게 투표권을 주었지만 착취계급의 구성원이나 소비에트 권력의 식별 가능한 다른 적들, 이를 테면 고용주, 불로소득이나 임대료로 사는 사람들, 부농, 성직자, 옛 경찰, 일부 다른 범주의 차르 시절 관리, 백군 장교의 투표권은 박탈했다.

'누가 통치하는가?'라는 질문은 추상적인 의미에서는 제기됐을지 모르지만, 그 핵심은 '어떤 사람들이 그 일을 맡는가?'에 있다. 정치권력의 소유자가 바뀌었고, (볼셰비키가 생각하기에 임시방편으로) 옛 지배자를 대신할 새로운 지배자를 찾아야 했다. 볼셰비키의 기질로 보건대, 계급은 이 선택의 불가피한 조건이다. 레닌을 포함한 일부 볼셰비키 지식인은 교육이 계급만큼이나 중요하다고 주장했을지도 모르지만, 다른 소수의 볼셰비키가 보기에 오랫동안 공장 작업대를 떠나 있었던 노동자들은 스스로의 프롤레타리아 정체성을 잃어버릴지도 몰랐다. 그러나 당 전체에서는 새 체제가 진정으로 권력을 위임할 수 있는 유일한 사람들은 옛 체제에서 착취의 희생자였던 프롤레타리아트뿐이라는 합의가 확고했다.[26]

　내전이 끝날 무렵에 수만의 노동자·병사·수병들은 '간부', 즉 책임지는 자리에서 대개는 행정 업무를 맡는 사람이 됐다. 이들은 처음에는 볼셰비키였거나 1917년에 볼셰비키와 함께 싸운 사람들, 나중에는 붉은 군대나 공장위원회에서 눈에 띄었던 사람들로, 젊고 상대적으로 출세욕을 내보인 이들이었다(혁명을 차르 시절의 제한에서 해방돼 새 기회를 잡는 것으로 여긴 유대인처럼, 프롤레타리아트가 아닌 많은 지지자들도 그랬다[27]). 이들이 붉은 군대 지휘부·체카·식량 행정·당과 소비에트 관료 조직에 포진했다. 다수는 대개 지역 공장위원회나 노동조합에서 활동하다 공장 경영진으로 임명됐다. 1920~1921년에 당 지도부는 이러한 '노동자 발탁' 과정이 대규모로 지속될 수 있을지, 어떻게 지속할 수 있을지 확신하지 못했다. 노동자 출신 당원의 인력층은 급격히 고갈됐고, 내전 기간의 산업 붕괴와 도시의 식량 부족은 1917년의 산업 노동계급의 사기를 떨어뜨리고 대오를 붕괴시켰다. 그럼에도 볼셰비키는 '프롤레타리아트 독재'의 진의를 경험으로 알아차렸다. '프롤레타리아트 독재'는 공장의 오래된 노동자들이 행하는 집단적 계급 독재가 아니었다. 이는 상근 '간부'나 우두머리, 가능한 많은 프롤레타리아트 출신의 새 우두머리들이 이끄는 독재였다.

04 ─────── 네프와
혁명의 미래

내전에서 승리한 볼셰비키는 행정적 혼란과 경제적 파탄이라는 국내 문제에 직면했다. 도시는 굶주렸고 반쯤은 비었다. 석탄 생산은 파국에 가까울 정도로 떨어졌고 철도는 부서졌으며 산업도 거의 정지했다. 식량을 징발당한 농민은 폭동을 일으킬 정도로 분개했다. 곡물 파종은 급락했고, 2년 연속 가뭄으로 볼가강 주변과 다른 농업 지역에 기아가 발생했다. 1921~1922년에 기근과 전염병으로 사망한 사람은 1차 세계대전과 내전의 사상자 수를 초과했다. 혁명과 전쟁 기간 동안 약 200만 명이 망명길에 오르면서 러시아의 교육받은 엘리트 대부분이 사라졌다. 긍정적인 인구 변화로는, 수십만 명의 유대인이 유대인 거주구역*에서 나와 대다수가 러시아와 우크라이나 수도에 정착했다.[1]

붉은 군대의 병력은 500만이 넘었다. 내전이 끝났다는 사실은 이 가운데 대부분이 군복을 벗어야 한다는 의미였다. 이는 볼셰비

---

* Черта оседлости. 러시아제국의 서부 국경 지대로, 18세기 말부터 존재했다. 이 지역은 현재의 리투아니아, 벨라루스, 우크라이나, 몰도바와 일부 러시아 서부 지역까지 포함한다. 폴란드 분할 이후 러시아는 서부 지역에 넓은 영토를 확보했고, 많은 유대인이 러시아로 유입되면서 이 지역에 유대인 거주구역을 설치했다. 전성기 때 이 구역에 거주하는 유대인은 500만 명 이상에 달했다. 이 거주지 제한은 1차 세계대전이 터지고 독일군의 침략을 피해 유대인들이 거주 지역 밖으로 피난을 가면서 실질적으로 무용지물이 됐다.

키의 예상보다 더 어려운 작전이었다. 10월 혁명 이후에 새 체제가 건설하려 했던 것의 상당 부분을 해체해야 했기 때문이다. 붉은 군대는 내전 기간 내내 볼셰비키 행정과 전시 공산주의 경제의 중추였다. 게다가 붉은 군대 병사들은 러시아 땅에서 '프롤레타리아트'의 가장 큰 세력을 차지했다. 프롤레타리아트는 볼셰비키가 선택한 사회의 지지 기반이었고, 1917년 이래로 볼셰비키는 실용적 목적에서 프롤레타리아트를 러시아의 노동자·병사·수병·빈농이라고 정의했다. 그러나 이제 병사·수병 집단의 대부분이 사라지려 했다. 설상가상으로 군복을 벗은 병사들은 실업 상태로 굶주리고 무장했으며 많은 경우 운송 체계의 붕괴로 고향에서 멀리 떨어진 곳에서 집으로 돌아가지 못한 채 혼란을 부추겼다. 1921년의 첫 몇 달 동안 200만 명이 넘는 병사들이 제대하면서, 볼셰비키는 혁명 투사들이 하룻밤 사이에 도적으로 돌변할 수 있다는 사실을 깨달았다.

산업노동자라는 핵심 프롤레타리아트의 운명 역시 심상치 않았다. 산업장이 폐쇄되고 징집당하고 행정 일에 발탁되고, 무엇보다도 굶주림 때문에 도시에서 도망가면서 산업노동자의 수는 1917년의 360만 명에서 1920년에는 150만 명까지 급감했다. 이 중 상당수는 가족이 있는 마을로 돌아가서 마을 공동체의 일원으로 땅뙈기를 받았다. 볼셰비키는 얼마나 많은 노동자들이 마을에 있는지, 혹은 얼마나 오래 거기에 머무를지 알지 못했다. 아마 이들은 농민계급에 흡수돼 다시는 도시로 돌아가지 않았을 것이다. 그러나 장기적 전망이 어떻든지 간에 당면한 상황은 명백했다. 러

시아의 '독재 계급'은 절반이 넘게 소멸했다.[2]

볼셰비키는 원래 유럽 프롤레타리아트가 러시아혁명을 지원할 것이라 생각했다. 실제로 유럽 프롤레타리아트는 1차 세계대전 말엽에 혁명할 준비가 됐던 것처럼 보였다. 그러나 유럽에서 전쟁 이후 혁명의 물결은 가라앉았고, 소비에트 체제에게는 영구적 동맹이라 간주할 수 있는 어떠한 동반자도 남지 않았다. 레닌은 볼셰비키가 해외에서 지원을 받을 수 없다면 러시아 농민계급의 지지를 획득할 필요가 있다고 결론 내렸다. 그러나 전시 공산주의하의 식량 징발과 시장의 붕괴로 농민과 볼셰비키의 관계가 소원해졌고, 일부 지역의 농민들은 공공연히 반란을 일으켰다. 우크라이나에서 네스토르 마흐노*가 이끄는 농민군이 볼셰비키와 싸웠다. 러시아 중부의 중요한 농업 지역인 탐보프에서 일어난 농민반란은 5만 명의 붉은 군대 병사들을 파견하고 나서야 진압됐다.[3]

새 체제에 날린 최악의 한 방은 페트로그라드에서 노동자 파업이 발발한 직후인 1921년 3월에 있었던 크론슈타트 해군기지의 수병 반란이다.[4] 1917년 7월 사태의 영웅이자 10월 혁명에서 볼셰비키의 지지자였던 크론슈타트 수병들은 볼셰비키 신화에서 거의 전설에 가까운 인물들이었다. 그러나 이들은 이제 '인민위원의 자의적 통치'를 폄하하고 노동자·농민의 진정한 소비에트공화국을 요구하며 볼셰비키 혁명을 거부했다. 크론슈타트 반란은 제10차

---

* Нестор Іванович Махно(1888~1934). 우크라이나의 무정부주의자이자 혁명가. 1918년부터 1921년까지 흔히 검은 군대라고도 알려진 우크라이나혁명반란군Революційна Повстанська Армія України을 이끌며 게릴라전 활동을 했다. 최종적으로 붉은 군대에게 패배한 후 파리로 망명을 가 그곳에서 사망했다.

당대회가 열리던 도중에 일어났고, 수많은 대표들은 반란군과 싸우려고 언 강을 건너간 붉은 군대와 체카의 엘리트 부대에 합류하기 위해 갑자기 대회장을 떠나야 했다. 그러나 이 사건이 볼셰비키의 의식에 각인될 만큼 파란만장하다거나 면밀하지는 않았다. 이때부터 소비에트 언론은 반란은 망명자들이 고취했으며 정체불명의 백군 장군이 이끈다고 주장했다. 이는 소비에트 언론이 불편한 진실을 은폐하기 위해 노력한 최초의 사례였던 것으로 보인다. 그러나 제10차 당대회에서 떠돈 소문은 달랐다.

크론슈타트 반란은 노동계급과 볼셰비키당 사이를 갈라놓는 상징처럼 보였다. 노동자가 당을 배신했다고 생각하는 사람과 당이 노동자를 배신했다고 생각하는 사람 모두에게 반란은 비극이었다. 처음으로 소비에트 체제는 혁명적 프롤레타리아트에게 총구를 돌렸다. 게다가 크론슈타트가 남긴 정신적 외상은 혁명의 또 다른 재앙과 거의 동시에 발생했다. 모스크바 코민테른*의 지도자들의 부추김으로 독일 공산주의자들이 혁명적 봉기를 시도했으나 비참하게 끝나고 말았다. 이 패배로 가장 낙관적인 볼셰비키조차 유럽 혁명이 임박했다는 희망을 상실하게 되었다. 이제 러시아혁명은 어떤 도움도 없이 스스로의 노력만으로 살아남아야 했다.

정치적·경제적 불만이 함께 작동해서 불을 붙인 크론슈타트 반

---

* Коминтерн. 공산주의 인터내셔널Коммунистический интернационал의 약자로 제3인터내셔널이라고도 부른다. 제2인터내셔널이 1차 세계대전의 발발과 더불어 각국 사회주의 세력이 자국 정부를 지지하면서 해체되자, 1919년 3월 모스크바에서 레닌과 볼셰비키가 주도해서 새로운 국제 공산주의 조직을 설립했다. 최고 기관은 코민테른대회였으며, 대회가 열리지 않는 기간 동안에는 코민테른 집행위원회ИККИ를 지도 기관으로 삼았다.

란과 탐보프 반란은 러시아 국내에 전시 공산주의 정책을 대체할 새로운 경제 정책의 필요성을 제기했다. 1921년 봄에 그 첫 조치로 농민이 생산한 식량의 징발을 중지하고 현물세를 도입했다. 이것은 국가가 손이 닿는 모든 것을 가져가는 대신 일정량만 가져가겠다는 뜻이었다(1920년대 전반기에 통화가 다시 안정된 이후에 현물세는 통상적인 화폐세가 됐다).

현물세는 농민들이 시장에서 매매할 수 있는 잉여물품을 남길 수 있게 했고, 이제 그다음 단계는 사적 거래를 법적으로 허용하고 번창하던 암시장을 금지하는 것이었다. 1921년 봄 레닌은 사적 거래의 합법화가 공산주의 원칙에 어긋난다며 강하게 반대했다. 그러나 사적 거래가 계속 증가하면서(종종 지방 당국도 허용했음) 볼셰비키 지도부는 이를 기정사실로 받아들였다. 바로 이것이 네프라는 이름으로 알려진 신경제정책의 시작이다.[5] 네프는 당과 지도부에서 처음부터 토론과 논쟁 없이 착수한 정책으로(반대가 거의 없었다) 절망적 경제 상황에 대한 즉흥적 반응이었다. 이 정책이 경제에 미친 이로운 영향은 신속하고도 대단했다.

이로써 훗날 '전시 공산주의'라 불리게 될 정책을 전면적으로 포기하는 것과 마찬가지가 되면서 더 큰 경제적 변화가 뒤따랐다. 체제는 산업의 완전한 국유화를 포기하고, 사적 부문을 허락했다. 대규모 산업 및 은행업과 같은 경제의 '유리한 고지'는 국가의 통제하에 남았지만 말이다. 외국인 투자자들이 산업체와 광산 기업 및 개발 기획에 투자하도록 허가를 내주었다. 재정인민위원부와 국영은행은 통화를 안정시키고 정부 및 공공의 지출을 제한하라는 옛 '부르주아' 재정 전문가의 조언에 귀를 기울이기 시작했다. 중앙정부 예산이 대폭 삭감됐고, 과세로 국가 세입을 늘리려 했다. 인민은 예전에 무료였던 교육이나 의료 서비스에 다시 돈을 지불해야 했다. 노령연금이나 질병·실업수당 수령액도 당사자 분담 기준에 따라 제한돼야만 했다.

공산주의적 관점에서 볼 때 네프는 후퇴였고, 새 체제의 실패를 부분적으로 인정하는 정책이었다. 많은 공산주의자들이 여기에 깊은 환멸을 느꼈다. 혁명이 아무것도 바꾸지 못한 것처럼 보였다. 1918년부터 소비에트 러시아의 수도였던 코민테른의 본부 모스크바는 네프 초기에 다시 분주해졌다. 시장에서 감자를 파는 농민 아낙네, 신자들을 불러 모으는 성당 종소리와 수염 기른 성직자, 창녀, 거리와 기차역의 거지와 소매치기, 밤무대에서 흘러나오는 집시의 노래, 모자를 벗어 상류층에게 예를 표하는 제복 입은 문지기, 모피 코트에 비단 스타킹을 신고 극장에 가는 사람 등 겉보기에는 1913년의 모스크바와 다를 바 없었다. 하지만 이제 모스크바에서 가죽 외투를 입은 공산주의자는 침울한 이방인처럼 보였고, 직업 소개소 앞에는 붉은 군대 예비역의 줄이 길게 늘어섰다. 크레믈*이나 호텔 류스**에 머물던 혁명 지도자들은 불길한 예감을 느

---

* Кремль. 러시아어로 요새, 성채를 의미하는 단어이다. 영어식 명칭인 크렘린Kremlin으로 잘 알려졌다. 사실 오래된 러시아 도시라면 어디에나 그 도시의 크레믈이 있다. 유네스코 세계 유산으로도 지정된 수즈달 크레믈Суздальский кремль이나 카잔 크레믈Казанский Кремль이 유명하다. 가장 유명한 모스크바 크레믈Московский Кремль은 다른 크레믈과 달리 앞 글자를 대문자로 표기한다. 혹은 단지 크레믈이라고만 써도 모스크바 크레믈을 말한다. 냉전 시기에는 크레믈이라는 말 자체가 소련, 혹은 소련공산당을 뜻하기도 했다. 소련의 정치와 정책을 연구하는 소련학Sovietology의 동의어로 크레믈학學Kremlinology이라는 표

끼며 미래를 바라봤다.

후퇴의 규율

레닌이 말했듯이 네프라는 전략적 후퇴는 절망적인 경제 상황 때문에, 그리고 혁명이 이미 획득한 승리를 확고히 할 필요 때문에 볼셰비키에게 강요된 것이었다. 네프의 목적은 결딴난 경제를 회복하고 프롤레타리아트가 아닌 이들의 공포를 잠재우는 데 있었다. 네프는 농민계급, 인텔리겐치아, 도시의 소부르주아지에 대한 양보를 의미했다. 따라서 경제·사회·문화 생활의 통제를 완화하고 공산주의가 사회 전체에 가하던 강제를 회유로 대체하는 것이었다. 그러나 레닌은 이 완화가 정치 영역에는 해당하지 않는다는 것을 분명히 했다. 공산당 내에서는 "가장 가벼운 규율 위반조차 혹독하고 엄격하게 가차 없이 처벌해야" 한다.

규율은 군대가 진군할 때보다 후퇴할 때 100배 더 필요합니다. 왜냐하면 진군할 때는 모두가 전진합니다. 그러나 만약에 모두가 후퇴를 시작한다면, 즉각 피할 수 없는 파멸만 있을 뿐입니다. (중략) 진

현을 사용하기도 했다.

** Люкс. 모스크바에 있던 호텔로 1911년 프란치야Франция 호텔이라는 이름으로 지어졌다. 10월 혁명 이후 볼셰비키가 몰수해서 이름을 룩스로 바꾸고 사용했다. 룩스는 얼마 지나지 않아 각국에서 온 코민테른의 국제 공산주의자들을 위해 제공되기 시작했다. 스탈린 사후에 첸트랄나야Центральная로 이름을 바꿔 지금까지 이어졌다.

짜 군대가 후퇴할 때에는 기관총이 서 있습니다. 후퇴하는 병사들이 무질서에 빠지면 지휘관은 명령을 내립니다. "사격 개시!" 당연하게도 말입니다.

다른 정당들이 정치적 견해를 공개적으로 표출할 자유는 내전 때보다 더 엄격하게 제한됐다. 특히 볼셰비키의 새로운 온건한 입장이 본래 자신들의 입장이라고 주장하려 한다면 더 그렇다는 것이다.

한 멘셰비크가 이렇게 말합니다. "당신네들 지금 후퇴하고 있구려. 나는 항상 후퇴를 옹호해왔지요. 동의합니다. 나는 당신네들 편이오. 우리 같이 후퇴합시다." 우리는 이렇게 답합니다. "멘셰비키주의를 공공연하게 표명하는 행위에 우리의 혁명 법정은 사형을 선고해야 합니다. 그렇지 않으면 우리의 법정이 아니라는 사실을 아무도 모르고 있습니다."[6]

네프의 도입은 멘셰비키 중앙위원회의 모든 위원을 포함한 멘셰비키 수천 명의 체포를 수반했다. 1922년에 사혁당 우파 집단이 반국가 범죄로 공개 재판에 회부됐다. 일부는 사형 판결을 받았다. 사형이 집행되지는 않았지만 말이다. 1922년과 1923년에 저명한 입헌민주당원과 멘셰비키 수백 명이 소비에트공화국에서 강제 추방됐다. 집권 공산당(이제 볼셰비키당이란 표현을 대신하여 불리게 된 명칭)을 제외한 다른 모든 정당은 이때부터 사실상 불법화됐다.

실제 혹은 잠재적 반대파를 분쇄하려는 레닌의 열망은 그가 1922년 3월 19일 정치국에 보낸 비밀 편지에서 놀랄 만큼 증명됐다. 그 편지에서 레닌은 동료들에게 기근으로 정교회의 권력이 꺾인 이때 기회를 잡으라고 촉구했다. "정확히 지금이고, 지금밖에는 할 수 없소. 기아가 횡행하는 지역에서 사람들이 인육을 먹고 수천 수백의 시체가 길거리에 나뒹굴고 있는 이때 말이오. 우리는 가장 맹렬하고 무자비한 힘으로 교회의 귀중품을 몰수할 수 있소(그러니 수행해야만 하오)." 레닌은 슈야Шуя에서 '엄청난 수의' 지역 성직자와 부르주아지를 체포해서 재판에 처해야 한다고 권했다.

슈야에서 가장 영향력 있고 위험한 엄청난 수의 검은100인단*을 총살하는 것 외에 다른 식으로는 끝나지 않을 것이오. 가능한 한 슈야뿐만 아니라 모스크바와 다른 정교 중심지에서도 말이오. (중략) 우리가 반동적 성직자와 반동적 부르주아지 대표들을 더 많이 처형하는 데 성공할수록 더 좋소. 우리는 이자들에게 지금 당장 교훈을 주어야 하오. 그래서 수십 년 동안은 어떤 저항도 생각조차 하지 못하도록 말이오.[7]

동시에 공산당 **내부**에서 규율 문제가 재검토됐다. 물론 볼셰비키는 레닌이 1902년에 『무엇을 할 것인가?』를 썼을 때부터 당 규

---

* Черносотенцы. 20세기 초 러시아의 극우 단체이다. 로마노프왕조에 충성을 다했으며 군주제를 지키기 위해 노력했다. 극단적인 러시아 민족 중심주의 사고를 가졌으며, 외국인 혐오와 반유대주의 사상을 지녔다. 포그롬으로 알려진 유대인 학살 및 혁명가 집단을 상대로 한 백색 테러를 수행하기도 했다.

율을 이론상으로 강하게 강조했다. 모든 볼셰비키는 민주집중제 원칙을 받아들였다. 민주집중제란 정책이 결정되기 전에는 당원이 자유롭게 쟁점을 논할 수 있지만 당대회나 중앙위원회에서 최종 투표가 거행되면 그 결정을 따라야 한다는 뜻이었다. 그러나 민주집중제의 원칙이 내부 논쟁을 다루는 당의 관습까지 정해놓지는 않았다. 예컨대 얼마나 논쟁을 용인할 것인가, 얼마나 가혹하게 당의 지도자를 비판할 수 있는가, 비판자들이 특정한 쟁점을 놓고 '분파'나 압력 집단을 조직할 수 있는가 등을 말이다.

1917년 이전에 당내 논쟁은 실용적 목적도 있었지만 기본적으로는 볼셰비키 지식인이 망명 공동체 내부에서 벌이는 논쟁이었다. 레닌을 중심으로 모인 볼셰비키 망명객들은 멘셰비키와 사혁당보다 더 통합된 동질적 집단이었다. 반면 멘셰비키와 사혁당에는 여러 지도자와 정치적 정체성을 지닌 수많은 작은 서클이 있었다. 레닌은 볼셰비키 내부에 다른 분파가 생기는 것을 강하게 거부했다. 볼셰비키 가운데 강력한 개성을 지닌 또 다른 인물인 알렉산드르 보그다노프*는 1905년 이후 망명 공동체에서 자신의 철학적·문화적 접근법을 공유하는 규율 있는 집단을 만들려 했다. 이 집단이 진짜로 정치적 분파나 내부 반대파를 구성하지 않았음에도, 레닌은 보그다노프 집단을 볼셰비키에서 출당시켰다.

---

* Александр Александрович Богданов(1873~1928). 러시아의 혁명가이자 철학자, 작가이다. 벨라루스 혈통으로 본명은 말리노우스키Малiноўскi이다. 초기 러시아사회민주노동당 내 볼셰비키 분파의 핵심 지도자였으며, 1909년 레닌에게 패배한 뒤 출당됐다. 10월 혁명 이후에는 프롤레트쿨트пролеткульт라는 문화운동 조직을 만들어 프롤레타리아트 의식 형성을 위해 노력했다. 1920년대 초에는 프롤레트쿨트 활동을 그만두고 수혈연구소를 세워 이에 전념했다.

2월 혁명 이후 상황은 급격히 변했다. 망명객 볼셰비키 집단과 지하운동가 볼셰비키 집단이 합쳐지면서 당 지도부는 더 커지고 더 다양해졌으며, 총 당원 수도 기하급수적으로 증가했다. 1917년에 볼셰비키는 당 규율보다 대중 혁명의 물결에 올라타는 일에 더 관심을 쏟았다. 10월 혁명 이전에도, 그리고 이후에도 당내의 수많은 개인과 집단이 주요 정책 쟁점을 놓고 레닌에 반대했고, 레닌의 의견이 항상 승리했던 것도 아니다. 일부 집단은 중앙위원회나 당 대회에서 자신들의 정견이 다수파에게 거부되자 반영구적 분파로 결집했다. (주로 고참 볼셰비키 지식인으로 구성된) 소수 분파는 대개 당을 떠나지 않았다. 1917년 이전이라면 떠났겠지만 말이다. 볼셰비키당은 사실상 일당제 국가의 권력을 잡고 있었고, 당을 떠나면 정치적 생명도 같이 끝나는 것이었다.

이런 변화에도 불구하고 당 규율과 조직에 대한 레닌의 옛 이론은 내전이 끝날 무렵까지 볼셰비키 이념의 한 부분을 차지하고 있었다. 이는 볼셰비키가 모스크바에 기반을 둔 새로운 국제 공산주의 조직인 코민테른을 다루는 방법에서 확인할 수 있다. 1920년에 제2차 코민테른대회에서 코민테른 가입 조건을 토론했을 때, 볼셰비키 지도자들은 1917년 이전 볼셰비키당의 모델을 주장했다. 이것이 코민테른에서 대규모 대중 정당인 이탈리아 사회당을 배제하는 것(그들은 당내의 우익 및 중도파 집단을 숙청하지 않고 코민테른에 가입하려 했다), 그리고 유럽에서 부활한 사회주의인터내셔널*과의

---

* 노동사회주의인터내셔널Labour and Socialist International은 1923년부터 1940년까지 존재한 각국의 사회당과 노동당의 국제조직이다. 코민테른에 가입하지 않은 중도파 및 좌파 사

경쟁에서 코민테른의 지위를 약화시키는 것을 의미한다는 사실도
아랑곳하지 않았다. 코민테른에 가입하기 위한 '21개 조항'은 헌
신적인 혁명가들만 모집하는 극좌 소수 정당을, 그리고 그들이 스
스로를 '개혁적' 중도파 및 우익과 분리해 되도록이면 분당할 것
(1903년 볼셰비키와 멘셰비키 사이의 분당과 비교할 수 있다)을 요구했다.
단결, 규율, 비타협, 혁명가의 전업화는 적대적 환경에서 활동하는
모든 공산당의 본질적 특성이다.

　물론 같은 규칙이 볼셰비키 스스로에게 반드시 적용되지는 않
았다. 볼셰비키는 이미 수권 정당이었기 때문이다. 그들은 일당 국
가에서 통치 정당은 첫째로 대중 정당이어야 하고, 둘째로 다양
한 의견을 수렴하고 심지어 제도화해야 한다고 주장했다. 이런 일
이 1917년 이후 볼셰비키당 안에서 일어났다. 특정한 정책 쟁점
을 놓고 지도부 안에서 분파가 발생했고, 최종 투표에서 진 이후
에도 (민주집중제 원칙을 어기면서까지) 분파는 그 세력을 유지했다.
1920년이 되면 노동조합의 지위를 놓고 논쟁*을 벌인 분파들이 제
10차 당대회 전에 열린 토론과 대표 선거에서 경쟁적으로 정견을

　회주의 정당을 중심으로 형성됐다. 나치의 서유럽 정복으로 기반을 상실했으며, 1951년에
　이를 계승한 사회주의인터내셔널이 창설되기도 했다.
* 　노동조합 논쟁Дискуссия о профсоюзах은 1920년 말에서 1921년 초에 있었던 논쟁으로,
　사회주의 국가에서 노동조합의 현재 및 앞으로의 역할과 과업을 놓고 논쟁했다. 트로츠키
　는 노조가 국가에 종속돼야 한다고 주장했고, '노동자 반대파Рабочая оппозиция'는 노조가
　프롤레타리아트 조직의 최고 형태이기에 국가 경제를 관리할 권리를 노조로 넘기라고 주장
　했다. '민주 집중파Группа демократического централизма'는 소비에트와 노조에서 공산당
　의 우위를 비판하고 분파 결성의 자유를 옹호했다. 그러나 최종적으로는 레닌의 입장, 즉 노
　조는 공식적으로 국가와 독립적으로 존재하지만 정예 당원이 지도해서 당과 대중을 이어주
　는 '공산주의 학교'로 기능해야 한다는 주장이 채택됐다.

제시했을 뿐만 아니라 지역 당위원회의 지지를 받으려고 로비 활동까지 할 정도로 조직력을 갖췄다. 다시 말해서 볼셰비키당은 다당제 체제에서 정당이 하는 역할을 분파가 맡게해서 자신만의 '의회' 정치를 전개해 나갔다.

후대의 서양 역사가들이 볼 때, 그리고 자유민주적 가치를 지닌 외부 관찰자의 입장에서 볼 때, 이는 명백히 훌륭한 발전이자 더 나은 방향으로 가는 변화였다. 그러나 볼셰비키는 자유민주주의자가 아니었다. 볼셰비키 평당원들 사이에서는 당이 예전의 뚜렷한 목적의식에 따른 단결심과 방향성을 잃고 분열되고 있다는 불안감이 커졌다. 레닌은 당 정치의 새로운 방식에 동의하지 않았다. 첫째로 노동조합 논쟁은 볼셰비키가 내전 직후에 처한 급박한 문제에 비해 다소 지엽적인 문제였음에도, 지도부는 엄청난 시간과 정력을 쏟아야 했다. 둘째로 분파들은 레닌의 개인적 지도력에 암묵적으로 도전하고 있었다. 노동조합 논쟁 때 한 분파를 이끌었던 사람은 상대적으로 최근에 입당했음에도 당내에서 레닌에 버금가는 거물이 된 트로츠키였다. 알렉산드르 실랴프니코프*가 이끄는 또 다른 분파 '노동자 반대파'는 노동계급 출신 당원들과 특별한 관계를 맺고 있었고, 이는 레닌이 이끄는 망명자 지식인의 오래된 핵심 지도력을 위협했다.

따라서 레닌은 볼셰비키당 내부의 분파와 분파주의를 무너뜨

---

* Александр Гаврилович Шляпников(1885~1937). 러시아의 혁명가이자 정치인이다. 1903년에 볼셰비키당에 가입해서 1905년 혁명에 적극적으로 참여했다. 1917년에는 페트로그라드 소비에트 집행위원회 위원으로 활동했다. 1920년대에 '노동자 반대파'의 지도자로 활동했으나 결국 패배했다. 1933년에는 출당됐고, 대숙청 기간에 처형됐다.

리는 일에 착수했다. 이때 레닌은 파벌 간의 갈등을 유도했을 뿐만 아니라 철저한 음모 전술도 사용했다. 몰로토프와 더불어 레닌 집단의 젊은 아르메니아인 아나스타스 미코얀*은 1921년 초에 열린 제10차 당대회에서 레닌이 활기를 보이며 일편단심으로 착수했던 작전을 훗날 기술했다. 레닌은 지지자들과 비밀 모임을 가졌고, 반대 분파에 충성을 맹세한 큰 지역 대표단을 쪼개놨으며, 중앙위원회 선거에서 반대표를 던질 반대파 목록을 작성했다. 심지어 레닌은 비밀리에 배부할 유인물을 복사시키려고 '지하운동을 할 때 타자기와 등사기를 가지고 있었던 옛 공산주의자 동지'를 부르려고 했다. 스탈린은 분파주의로 해석될 수 있다며 그 제안에 반대했다[8](소비에트의 초기 역사에서 레닌이 과거의 음모를 꾸미던 습관으로 복귀한 것은 이번만이 아니다. 몰로토프가 회고하기를, 내전이라는 암울한 순간에 레닌은 지도부를 소환해 소비에트 체제의 몰락이 임박했다고 말했다. 지도부에게는 가짜 신분증과 비밀 주소가 준비됐다. "당은 지하로 들어갈 것이다."[9]).

레닌은 제10차 당대회에서 트로츠키 분파와 노동자 반대파를 물리쳤고, 새로운 중앙위원회에서 레닌주의의 우위를 지켜냈으며, 중앙위원회 서기국의 두 트로츠키주의자를 레닌주의자 몰로토프로 교체했다. 그러나 이것은 결코 전부가 아니었다. 레닌 집단

---

* Анастас Иванович Микоян(1895~1978). 아르메니아의 혁명가이자 소련의 정치인이다. 아르메니아어로는 아나스타스 호바네시 미코얀Անաստաս Հովհաննեսի Միկոյան이라고 한다. 1915년 볼셰비키당에 가입해서 카프카즈 지역에서 활동했으며, 1923년에는 당 중앙위원회 위원이 됐다. 스탈린 파의 일원으로 활동했으며, 1935년에는 정치국원이 됐다. 대숙청과 스탈린 사후의 권력투쟁을 거치면서 한 번도 실각하지 않은 채 평화롭게 은퇴했다. 1964~1965년에는 국가원수인 소련최고회의 상무회 의장을 지내기도 했다.

이 제안하고 제10차 당대회가 승인한 「당의 단결에 관하여」라는 결의안은, 현존하는 파벌들을 해산하고 당내에서 더 이상의 어떠한 분파 활동도 용납하지 않는다고 명령했다. 분파 지도자들은 이에 아연실색했다.

레닌은 분파 금지는 일시적인 조치라고 말했다. 이 말은 진심이었을 것이다. 만약 당내 여론이 분파 금지를 반대하는 쪽으로 형성되었다면, 레닌은 스스로 물러났을 공산이 컸다. 그러나 공교롭게도 당내 의견은 그렇지 않았다. 당 전체는 단결이라는 이해관계를 지키려고 분파를 희생할 준비가 어느 정도 된 것으로 보였다. 분파는 당의 평당원에게까지 뿌리를 내리지 않았고, 많은 평당원이 분파를 불평분자 지식인의 특권으로 간주했다.

「당의 단결에 관하여」는 당이 지속적인 분파주의자들을 추방할 수 있고, 선출된 당원이라도 분파주의에 연루되었다면 중앙위원회가 해임할 수 있도록 하는 비밀조항을 뒀다. 그러나 정치국 내에서는 이 조항에 강한 의구심을 품었고, 레닌 생전에 이 조항이 공식적으로 발동되진 않았다. 1921년 가을 레닌의 주도하에 대규모 숙청이 행해졌다. 이는 당원 자격을 유지하려는 모든 공산주의자는 숙청위원회가 열리기 전에 나타나 스스로에게 혁명가 자격이 있음을 보이고, 필요하다면 비판에 맞서 스스로를 변호해야만 한다는 의미였다. 숙청의 주요 목적은 '출세주의자'와 '계급의 적'을 솎아내는 것이었지 패배한 분파의 지지자들을 공식적으로 겨냥한 것은 아니었다. 그럼에도 레닌은 "한 점이라도 의혹이 있거나 믿을 수 없는 러시아 공산당원은 모두 제거해야만 한다(즉, 출당시켜야 한다)"고 강조했다. 그리고 T. H. 릭비가 언급했듯이, 당원 중 4분의 1이 신뢰할 수 없는 자로 판단 됐는데 그중 반대파가 없었다고는 믿기 어렵다.[10]

숙청이 저명한 반대파 인사를 당에서 제명하지는 않았지만, 1920~1921년의 반대파 구성원이 모두 처벌 없이 빠져나가지는 못했다. 레닌의 사람인 스탈린이 이끌게 된 중앙위원회 서기국은 당 인사의 임명 및 배치라는 책임을 맡았다. 서기국은 수많은 저명한 노동자 반대파를 모스크바에서 멀리 떨어진 곳으로 좌천시켜서 그들이 지도부 내부 정치에 참여하지 못하게 했다. 지도부 내의 단결을 강화하려고 이 '행정적 방법'을 사용하는 관행은 1922년에 스탈린이 당 서기장(즉, 중앙위원회 서기국의 수장)이 된 후 더욱 발전했다. 학자들은 종종 이를 사실상 소련공산당 내부에서 민주주의가 사라지는 전조로 여겼다. 이 또한 레닌에게서 나온 관행이었고, 제10차 당대회의 갈등이 그 시초였다. 레닌이 여전히 전략의 대가였고 스탈린과 몰로토프는 레닌의 충실한 심복이었던 때 말이다.

관료제 문제

혁명가답게 모든 볼셰비키는 '관료제'에 반대했다. 스스로가 당 지도자나 군 지휘관이라면 관료제를 만족스럽게 볼 수 있었겠지만, 그게 아니라면 어떤 진정한 혁명가가 새로운 체제의 벼슬아치 чиновник인 관료가 되는 것을 인정할 수 있었겠는가? 행정 기능을 토론할 때, 볼셰비키의 언어에는 완곡어법이 가득했다. 예컨대 공산주의자 관리는 '간부'였고, 공산주의 관료제는 '기구'와 '소비에트 권력기관'이었다. '관료제'라는 단어에는 항상 경멸하는 의미가 담겼다. 예컨대 '관료제적 방법'과 '관료제적 해결책'은 어떤 수를 써서라도 회피해야 하며, 혁명을 '관료제적 퇴보'로부터 보호해야만 했다.

그러나 이 모든 게 볼셰비키가 사회를 통치하고 변모시킬 의도로 독재체제를 확립했다는 사실을 가릴 수는 없었다. 볼셰비키는 행정기구 없이는 이러한 목적들을 달성할 수 없었다. 볼셰비키는 사회의 자치가 가능하다거나 사회가 자발적으로 변할 수 있다는 생각을 처음부터 부인했기 때문이다. 이제 남은 질문은 다음과 같다. 볼셰비키에게 어떤 종류의 행정기구가 필요한가? 볼셰비키는 이미 지방에서는 그 뿌리가 허물어진 대규모의 중앙정부 관료제를 물려받았다. 또 볼셰비키에게는 1917년에 지방정부의 기능을 부분적으로 떠맡은 소비에트가 있었다. 마지막으로 예전에는 혁명을 준비하고 수행했지만 10월 혁명 이후에는 더 이상 어울리지 않게 된 볼셰비키당 자체가 있었다.

소비에트 체제의 통제하에 있는 옛 정부의 관료 조직은 여전히 차르 체제로부터 물려받은 수많은 관리와 전문가를 고용하고 있었다. 볼셰비키는 혁명적 정책을 손상시키고 파괴할 능력을 지닌 이 조직을 두려워했다. 레닌은 1922년에 옛 러시아라는 '정복당한 국가'가 공산주의 '정복자'에게 자신의 가치를 주입하는 과정이 벌어지고 있다고 썼다.

만일 우리가 책임 있는 자리에 4,700명의 공산주의자를 배치한 모스크바를 본다면, 그리고 만일 우리가 저 엄청난 무더기의 거대한 관료제 기구를 본다면, 질문을 던져야만 합니다. 누가 누구에게 지시를 내리는가? 공산주의자들이 저 무더기에 지시를 내린다고 진정으로 말할 수 있을지 나는 매우 의심스럽습니다. 진실을 이야기하자면, 공산주의자들은 지시를 내리는 게 아니라 지시를 받고 있습니다. (중략) [옛 관료제] 문화는 형편없고 시시합니다. 그렇지만 우리보다는 여전히 한 단계 높은 수준입니다. 형편없고 저질이지만, 우리 책임 있는 공산주의 행정가의 문화보다는 고급입니다. 공산주의 행정가들의 행정 능력이 부족하기 때문입니다.[11]

레닌은 공산주의적 가치가 옛 관료제에 잠식당할 위험을 봤음에도, 관료제와 함께 일하는 대안밖에 없다고 믿었다. 공산주의자들은 옛 관료제의 전문가가 필요했다. 그것은 단지 행정 전문가뿐만 아니라, 공산주의자들이 맡으려 하지 않는 정부 재정·철도 행정·도량형·지리 측량과 같은 특별한 지식이 필요한 분야에도 해당하는 것이었다. 레닌이 볼 때 새 체제가 구체제의 관리나 고문들을 포함한 '부르주아 전문가'를 필요로 한다는 사실을 이해하지 못하는 당원은 '공산주의적 자만심'이라는 죄를 지은 것이었다. 이는 공산주의자들이 모든 문제를 스스로 해결할 수 있다고 생각하는 무식하고 유치한 믿음을 의미했다. 당이 충분한 수의 공산주의 전문가들을 길러내기까지는 오랜 시간이 걸릴 것이다. 그때까지 공산주의자들은 부르주아 전문가와 함께 일하는 법을 배워야 했고,

동시에 부르주아 전문가를 확실하게 통제하는 법도 배워야 했다.

전문가를 바라보는 레닌의 시각을 당의 다른 지도자들도 대체로 받아들였다. 그러나 전문가들은 공산당 평당원들에게는 인기가 덜했다. 공산주의자 대부분은 정부 고위직 수준에서 필요한 류 전문가들에 대해서는 별 생각이 없었다. 그러나 만일 지역 수준에서, 구체제에서 일했던 말단 관리가 소비에트에서 과거와 비슷한 직종에서 일하려 한다거나, 회계주임이 자기 공장에서 지역 공산주의 활동가에 반대한다든가, 심지어 마을의 학교 선생님이 콤소몰과 마찰을 빚는 종교 신봉자여서 학교에서 교리 문답서를 가르친다거나 한다면, 그들은 이 행동이 무엇을 의미하는지 명백히 알고 있었다.

대부분의 공산주의자들에게는 뭔가 중요한 일을 해야 한다면 그 일은 당을 통해서 하는 것이 최선이라는 점이 명백해 보였다. 물론 당의 중앙기구는 일상의 행정 수준에서 거대한 정부 관료제와 경쟁하기에는 너무나 작았다. 그러나 당위원회와 소비에트가 무에서 건설되는 지역에서는 상황이 달랐다. 내전 이후 소비에트가 과거 젬스트보의 역할과 다를 바 없는 부차적 역할로 축소되면서, 당위원회는 지역에서 권위를 획득하기 시작했다. 당의 지휘 계통(정치국, 조직국, 중앙위원회에서 지역 당위원회로)을 통해 전파된 정책은 중앙정부가 비협조적이고 혼란스러운 소비에트로 내려보낸 수많은 포고령과 지시보다 실행될 기회가 훨씬 많았다. 정부는 소비에트 인사의 임면권이 없었고, 더 효율적인 예산 통제권도 없었다. 다른 한편으로 당위원회에는 당 규율에 따라 상위 당 기관에 복종할 의무가 있는 공산주의자들이 배치됐다. 당위원회를 이끈 당 서기는 공식적으로는 지역 당 조직에서 선거로 선출됐지만, 실제로는 당 중앙위원회 서기국이 그를 해임하고 대체할 수 있었다.

한 가지 문제가 있었다. 중앙위원회 서기국을 정점으로 한 위원회와 간부(실제로 관리를 임명할 수 있었음)의 계서제인 당 기구는 그 의도와 목적이 모두 관료제에 맞춰져 있었다. 그런데 공산주의자들은 관료제를 원칙적으로 싫어했다. 1920년대 중반의 권력 승계 투쟁에서(197~203쪽을 보라), 트로츠키는 당의 서기장인 스탈린이 당 관료 조직을 만들어 자신의 정치적 목적에 맞게 조종하고 있다고 지적해서 스탈린의 평판을 떨어뜨리려 했다. 그러나 이 비판은 당 전체에 거의 영향을 끼치지 못했던 것으로 보인다. 한 가지 이유는 당 서기를 (선거가 아니라) 임명하는 행위가 트로츠키의 주장보다 볼셰비키 전통에서 덜 벗어나 있었기 때문이다. 1917년 이전 지하운동을 하던 옛 시절에 위원회는 항상 볼셰비키당 중앙에서 파견한 직업혁명가의 지도력에 크게 의존했다. 1917년에 위원회가 지상으로 나왔을 때조차 지역 지도부를 선택하는 민주적 권리를 요구하는 경우보다 '중앙에서 온 간부'의 긴급한 요구를 받드는 일이 더 흔했다.

그러나 더 일반적인 관점에서 공산주의자 대부분은 당 기구를 단순히 경멸적 의미의 관료제로 간주하지는 않았던 것으로 보인다. 공산주의자들이 보기에 (막스 베버도 그렇게 보았지만) 관료제는 명백히 정의된 법과 관례로 운영되며, 고도의 전문화와 직업적 전문기술을 존중한다는 특징이 있었다. 그러나 1920년대 당 기구는 어떻게 봐도 전문화되지 않았고, (보안 및 군사 문제를 제외하면) 전문 기술자를 존중하지도 않았다. 관리들은 '원칙대로 할 것'을 요구받지도 않았다. 초창기에는 관리들이 참조할 문서도 없었고, 나중에는 서기들이 현재의 당 노선에 대응하기보다는 옛 중앙위원회의 지시를 글자 그대로 따르는 '관료제적 경향'을 보여 비난받기도 했다.

공산주의자들이 관료제를 원하지 않는다고 말할 때, 이는 혁명의 명령에 응답하지 않거나 응답할 수 없는 행정적 구조를 원하지 않는다는 뜻이다. 그들은 혁명의 명령에 응답할 행정적 구조를 몹시 원했다. 이는 관리들이 혁명 지도자들의 명령을 기꺼이 받아들이고 급진적 사회 변화 정책을 수행하기를 열망하는 행정적 구조를 의미했다. 이것이 당 기구(혹은 관료제)가 수행할 혁명적 기능이었으며, 공산주의자 대부분은 본능적으로 이를 인지했다.

대부분의 공산주의자들은 '프롤레타리아트 독재' 기관은 프롤레타리아트다워야 한다고 믿었다. 노동자 출신이 책임 있는 행정직을 맡아야만 한다는 것이다. 이는 마르크스가 설명한 프롤레타리아트 독재와 꼭 들어맞지 않을 수도 있고, 레닌의 의도와도 맞지 않을 수 있다(레닌은 1923년에 다음과 같이 썼다. 노동자들은 "우리에게 더 나은 기구를 만들어주려 한다. 그러나 노동자들은 어떻게 해야 할지 모른다. 노동자들은 이를 만들 수 없다. 노동자들은 여기에 필요한 문화를 아직 발전시키지 못했다. 따라서 필요한 것은 문화이다"[12]). 그럼에도 모든 당내 논쟁에서 노동계급 출신의 간부 비율이 당-국가기구의 정치적 건전성, 혁명적 열정, '관료제적 퇴보'로부터의 자유에 큰 영향을 미친다고 당연하게 받아들였다. 계급 기준이 당 기구를 포함한 모든 관료조직에 적용됐다. 미래에 소비에트 행정 엘리트의 구성에도 필연적으로 영향을 미칠 당원 충원에도 같은 기준이 적용됐다.

1921년에 산업 노동계급은 휘청거렸고, 체제와 노동계급의 관계도 위기였다. 그러나 1924년에 이르면 경제 회복으로 몇몇 어려움이 해소되고, 노동계급도 다시 성장하기 시작한다. 같은 해에 수십만 노동자를 당원으로 충원하려는 운동인 '레닌의 소집 ленинский призыв'을 선포하면서 당은 프롤레타리아트 정체성을 위해 헌신할 것을 재천명한다. 이 결정에는 노동자를 행정직으로 옮겨 '프롤레타리아트 독재'를 계속 만들어가는 헌신이 내포됐다.

3년 동안 엄청난 수의 노동계급을 충원한 뒤 1927년에 이르면 공산당은 100만 명이 넘는 정규 당원과 후보 당원을 거느리게 되는데, 그중 39퍼센트는 현재 노동자였으며 56퍼센트는 당에 가입했을 때의 직업도 노동자였다.[13] 두 수치 사이의 차이가 행정직이나 다른 사무직으로 영구적으로 옮겨간 노동자 공산주의자 집단의 규모를 대략 나타낸다. 소비에트 권력 첫 10년 동안 당에 가입한 노동자 가운데 행정일로 곧바로 발탁될 가능성은 (심지어 1927년 이후의 발탁을 배제하더라도) 최소한 절반이었다.

공산주의자에게 당 기구는 정부 관료제보다 더 인기 있었다. 그 이유는 노동자들이 당의 분위기에 더 편안함을 느꼈으며, 그들의 부족한 교육경력이 예컨대 정부의 재정인민위원부의 부서장 자리에서보다 지방 당 서기 자리에서 문제가 덜 됐기 때문이다. 1927년 당 기구의 책임 있는 자리에 있던 공산주의자의 49퍼센트가 노동자 출신이었던 반면, 정부와 소비에트 관료제에서 노동자 출신의 비율은 35퍼센트였다. 이러한 불일치는 높은 자리일수록 더욱 뚜렷했다. 정부의 최고직위에는 노동계급이 거의 없었던 반면에, 지역 당 서기(주, 도, 지방* 조직의 수장)의 거의 절반은 노동자 출신이었다.[14]

지도부 내의 투쟁

레닌이 살아 있는 동안에 볼셰비키는 그를 당 지도자로 인정했다. 당에는 공식적으로 지도자가 없었고 지도자가 반드시 있어야만 한다는 생각이 볼셰비키를 불쾌하게 했음에도 그러했다. 정치적 격동의 순간에 당 동지들 사이에서 레닌이 개인적 권위를 지나치게 많이 이용한다는 비난이 없었던 것도 아니다. 레닌은 대개 제멋대로 행동했지만 상대방에게 아첨이나 다른 존경의 표시를 요

---

* 주oбласть는 러시아제국 시절부터 있었던 행정구역 단위이다. 제국 시절에는 주보다 도가 더 주된 행정 단위였으나, 1929년 행정구역 개편으로 도는 사라지고 주가 주요 행정구역 단위가 됐다. 85개 러시아 연방주체Субъекты Российской Федерации 중 46개가 주이다. 러시아를 제외하고도 우크라이나, 벨라루스, 카자흐스탄, 불가리아 등지에서 행정구역 단위로 사용된다.
도губерния는 표트르 대제가 설치한 러시아제국의 행정구역이다. 수십 개의 도가 러시아제국 시기에 설치되거나 폐지됐으며, 10월 혁명 이후에도 소비에트 국가의 행정 단위로 기능했다. 1929년에 도는 폐지되어 주나 지방으로 개편됐다.
지방край은 러시아제국 시절부터 있었던 행정구역 단위이다. 소련을 거쳐 현재까지도 85개의 러시아 연방주체 중 9개가 지방이다. 주와 거의 동일하다. 유명한 지방으로 하바로프스크 지방과 우리에게는 연해주로 더 친숙한 프리모르스키 지방Приморский край이 있다.

구하지는 않았다. 볼셰비키는 무솔리니*와 이탈리아 파시스트를 희가극의 의상을 입고 두체**에게 충성을 맹세하는 정치적 미개인으로 간주하며 경멸했다. 볼셰비키는 역사에서 교훈을 배운 바 있어서, 나폴레옹 보나파르트가 황제를 선언했을 때 프랑스혁명이 퇴보한 것처럼 러시아혁명을 퇴보시킬 의향은 전혀 없었다. 혁명 전쟁의 지도자가 독재자로 변하는 보나파르트주의라는 위험이 종종 볼셰비키당 안에서 제기됐다. 이는 대개 붉은 군대의 창시자이자 내전 기간 동안 청년 공산주의자들의 영웅이었던 트로츠키를 암시했다. 미래에 보나파르트가 될지도 모르는 사람은 연설로 대중의 감정을 북돋우며 원대한 이상을 제시하고 십중팔구 군복을 입고 있는 카리스마 있는 인물일 것이라고 추측됐다.

레닌은 1924년 1월에 죽었다. 그러나 1921년 중반부터 레닌의 건강이 심각하게 악화됐고 그의 정치 활동도 간간이 중단됐다. 1922년 5월에 발생한 뇌졸중으로 레닌의 몸은 부분적으로 마비됐고, 1923년 3월의 두 번째 뇌졸중으로 마비가 더 심해지고 실어증까지 생겼다. 따라서 레닌의 정치적 사망은 그의 죽음 전에 이미 진행됐고, 레닌 스스로도 그 결과를 지켜볼 수 있었다. 정부 수반

---

* Benito Mussolini(1883~1945). 이탈리아의 정치인이자 파시즘 지도자이다. 애초에는 이탈리아사회당원이었으나, 1차 세계대전 발발 이후에 참전을 주장하다가 출당됐다. 1922년 로마 진군Marcia su Roma으로 무혈 쿠데타에 성공해서 총리에 임명되고 권력을 장악했다. 추축국의 일원으로 2차 세계대전에 참전했으나 연합군에게 패배했다. 1943년 도주해서 망명정부를 세웠으나, 1945년 공산주의 계열 파르티잔 부대에게 붙잡혀 총살됐다

** 두체Il Duce는 지도자, 혹은 영도자에 해당하는 이탈리아어이다. 무솔리니 집권기에 국가 원수인 무솔리니를 두체라고 불렀고, 히틀러 또한 이를 본받아 스스로를 퓌러Führer(흔히 총통으로 번역)라 칭했다.

으로서 레닌이 맡고 있던 책임은 세 명의 부의장에게 넘겨졌다. 그
중에서 1924년 레닌의 후계자로 인민위원회의 의장을 맡게 될 알
렉세이 리코프*가 가장 중요했다. 그러나 권력의 중심은 정부가 아
니라 레닌을 포함한 일곱 명의 정위원으로 구성된 당 정치국이었
다. 나머지 정치국원은 트로츠키(육해군인민위원), 스탈린(당 서기
장), 지노비예프(레닌그라드 당 조직의 수장 및 코민테른 의장), 카메네
프(모스크바 당 조직 수장), 리코프(인민위원회의 제1부의장), 미하일 톰
스키**(노동조합중앙회의 의장)였다.

레닌이 병석에 누운 동안, 그리고 사망 이후 사실상 정치국은 집
단 지도 방식으로 운영하기로 맹세했다. 정치국원 모두는 자신들
중 누군가가 레닌을 대체하거나 그와 비슷한 권위를 열망할지도
모른다는 의혹을 강력하게 부인했다. 그럼에도 1923년에는 트로
츠키를 상대로 지노비예프·카메네프·스탈린 삼두三頭의 은밀하
지만 격렬한 승계 투쟁이 진행 중이었다. 트로츠키는 볼셰비키당
에 뒤늦게 가입했고 튀는 행동 때문에 지도부 내에서 겉돌았지만,

---

* Алексей Иванович Рыков(1881~1938). 러시아의 혁명가 겸 정치인이다. 1898년부터 사회
   민주노동당에서 활동했으며, 1903년 분당 때에도 볼셰비키로 남았다. 혁명 이후에는 초대
   내무인민위원이 됐고, 1918년부터 인민경제최고회의 의장을 맡기도 했다. 1924년 레닌 사
   후 레닌의 직위인 인민위원회의 의장직을 이어받았다. 그러나 권력투쟁 기간에 '우파'로 알
   려진 리코프는 1930년에 인민위원회의 의장직과 정치국원에서 면직됐고, 대숙청 기간에
   처형됐다.
** Михаил Павлович Томский(1880~1936). 러시아의 혁명가이자 정치인이다. 1904년부
   터 러시아사회민주노동당 볼셰비키 분파에서 활동했고, 1905년 혁명 및 노동조합 활동
   에 활발히 참여해서 여러 번 체포됐다. 1922년부터 전연맹노동조합중앙회의Всесоюзный
   центральный совет профессиональных союзов(줄여서 ВЦСПС) 의장으로 있으면서 노조
   의 정치적 독립성과 영향력을 과시했다. 좌익 반대파 패배 이후 우파로 몰린 톰스키는 1929
   년 의장직에서 면직됐고 대숙청 기간에 처형됐다.

최고 지도자 자리의 야심찬 경쟁자로 인식됐다. 다만 스스로는 이를 강하게 부인했다. 1923년 후반에 쓴 『새로운 노선*Новый курс*』에서 트로츠키는 볼셰비키당의 옛 수호자들이 혁명 정신을 잃어가고 있고, '보수적이고 관료제적인 분파주의'에 굴복했으며, 갈수록 권좌에 머무르는 것만 걱정하는 소규모 통치 엘리트처럼 행동하고 있다는 경고로 응수했다.

레닌은 병 때문에 실질적 지도자 역할에서 물러났지만 여전히 후계자감을 관찰할 수 있었다. 그는 정치국에 대해 점점 더 못마땅해 하는 시각을 갖게 되었고, 정치국을 '과두제'로 묘사하기 시작했다. 1922년 12월의 소위 '유언장'에서 레닌은 자신이 유능하다고 평가했던 스탈린과 트로츠키를 포함한 여러 당 지도자들의 기량을 평가했고, 사실상 칭찬을 가장해 그 모두를 비난했다. 레닌은 스탈린이 당 서기장으로서 엄청난 권력을 축적했지만, 그 권력을 충분히 주의 깊게 사용하지 않았다고 언급했다. 일주일 뒤, 스탈린과 레닌의 아내인 나데즈다 크루프스카야*가 레닌의 병상 업무를 놓고 충돌한 후에 레닌은 스탈린이 "너무 무례"하며 서기장 지위에서 물러나야 한다고 유언장에 추신을 덧붙였다.[15]

이 일로 많은 볼셰비키는 스탈린이 트로츠키와 동등한 정치적 지위를 차지하고 있다는 사실을 알게 돼 놀랐을 것이다. 스탈린에게는 볼셰비키가 보통 탁월한 지도력과 연관지어 생각하던 속성

---

* Надежда Константиновна Крупская(1869~1939). 러시아 혁명가이자 정치인, 교육학자이다. 1898년에 레닌과 혼인하고 1924년에 이혼했다. 혁명 이후에는 교육 체계 발전과 공산주의 소년 · 청년 조직 창설에 핵심 역할을 했다. 1929년부터 1939년 사망할 때까지 교육인민위원부의 부인민위원으로 활동했다.

이 하나도 없었다. 스탈린은 카리스마 있는 인물도 아니었고, 훌륭한 연설가도 아니었으며, 레닌이나 트로츠키 같은 뛰어난 마르크스주의 이론가도 아니었다. 또한 전쟁 영웅도 아니었고, 노동계급의 강직한 아들도 아니었으며, 대단한 지식인조차 아니었다. 니콜라이 수하노프의 표현을 빌리자면, 스탈린은 훌륭한 밀실 정치가이자 당 내부 일의 전문가이며 개성이 없는 사람, 즉 '흐릿한 회색인'이었다. 일반적으로 스탈린보다 지노비예프가 정치국 삼두 중 더 주도적인 인물로 여겨졌다. 그러나 레닌은 스탈린의 능력을 다른 이들보다 높게 평가했다. 1920~1921년의 당내 투쟁기 때 스탈린이 자신의 오른팔이었기 때문이다.

트로츠키를 상대로 한 삼두의 싸움은 1923~1924년의 겨울에 무르익었다. 공식적으로 당내 분파를 금지했음에도 불구하고, 상황은 1920~1921년과 굉장히 닮아 있었다. 스탈린은 레닌이 했던 전략을 대부분 똑같이 따랐다. 제13차 당 협의회에 앞서서 열린 당내 토론과 대표자 선거에서 트로츠키의 지지자들은 반대파로 활동했고, 당 기구는 '중앙위원회의 다수', 즉 삼두를 지지하는 데 동원됐다. 중앙정부 관료제, 대학, 붉은 군대의 당 조직에서 트로츠키를 지지하는 작은 움직임이 있었지만 '중앙위원회의 다수'가 승리했다.[16] 최초의 투표가 끝난 뒤에 친트로츠키 조직에 대한 공격이 벌어져 그들 중 많은 수가 다수파에 복종했다. 몇 달이 채 지나지 않아 1924년 봄에 앞으로 열릴 당대회의 대표들이 선출됐을 때 트로츠키 지지 세력은 거의 완전히 사라진 것처럼 보였다.

이는 본질적으로 당 기구의 승리, 즉 서기장 스탈린의 승리였다.

당 서기는 한 학자가 '권력의 순환 흐름'이라고 이름 붙인 것을 조종할 수 있는 지위였다.[17] 서기국은 지역 당 조직을 이끄는 서기들을 임명했고, 또한 서기들이 분파적 성향을 보이면 면직할 수 있었다. 지역 당 조직은 전국 당 협의회와 대회에 보낼 대표들을 선출했고, 지역 대표 명단의 상단에 기입된 인물들이 돌아가면서 서기로 선출되는 일이 점차 흔해졌다. 전국 당 협의회는 당 중앙위원회, 정치국, 조직국, 그리고 당연하게도 서기국을 선출했다. 간단히 말해 서기장은 정치적 반대파를 처단할 수 있었을 뿐만 아니라 당대회를 계속 열어 자신의 자리를 보전할 수 있었다.

스탈린은 1923~1924년의 결정적인 싸움에서 승리한 뒤 유리한 고지를 공고히 다지는 일을 체계적으로 추진했다. 1925년에 스탈린은 겉으로 보기에는 지노비예프와 카메네프가 자신을 공격하는 것처럼 보이게 하면서 실제로는 그들을 수세적 반대파로 내몰아 관계를 끊었다. 훗날 지노비예프와 카메네프는 트로츠키와 통합 반대파를 결성했지만, 스탈린은 충성스럽고 단호한 지지자들의 도움을 받아 이들을 손쉽게 무찔렀다. 스탈린을 둘러싸고 모인 조직에는 미래의 정부수장 뱌체슬라프 몰로토프와 공업화 지도자 세르고 오르조니키제*가 포함됐다.[18] 통합 반대파의 많은 지지자

---

*   그리고리 콘스탄티노비치 오르조니키제Григорий Константинович Орджоникидзе (1886~1937)는 그루지야의 혁명가이자 소련의 정치가이다. 그루지야어로는 그리골 콘스탄티네스 제 오르조니키제გრიგოლ კონსტანტინეს ძე ორჯონიკიძე로, 흔히 '세르고'라는 별칭으로 불린다. 1903년부터 볼셰비키당 활동을 했고, 혁명 이후 경력을 쌓아서 1930년 정치국 정위원이 됐다. 같은 해 인민경제최고회의 의장이 됐으며, 1932년 인민경제최고회의가 쪼개질 때 중공업인민위원을 맡아 소련의 공업화 과정에서 결정적인 역할을 수행했다. 1937년 대숙청 기간에 주변인들의 체포로 인한 분노와 스탈린의 신임을 잃고 있다는 불안감으로 자살했다.

들이 멀리 떨어진 지방직에 임명됐다. 반대파 지도자들은 당대회에 참가할 수는 있었지만 당대회의 분위기를 완전히 읽지 못하는 무책임한 불평분자처럼 보였기에 실제로 대회장에 반대파 대표는 얼마 없었다. 1927년에 반대파 지도자들과 많은 지지자들이 분파주의 금지의 규칙을 깬 혐의로 출당됐다. 트로츠키와 수많은 반대파는 먼 지역으로 행정 유배에 처해졌다.

많은 학자들은 스탈린과 트로츠키 사이의 쟁점이 특히 공업화 전략과 농민 정책을 둘러싼 갈등이라고 주장했다. 그러나 이 사안에 대한 스탈린과 트로츠키의 의견은 본질적으로 크게 다르지 않았다(208-210쪽을 보라). 1920년대 중반에는 스탈린의 공개적 입장이 트로츠키보다 더 온건했지만, 양자는 모두 공업화론자였으며 농민계급에게 어떠한 특별한 유연함도 보이지 않았다. 그리고 몇 년 후에 스탈린은 급격한 공업화 추진을 목표로 한 제1차 5개년 계획을 추진하면서 트로츠키의 정책을 도용했다는 비난을 받는다. 둘의 정책적 쟁점은 평당원들에게 그들의 개인적 특성보다 덜 명확하게 인식됐다. 트로츠키는 내전 기간 내내 무자비함과 화려하고 카리스마 넘치는 지도력을 보여준 유대인 지식인으로 널리(꼭 우호적인 것만은 아니었지만) 알려졌다. 더 모호하고 베일에 쌓인 인물인 스탈린은 카리스마도 부족하고 지식인도 아니며 유대인도 아닌 것으로 알려졌다.

어떤 면에서 당 기구와 도전자들 사이의 진정한 쟁점은 당 기구 그 자체였다. 따라서 반대파와 지배 분파가 어떤 이유로 충돌하든지 간에, 1920년대의 모든 반대파의 불만은 하나로 귀결됐다. 바로 당이 '관료화'됐고, 스탈린이 당내 민주주의의 전통을 죽였다는 것이다.[19] 이 '반대파'의 시각이 말년의 레닌에게 영향을 받았다는 주장도 나왔다.[20] 레닌의 경우 정치적 패배가 아니라 병 때문이었을지라도, 그 역시 지도자의 내부 서클에서 강제로 내쫓겼기 때문이다. 그러나 많은 점에서 스탈린의 정치적 스승이었던 레닌이 당 기구에 대한 입장을 당내 민주주의라는 대원칙으로 개종했다고 보기는 어렵다. 과거에도 레닌은 권력 집중 그 자체를 걱정하지는 않았다. 문제는 누구의 손에 권력이 집중됐는가였다. 이와 비슷하게 1922년 12월의 유언장에서 레닌은 당 서기국의 권력을 줄여야 한다고 제안하지 않았다. 레닌은 스탈린 아닌 다른 누군가가 서기장에 임명돼야 한다고 말했을 뿐이다.

1920년대 레닌과 스탈린 사이의 연속성이 무엇이었든, 레닌의 죽음과 승계 투쟁은 정치적 전환점이었다. 스탈린은 권력을 추구하면서 반대파들에게 레닌주의식 방법을 사용했다. 그러나 이 방법은 당내에서 권위를 오랫동안 확립한 레닌조차 결코 도달하지 못할 수준으로 철저했고 가차 없었다. 일단 권력을 잡은 스탈린은 레닌의 옛 역할, 즉 정치국의 일인자 역할을 떠맡기 시작했다. 레닌은 사후에 실수나 비난을 넘어서는 신과 같은 속성을 부여받은 지도자로 변모했다. 레닌의 시신은 인민을 감화하려는 목적으로 방부 처리를 한 후 영묘에 경건히 안치됐다.[21] 사후의 레닌 숭배는 지도자 없는 당이라는 옛 볼셰비키당의 신화를 파괴했다. 만일 새 지도자가 일인자 그 이상이 되길 바랐다면, 그는 레닌을 신격화하여 자신도 격상시킬 토대를 마련한 셈이다.

일국 사회주의 건설

볼셰비키는 권력을 잡은 목적을 '사회주의 건설'로 요약했다. 볼셰비키의 사회주의 개념이 모호했을지도 모르지만, 그들은 '사회주의 건설'의 핵심을 경제 발전과 근대화로 명확하게 설정했다. 사회주의의 전제조건으로 러시아는 더 많은 공장, 철도, 기계, 기술이 필요했다. 농촌에서 도시로 인구가 이동하는 도시화와 더 많은 영구적 도시 노동계급이 필요했다. 대중의 문해율을 높여야 했고, 더 많은 학교와 더 많은 숙련노동자 및 기술자가 필요했다. 사회주의 건설은 러시아를 근대 산업사회로 변모시킨다는 뜻이었다.

볼셰비키는 그들이 추진할 변화의 결과를 명확히 그릴 수 있었다. 그 변화란 본질적으로 서양의 더 선진적인 나라에서 자본주의가 만들어낸 발전이기 때문이다. 그러나 볼셰비키는 '너무 일찍' 권력을 잡았다. 즉, 볼셰비키는 러시아에서 자본가들이 해야 할 일까지 떠맡았다. 멘셰비키는 이 일이 위험하며 이론상으로도 매우 의심스럽다고 생각했다. 볼셰비키 스스로도 이 일을 어떻게 완수해야 할지 알지 못했다. 10월 혁명 직후 몇 년 동안 볼셰비키는 러시아가 사회주의로 나아가려면 공업화된 서유럽의 도움이 필요하다는 사실을 은연중에 드러냈다(일단 유럽이 러시아혁명의 예를 따르면 말이다). 그러나 유럽의 혁명운동은 붕괴했다. 볼셰비키는 여전히 어떻게 나아가야 할지 반신반의했지만, 어떻게든 나아갈 길을 찾기로 결심했다. 레닌은 1923년에 있었던 시기상조의 혁명을 둘러싼 오래된 논쟁을 돌아보면서 멘셰비키의 반대가 '한없이 진부'

하다고 여겼다. 혁명적 상황에서 선택할 수 있는 길은, 나폴레옹이 전쟁을 두고 이야기했듯이 "우선 헌신하고, 그다음에 [결과를] 본다on s'engage et puis on voit"뿐이었다. 볼셰비키는 이 위험을 감수했다. 그리고 레닌은 혁명으로부터 6년이 지난 지금 볼셰비키가 '모든 면에서' 성공을 거두었다는 데에는 의심의 여지가 있을 수 없다고 결론 내렸다.[22]

이는 아마 허세였을 것이다. 가장 낙관적인 볼셰비키조차 내전 말에 직면한 경제 상황에 동요하고 있었기 때문이다. 마치 모든 볼셰비키의 열망을 비웃기라도 하듯이 러시아는 20세기를 뿌리치고 상대적 후진성에서 완전한 후진성으로 퇴보했다. 도시는 쇠퇴하고, 기계는 버려진 공장에서 녹슬었으며; 광산은 채굴을 멈추고, 산업 노동계급의 절반은 다시 농민계급으로 돌아갔다. 1926년 인구조사에서 드러났듯이, 실제로 내전 직후 몇 년간 유럽 지역 러시아는 1897년보다도 덜 도시화됐다. 농민들은 과거 농노제 도래 이전의 황금시대를 되찾으려는 것처럼 전통적 생존 농업으로 돌아갔다.

1921년 네프의 도입은 볼셰비키가 대자본가의 역할을 대체하겠다고 시인한 사건이다. 그러나 당분간은 소자본가 없이는 경제를 꾸려 나갈 수 없었다. 도시에서 사적 거래와 소규모 개인사업의 부활이 허용됐다. 농촌에서 볼셰비키는 이미 농민들에게 토지 문제를 일임했고, 농민이 도시 공산품의 소비자뿐만 아니라 도시 시장의 믿을 만한 '소부르주아' 생산자 역할까지 해주기를 갈망했다. 1920년대 소비에트 당국도 (스톨리핀하에서 시작된) 농민들이 토지를 확실히 소유하도록 돕는 정책을 계속 시행했다. 미르의 권위를 정면으로 공격하지는 않았지만 말이다. 볼셰비키의 관점에서 소자본가적 농업 경영이 전통적 공동체 농업이나 자급자족에 가까운 마을 경작에 비해서는 나았기 때문에 이를 장려하려고 최선을 다했다.

네프 기간 동안 사적 부문에 취한 볼셰비키의 태도는 항상 양면적이다. 볼셰비키는 내전 이후에 산산이 부서진 경제를 회복하려면 네프가 필요했고, 경제 회복 뒤에 이어질 경제 발전의 초기 단계를 위해서도 십중팔구 그럴 것이라 여겼다. 그러나 당원 대부분은 자본주의의 부분적인 부활조차도 모욕이자 위협으로 느꼈다. 외국계 회사에 제조업과 광업의 '이권'을 주면서, 소비에트 당국은 이 기업들이 충분히 견실해진 뒤 이권을 철회하고 회사를 사서 내쫓을 수 있게 될 순간만을 기다리며 애타게 서성였다. 지역의 사적 기업가들('네프맨'*)에게는 큰 의혹이 따랐다. 많은 네프맨이 1920년대 후반의 활동 제한 조치로 파산했다. 남은 네프맨은 법의 가장자리에서 사업을 운영하는 음습한 모리배의 모습을 갖게 됐다.

네프 기간 내내 농민계급에 대한 볼셰비키의 접근법은 더 모순적이었다. 볼셰비키의 장기 목표는 대규모 집단농업이었지만 이는 1920년대 중반의 통념에는 먼 미래의 일이었다. 그 사이에 농민계급은 소부르주아적 길을 따라가도록 회유됐다. 농민들에게 농법을 개량하고 생산량을 증대하도록 장려한 것도 국가의 경제

---

* 네프맨Нэпман은 신경제정책(네프) 시기에 사적 거래와 소규모 사업을 통해 부를 축적한 기업가를 말한다. 1925년부터 감세 정책을 비롯해 많은 혜택을 받으면서 네프맨은 전성기를 누렸다. 그러나 네프가 종결되면서 이들은 쫓겨났고 사적 상업은 철저히 금지됐다.

적 이해관계에 따른 것이었다. 이는 체제가 열심히 일해서 성공을
거둔 농민을 관용으로 대하고 심지어 승인한다는 의미였다.

그러나 실제로 볼셰비키는 이웃보다 더 부유해진 농민들을 극
단적으로 의심했다. 볼셰비키는 종종 그런 농민들을 '쿨라크'로 분
류하면서 잠재적 착취자나 농촌 자본가로 여겼으며, 부농은 선거
권 상실을 포함한 다양한 형태의 차별을 겪었다. 볼셰비키는 '중농
('부농'과 '빈농' 사이의 범주로 모든 농민의 절대 다수를 포함)'과의 동맹
을 주장하면서 농민계급 내부의 계급 분화 징후를 지켜봤다. 그것
은 중농을 계급투쟁으로 뛰어들게 해서 부농에 맞서는 빈농을 지
지할 기회를 잡기 위해서였다.

볼셰비키가 경제발전의 중요한 열쇠로 봤던 것은 농촌이 아니
라 도시다. 그들이 사회주의 건설을 이야기하면서 마음에 품은
주요 과정은 공업화였고, 이는 궁극적으로 도시 경제뿐만 아니
라 농촌 경제도 변모시킬 것이었다. 내전의 직접적 여파 속에서는
1913년 수준의 산업 생산으로 돌아가는 것도 엄청난 과업으로 보
였다. 레닌의 전기 보급 계획*은 1920년대 전반에 수립된 사실상
유일한 장기 발전 기획이었다. 널리 알려진 공업화 계획의 원래 목
표는 꽤 온건했다. 그러나 1924~1925년에 공업 경제와 일반 경제
가 급격히 부흥하면서 볼셰비키 지도부 사이에서는 낙관주의가

---

* 이른바 고엘로ГОЭЛРО 계획을 말한다. 고엘로는 러시아전기화국가위원회Государственная
комиссия по электрификации России의 약자이다. 고엘로 계획은 소비에트 역사상 최초의
전국적 경제계획이었으며, 제1차 5개년 계획의 선구자 역할을 했다. 위원회는 1920년에 설
립돼서 10~15년에 걸쳐서 진행될 예정이었다. 1932년에 이르면 1차 세계대전 발발 전인
1913년에 비해 거의 7배 가까이 많은 전기를 생산할 수 있게 됐다.

급증했고, 가까운 미래에 주요 산업이 발전할 가능성을 재평가했다. 내전 내내 체카 수장이었고 당내 최고의 조직가였던 펠릭스 제르진스키*가 1924년에 인민경제최고회의(러시아어 약자로 베센하) 의장을 맡아서 그 기구를 차르 시절에 그랬던 것처럼 주로 금속공학·금속세공·기계제작 산업의 발전에 초점을 맞춘 강력한 산업 부서로 주조하기 시작했다. 급격한 공업 발전을 기대하는 새로운 낙관주의는 1925년 말 제르진스키의 자신감 넘치는 발언에 잘 반영되어 있다.

  [공업화라는] 새로운 과업은 우리가 10년이나 15년, 심지어 20년 전에 추상적으로 고려했던 종류의 과업이 아닙니다. 우리가 나라의 공업화 노선을 정하지 않으면 사회주의 건설은 불가능하다고 말했던 때 말입니다. 이제 우리는 일반이론 수준에서 문제를 제기하지 않습니다. 우리의 모든 현재 경제활동의 명확하고 구체적인 목표를 제기합니다.[23]

1920년대 분파 투쟁 때는 급격한 공업화가 필연적으로 논란이 됐지만, 당 지도자들 사이에서 이 욕망을 둘러싸고 실제로 의견 충돌이 발생하지는 않았다. 네프 초기의 음울한 시기에조차 국가 경

---

* Feliks Dzierżyński(1877~1926). 폴란드의 혁명가이자 소비에트 러시아의 정치인이다. 비밀 경찰인 체카·게페우·오게페우의 수장으로 유명하다. 1895년부터 혁명 활동에 뛰어들었으며, 여러 번 체포·투옥·탈출을 반복하며 혁명운동에 헌신했다. 1917년 혁명 중에 당 중앙위원회 위원으로 선출되었다. 혁명 직후에 체카 수장이 된 후 내전에서 반혁명 세력과 투쟁에 힘써서 볼셰비키의 승리에 공헌했다. 1926년 중앙위원회 회의에서 두 시간짜리 긴 연설을 마치고 내려온 뒤 곧바로 심장마비로 사망했다.

제 계획을 능동적으로 지지했던 소수의 볼셰비키 중 한 명인 트로츠키는 정치적 반대파를 상대로 공업화 대의를 옹호하는 상황이 기꺼웠을 것이었다. 그러나 1925년에 스탈린은 공업화가 **자신의** 쟁점이며 자신의 최우선 목표라고 명확히 밝혔다. 10월 혁명의 여덟 번째 기념식에서 스탈린은 경제의 급격한 근대화로 단호히 나아간다는 당의 현재 결정과 1917년 정치권력을 장악할 때 레닌이 내린 중요한 결정을 비교했다.[24] 이는 스탈린이 바랐던 만큼 그의 위상을 높였을 뿐만 아니라, 경제 근대화라는 돌파구를 강조했다는 중요성 측면에서 대담한 비교였다. 이미 드러난 대로, 스탈린은 역사에 남을 스스로의 지위를 레닌의 후계자로 자리매김하고 있었다. 스탈린은 공업화의 추진자가 되고 싶었다.

당의 새로운 방향은 스탈린의 구호인 '일국 사회주의'에도 표현됐다. 이 구호는 러시아가 어떤 도움도 받지 않고 공업화를 추진할, 힘 있고 강력한 사회주의의 전제조건을 만들 준비를 하고 있다는 선언이었다. 소련공산당의 목표는 국제 혁명이 아닌 국가 근대화였다. 볼셰비키는 프롤레타리아혁명의 지주支柱로서 더 이상 유럽의 혁명이 필요치 않았다. 볼셰비키는 소비에트 권력을 건설하는 일에 외국인 혁명가와 자본가의 선의를 필요로 하지 않았다. 1917년 10월에 그랬듯이 볼셰비키는 싸움에서 승리할 힘이 충분했다.

국제 사회에서 소비에트 러시아가 고립됐다는 사실과 얼마나 비용이 들든 공업화를 하려는 스탈린의 의도가 분명해지면서, '일국 사회주의'는 유용한 구호이자 좋은 정치 전략이 됐다. 그러나 마르크스주의 이론이라는 엄격한 학풍에서 국제주의를 근거로 사고하도록 훈련받은 고참 볼셰비키는 이 전략을 반박해야 한다는 강박관념을 느꼈다. 하지만 그들은 실제로 크게 반대하지는 않았다. 그렇지만 여기에는 당이 소련 주민들 중 정치적으로 후진적인 대중과 영합하는 것처럼 보인다는 점과, 무엇보다도 민족적 국수주의라는 거슬리는 논조가 포함되어 있다는 점 등 바로잡아야 할 **이론상의** 문제가 있었다. 처음에는 지노비예프(1926년까지 코민테른 의장)가, 그다음에는 트로츠키가 미끼를 물고 '일국 사회주의'에 대해 이념상으로는 나무랄 데 없는 반론을 제기했다. 이 일이 그들을 정치적 재앙으로 몰아넣었다. 스탈린은 이를 계기로 정적들을 몰아붙였다. 이로써 국가 건설과 러시아의 국력을 놓고 벌어진 갈등에서 스탈린이 취한 입장이 정치적으로 유리하다는 사실이 분명해졌다.[25]

유대인 지식인 트로츠키가 볼셰비키는 항상 국제주의자였다고 지적하자 스탈린의 지지자들은 트로츠키는 러시아보다 유럽을 더 신경 쓰는 세계시민주의자라고 대응했다. 트로츠키가 자신이 스탈린 못지않은 공업화 추진자라고 주장했을 때, 스탈린의 사람들은 트로츠키가 1920년에 노동 징집*을 옹호했다는 사실을 기억해 그를 러시아 노동계급의 이익을 희생시킬 준비가 된 공업화 추진

---

* 볼셰비키 체제의 노동의무제는 본래 '일하지 않는 자는 먹지도 말라'라는 사회 윤리로, 과거 특권층에게 노동을 강제로 부과하는 방식으로 적용됐다. 그러나 내전의 장기화와 그에 따른 경제 붕괴로 동원 대상이 일반 노동자계급으로까지 확대되었다. 트로츠키는 사회주의 경제체제에서 "경제 과제를 해내는 데 필요한 노동력을 징집하는 유일한 수단은 노동의무제의 이행"이라고 주장하면서 강압을 통한 노동 징집을 옹호했다. 1921년 전시 공산주의가 폐지되고 네프가 도입되면서 이러한 노동의무제는 완전히 폐지됐다.

자로 받아들였다. 공업화 재원이 쟁점이 됐을 때, 트로츠키는 러시아 주민들을 참을 수 없을 만큼 쥐어짤 것이 아니라면 해외 무역과 융자가 필수라고 주장했다. 이 또한 그의 '국제주의'를 추가로 증명해주는 증거가 됐을 뿐이다. 대규모 대외 무역과 융자도 불가능해 보였기 때문에 트로츠키가 현실주의를 결여했다는 사실은 언급할 필요도 없었다. 반대로 스탈린은 애국적 입장과 실용적 입장을 동시에 취했다. 즉, 소비에트연맹은 서구 자본주의의 호의를 구걸할 필요도 없고 구걸하고 싶지도 않다는 것이다.

공업화 추진의 재원을 마련하는 일은 화려한 미사여구로 지워버릴 수 없을 만큼 심각한 문제였다. 자본 축적은 부르주아 산업혁명의 전제조건이었고, 마르크스가 생생하게 묘사했듯이 이 과정에서 주민들이 고통을 겪을 것이라는 사실을 볼셰비키는 알고 있었다. 공업화를 하려면 소비에트 체제도 자본을 축적해야만 했다. 옛 러시아 부르주아지의 자산은 이미 몰수했고, 네프맨이라는 새 부르주아지와 부농은 자본을 충분히 축적할 만큼의 시간이나 기회가 없었다. 혁명 이후 정치적으로 고립되어 있던 러시아가 더 이상 비테의 선례를 따라서 서양의 자본을 획득할 수 없다면, 체제는 그 자원을 여전히 대다수가 농민이던 주민들에게서 끌어와야만 했다. 그렇다면 소련의 공업화는 '농민계급 쥐어짜기'를 의미하는가? 만일 그렇다면, 체제는 그 후에 이어질 정치적 충돌에서 살아남을 수 있을 것인가?

1920년대 중반에 이 쟁점이 반대파인 프레오브라젠스키와 그때까지 스탈린주의자였던 부하린 사이의 논쟁을 촉발했다. 이전에 『공산주의 ABC』를 함께 썼던 두 사람은 각각 경제 이론과 정치 이론에 전문화된 마르크스주의 이론가로 잘 알려져 있었다. 논쟁에서 경제학자 프레오브라젠스키는 공업화 재원을 대려면 농촌 부문을 상대로 한 거래 조건을 바꿔 농민계급에게 '공물'을 받아내야 한다고 말했다. 부하린은 정치적 측면에서 이를 받아들일 수 없다고 하면서 이는 농민들을 고립시킬 가능성이 높고, 소비에트 체제는 레닌이 네프의 정치적 기반으로 묘사한 노동자·농민 동맹을 파괴할 위험을 감수할 수 없다고 반대했다. 논쟁은 결론이 나지 않았는데, 부하린이 공업화가 필요하기에 어떻게든 자본을 축적해야 한다는 사실에 동의했고 프레오브라젠스키가 농민계급을 억지로 몰아붙여서 폭력적 대결로 치닫는 것이 바람직하지 않다는 사실에 동의했기 때문이다.[26]

스탈린은 논쟁에 참여하지 않았기에, 많은 사람들은 스탈린이 동맹인 부하린과 입장을 공유한다고 추측했다. 그러나 농민계급을 보는 스탈린의 태도가 부하린보다 덜 회유적이라는 조짐은 이미 있었다. 스탈린은 쿨라크의 위협을 두고 더 강경한 노선을 취했고, 1925년에 부하린이 체제를 찬양하면서 농민계급에게 "부자가 되시오"라고 권고하자 그와 노골적으로 거리를 뒀다. 게다가 스탈린 자신이 공업화 추진에 헌신했다. 프레오브라젠스키 대 부하린 논쟁에서 나온 결론은 공업화를 미루거나 아니면 농민계급과 대결을 감수해야 한다는 것이었다. 스탈린이 인기 없는 정책을 미리 선언하는 사람은 아니었지만, 돌이켜 보면 스탈린이 어떤 결론을 선호했는지 추측하기 어렵지 않다. 네프 시기의 경제 회복으로

1927년에는 스탈린이 말한 대로 공업 산출량과 산업 프롤레타리아트 수가 거의 전쟁 전 수준으로 회복됐고, 도시와 농촌 사이의 균형추가 도시로 넘어갔다. 스탈린은 공업화를 하려는 의도가 있었고, 만약 이것이 농촌과의 정치적 대결로 비화된다 하더라도 '도시', 즉 도시 프롤레타리아트와 소비에트 체제가 이길 것으로 믿었다.

1921년에 레닌은 네프를 두고 새로운 혁명적 공격을 가하기 전에 볼셰비키에게 힘을 모으고 체력을 회복할 시간을 제공해주는 전략적 후퇴라고 말했다. 10년도 지나기 전에, 스탈린은 네프 정책 대부분을 포기했고, 제1차 5개년 계획 공업화 추진과 농민농업집단화를 통해 혁명적 변화의 새로운 장을 열어젖혔다. 스탈린은 이것이 진정한 레닌주의 노선이고 레닌 자신도 살아 있다면 따랐을 길이라고 말하며, 의심할 여지없이 그렇게 믿었다. 다음 장에서 이야기하겠지만, 부하린과 릐코프를 포함한 당의 다른 지도자들은 레닌이 온건하고 회유적인 네프 정책이 체제가 사회주의의 결정적 단계로 나가기 전 '심각하게 오랜 시간' 이어져야 한다고 말했다는 점을 지적하며 스탈린에 반대했다.

레닌의 정치적 유산을 놓고 역사가들의 의견이 엇갈린다. 일부는 좋든 나쁘든 스탈린을 레닌의 진정한 후계자로 받아들이지만, 다른 일부는 스탈린을 본질적으로 레닌 혁명의 배신자로 본다. 물론 트로츠키는 후자의 관점을 받아들였고, 자신을 스탈린의 적수이자 레닌의 후계자로 상정했다. 그러나 트로츠키는 스탈린이 네프를 포기하고 제1차 5개년 계획 동안 경제적·사회적 변모를 추진한 것에 원칙적으로는 반대하지 않았다. 1970년대에, 그리고 소련에서 고르바초프*의 페레스트로이카**가 추진되던 시기에 레닌주의(또는 '원조 볼셰비키주의')와 스탈린주의 사이에 근본적인 분기점이 있었다고 주장한 학자들은 '부하린 대안'에 매료됐다.[27] 요컨대 부하린 대안은 네프를 지속했더라면 권력을 얻은 볼셰비키가 혁명적 경제·사회 목표를 점진적으로 성취할 수 있었으리라는 가능성을 내포했다.

1920년대 말에 레닌이 살아 있었다면 네프를 포기했을까는 역사에서 말하는 여러 '만약에' 문제 중 하나로, 결코 완벽하게 대답할 수 없다. 레닌의 만년인 1921~1923년에 모든 볼셰비키 지도자들이 그랬듯이 레닌도 급격한 변화를 비관적으로 전망했다. 그는 방금 내던져버린 전시 공산주의 정책을 여전히 애석해 하던 당내 분위기를 설득하는 일에도 짜증이 나 있었다. 그러나 레닌은 변화무쌍한 사상가이자 지도자였으니, 그의 기분도 다른 볼셰비키 지도자들처럼 1924~1925년에 경제가 급격히 회복하면서 빠르게 바뀌었을지도 모른다. 무엇보다도 레닌은 1917년 1월까지도 '사회주의 혁명의 결전'이 본인 생전에는 불가능한 일이라고 생각했

---

* Михаил Сергеевич Горбачёв(1931~). 소련의 정치인으로 1985년부터 1991년까지 소련공산당 서기장을 지냈다. 스타브로폴 지방Ставропольский край의 당 서기직에서 차근차근 계단을 밟고 올라 당 중앙위원과 정치국원이 됐다. 1985년 전임 서기장 콘스탄틴 체르넨코Константин Черненко가 노환으로 사망하자 54세의 나이에 서기장의 자리에 올라 강력한 개혁·개방 정책을 펼쳤다. 그러나 그러면서 소련공산당은 국가와 사회에 대한 통제력을 상실하게 됐고, 결국 소련은 해체의 길을 걸었다.

** 흔히 한국 사회에서 개혁·개방으로 번역했던 페레스트로이카перестройка와 글라스노스트гласность는 엄밀하게 이야기하면 재편과 공개라는 뜻이다. 소비에트 정치·경제 체제를 '서양식'으로 재편하고 이전에 비밀이었던 정부의 정보를 일부 공개하면서 언론 통제를 완화하는 개혁 정책을 의미한다. 그러나 무조건적인 자율화·시장경제화는 소련 사회에 통제 불능의 혼란을 가져왔고 결국 소련의 해체로 이어졌다.

지만, 같은 해 9월에는 프롤레타리아트의 이름으로 권력을 장악해야 한다고 주장했다. 일반적으로 레닌은 환경의 수동적 피해자에게 마음을 쓰지 않았고, 이는 본질적으로 네프하에서 볼셰비키가 스스로의 입장을 이해하는 방식이었다. 레닌은 신경질적인 혁명가였고, 네프는 경제적 측면에서나 사회적 측면에서나 레닌의 혁명적 목표가 현실화된 모습이 아니었다.

레닌에 관한 논쟁을 넘어, 볼셰비키당 전체가 10월 혁명의 끝이자 결과로 네프를 받아들일 준비가 됐는지 여부를 다루는 더 넓은 질문이 있다. 1956년 제20차 당대회에서 흐루쇼프가 스탈린 시기의 박해를 고발한 이후, 소련의 나이 든 지식인들은 앞다투어 1920년대의 유년 시절을 다룬 회고록을 썼다. 거기에서 네프는 거의 황금시대로 묘사되었다. 서양 역사가들도 종종 비슷한 시각을 취했다. 그러나 돌이켜 볼 때 네프의 미덕이라 할 수 있는 사회의 상대적 완화 및 다양성, 그리고 체제 일부에서 나타난 방임주의적인 태도는 당시 공산주의 혁명가가 감사를 표할 만한 특성이 아니다. 1920년대의 공산당원은 계급의 적을 두려워했고, 문화적 다원주의에 관용적이지 않았으며, 당 지도부가 단결하지 않고 방향과 목적을 잃는 것을 받아들이기 힘들어 했다. 공산당원은 그들의 혁명이 세상을 변화시키기를 원했지만, 네프 기간 동안 옛 세계가 얼마나 많이 살아남았는지가 분명해졌다.

공산당원은 네프에서 프랑스대혁명의 퇴보 시기인 테르미도르의 냄새를 맡았다. 당 지도부와 반대파의 투쟁은 1926~1927년에 가장 격렬했다. 양측은 상대편을 음모 가담자이자 혁명의 배반자로 고발했다. 프랑스혁명에서 가져온 비유가 빈번하게 인용됐다. 그 비유는 때로는 '테르미도르적 퇴보'의 위협과, 때로는 불길하게 도 단두대의 유익한 효과와 관련된 것이었다(과거에 볼셰비키 지식인 들은 혁명의 역사에 대한 자신들의 지식에 자부심을 가졌는데, 이 역사는 그 들의 몰락은 그들 자신의 것을 잡아먹기 시작할 때 온다고 가르쳐주었다[28]).

불안은 당 엘리트에게만 한정되지 않았다. 다수의 공산당 평당 원(특히 청년들)과 동조자들은 혁명이 교착에 빠졌다고 믿으며 환 멸을 느꼈다. (공산당원 노동자들을 포함한) 노동자들은 '부르주아 전 문가'와 소비에트 관리의 특권, 급증하는 네프맨의 이익, 높은 실업 률, 기회 및 생활수준의 불평등이 고착되는 상황에 분개했다. 당의 선전선동가들은 성난 당원들이 쏟아내는 "우리가 무엇을 위해 싸 웠는가?"라는 질문에 자주 대답해야 했다. 당내에서는 젊은 소비 에트공화국이 마침내 조용한 항구에 정박하게 됐다는 사실에 만 족하지 않는 분위기였다. 오히려 불안, 불만, 간신히 가라앉은 호전 성이 팽배해졌다. 특히 젊은 당원들은 영웅적인 옛 내전 시절을 그 리워했다.[29] 혁명과 내전의 경험으로 주조됐고 스스로를 여전히 (1917년 레닌의 표현에 따르자면) '무장한 노동계급'으로 여긴 1920년 대의 젊은 공산당에게는 평화가 너무 일찍 찾아왔던 것이다.

05 ─────── 스탈린 혁명

제1차 5개년 계획(1929~1932)이 추진한 공업화와 그에 수반한 강제 농업집단화는 종종 '위로부터의 혁명'으로 묘사된다. 그러나 이를 '전쟁'으로 묘사할 수도 있다. 당시 소련의 논평가들이 '전투의 중심에서'라고 표현하는 것을 좋아했듯이, 이 계획은 혁명보다 전쟁과 공통점이 더 많았다. 공산주의자는 '전사'였고, 소련군은 공업화와 집단화 '전선'에 '동원'돼야 했으며, 부르주아지와 쿨라크 같은 계급의 적의 '반격'과 '매복'이 예상됐다. 이는 러시아의 후진성을 상대로 한 전쟁이었으며, 동시에 국내외 프롤레타리아트 계급의 적을 상대로 한 전쟁이었다. 훗날 역사가들의 시각에서는 스탈린이 '국민을 상대로 벌인 전쟁'의 시기였다.[1]

전쟁으로 형상화된 5개년 계획은 네프라는 영웅답지 못한 타협을 거부하고 내전과 전시 공산주의의 정신으로 돌아가는 것으로 상징된다. 그러나 스탈린에게 이것은 단지 상징에 그치지 않았다. 많은 점에서 제1차 5개년 계획 기간의 소련은 전시 국가 같았기 때문이다. 정치적 반대와 저항은 반역으로 매도됐고 종종 전시처럼 처벌받았다. 소련 언론은 계속해서 간첩과 파괴 행위를 경계하라고 보도했다. 주민들은 애국적 연대를 강요당했고, 공업화를 위한

'총력전' 때문에 많은 희생을 치러야만 했다. 더욱이 (의도하지 않았더라도) 전시 상태가 재현되면서 도시에 다시 배급제가 도입됐다.

요란한 공업화와 집단화의 긴장이 전쟁 위기의 분위기를 만든 것처럼 보이지만, 사실 전쟁 위기가 공업화·집단화보다 선행했다. 전쟁이 멀지 않았다는 심리 상태는 1927년에 강렬한 전쟁 공포와 함께 시작됐다. 이때 당과 나라 전체에 자본주의 열강의 새로운 군사 개입이 임박했다는 생각이 퍼졌다. 이 시기에 소련은 대외 정책과 코민테른 정책에서 여러 번 좌절을 겪었다. 런던에서 소련의 통상 사절 아르코스*가 습격당했고, 중국에서 민족주의 국민당이 동맹인 공산당을 공격했으며(상하이 쿠데타**), 폴란드에서 소련 외교 전권대표(폴란드 대사)가 암살***됐다. 트로츠키와 다른 반대파는 대외 정책 참사(특히 중국)의 책임이 스탈린에게 있다고 비난했다. 수많은 소련 및 코민테른 지도자들은 계속된 좌절을 영국이 이끄는 능동적 반反소비에트 음모의 증거로 해석했고, 이 음모가 소련에 대한 군사 공격으로 이어질 것이라고 생각했다. 게페우(체카의 후신)가 수상쩍은 체제의 적들을 찾아서 체포하면서 국내의 긴장이

---

* 아르코스는 전러시아협동협회All-Russian Co-operative Society의 약자이다. 1921년 네프의 도입에 따라 영국과 소비에트 러시아 사이의 교역을 담당하기 위해 런던에 설립된 단체이다. 1927년 5월 12일 영국 경찰은 아르코스가 소련의 첩보 활동에 이용되고 있다는 이유로 아르코스가 있는 건물을 급습 및 수색했다. 이 사건 이후로 영국과 소련의 외교 관계가 단절됐다.

** 1927년 4월 12일 상하이에서 발생한 중국공산당에 대한 중국국민당의 무력 진압을 말한다. 이 사건으로 수천 명의 공산당원 및 노동자들이 학살됐으며, 제1차 국공합작이 결렬되고, 제1차 국공 내전이 벌어지게 됐다.

*** 1927년 6월 7일 바르샤바의 기차역에서 소련의 전권대표 표트르 라자레비치 보이코프 Пётр Лазаревич Войков(1888~1927)가 러시아 망명객인 보리스 코베르다Борис Коверда(1907~1987)에게 암살당한 사건을 말한다.

고조되었고, 언론은 반소비에트 테러 사건과 국내의 반체제 음모를 발견했다고 보도했다. 전쟁이 예상되면서 농민들은 더 이상 곡물을 시장에 내놓지 않았고, 농촌과 도시의 주민들은 기본 생필품을 사재기했다.

서양 역사가 대부분은 이 시기에 외세 개입이 임박했다는 증거가 없다고 결론 내린다. 소련 외무인민위원부와 음모론에 사로잡히지 않은 알렉세이 리코프 같은 정치국원도 같은 생각이었다. 그러나 당 지도부의 다른 이들은 겁에 질렸다. 여기에는 당시 코민테른 의장이었던 다혈질의 부하린도 포함된다. 코민테른에는 두려운 소문만 가득했고, 외국 정부의 의도를 알아차릴 만한 믿을 수 있는 정보는 거의 없었다.

스탈린의 태도는 더욱 알아내기 어렵다. 스탈린은 전쟁 위험을 걱정하는 논의가 진행되는 몇 달 동안 침묵을 지켰지만, 1927년 중반에 매우 능숙하게 반대파 문제로 쟁점을 돌렸다. 스탈린은 전쟁이 곧 임박했다는 소문을 부인하면서도, 트로츠키의 발언을 이용해 그를 웃음거리로 만들었다. 1차 세계대전 때의 클레망소 Georges Benjamin Clemenceau처럼 트로츠키는 적이 수도 정문까지 오더라도 국가 지도부에 계속 반대할 것이라고 말이다. 충성스러운 공산주의자와 소련의 애국자에게 이는 반역 행위였다. 이 일은 몇 달 뒤에 스탈린이 트로츠키와 다른 반대파 지도자를 출당시킬 때 결정적으로 작동했다.

1927년에 스탈린이 트로츠키를 상대로 투쟁하면서 정치가 불안해졌다. 볼셰비키당의 금기를 깨고, 당 지도부는 정적을 체포하거나 행정 유배를 보내는 것과 더불어 게페우가 반대파를 다른 형태로 괴롭히는 것을 허락했다(트로츠키는 당에서 축출된 후 알마아타*로 유배됐고, 1929년 1월에 정치국의 결정으로 국외로 추방됐다). 1927년 말에 스탈린은 반대파 쿠데타의 위험을 다룬 게페우 보고서에 답하면서, 정치국에 프랑스혁명의 악명 높은 '혐의자법'과 비교할 만한 일련의 제안을 했다.[2] 이때 받아들여졌지만 공개되지는 않은 스탈린의 제안은 다음과 같다.

반대파의 시각을 선전하는 자는 소비에트연맹의 국내외 적들의 위험한 공범으로 간주해야 하며, 그런 자는 게페우의 행정법에 의거해서 '간첩'으로 판결해야 한다. 지위고하를 막론하고 정부 기구와 지도 기관을 포함한 당 내부에서 적대분자를 찾아내는 과업을 위해 게페우는 더 넓게 분화된 첩보망을 조직해야 한다.

스탈린은 "아주 약간의 의혹이라도 있는 자는 모두 제거해야 한다"라고 결론 내렸다.[3]

반대파를 상대로 한 대결과 전쟁 공포가 만들어낸 위기는 1928년 초 몇 달 동안 스탈린이 농민계급과 대립하고(225~229쪽을 보라) 옛 '부르주아' 전문가를 배신자로 고발하면서 더욱 악화됐다. 1928년 3월에 검찰은 돈바스의 샤흐티Шахты 지역에서 기술자 집단이 고의적으로 광산업 파괴를 시도하고 외국 열강과 음모

---

* 알마아타Алма-Ата는 알마틔Алматы의 옛 이름으로 카자흐스탄에서 제일 큰 도시이다. 1929년부터 1997년까지 카자흐스탄의 수도였다(현 수도는 아스타나Астана).

를 꾸미려 했다고 발표했다.[6] 이 사건은 부르주아 전문가들을 상대로 한 공개재판으로 이어졌다. 검찰은 계급의 적을 외국 자본주의 열강의 개입과 연결했으며, 피고인들은 죄를 자백하고 자신들의 은밀한 첩보 활동을 재판에서 자세히 설명했다.

일간 신문에 전 과정이 실린 이 재판의 함의는 명백했다. 소비에트 권력에 충성을 다하겠다고 주장했음에도 부르주아지 인텔리겐치아는 여전히 문자 그대로 신뢰할 수 없는 계급의 적이라는 것이다. 부르주아 전문가와 함께 일하는 공산주의 경영진과 관리자에게 체제가 보낸 전언傳言도 분명했다. 당 간부가 멍청하고 어수룩하게도 전문가들에게 놀아났다는 경고였다.[5]

러시아 노동계급과 공산당 평당원 사이에 옛 특권계급 출신 전문가에 대한 의심과 적대감이 만연했고, 새로운 정책은 이를 활용했다. 이는 제1차 5개년 계획이 도달하리라고 설정한 목표를 의심하던 많은 전문가와 기술자에게 보내는 응답이었다. 소비에트 체제가 공업화를 강행하려면 엄청난 돈이 필요했다. 농업 부문에서 '쿨라크'라는 적을 상대로 한 1928~1929년의 운동에 막대한 비용이 들었던 것처럼 말이다. 나라에는 공업화를 추진할 기술을 갖춘 온갖 종류의 전문가, 특히 기술자가 없었다(1928년에 자질 있는 러시아 기술자 대다수는 '부르주아지'이자 非공산주의자였다).

역사가들은 스탈린이 반전문가 운동을 촉발한 이유를 짐작할 수 없었다. 전문가들에게 씌운 음모와 파괴 혐의가 너무 엉성했고 피고인의 자백도 강압에 의거했기 때문에, 역사가들은 스탈린과 동료들도 이를 믿지 않았을 것으로 추정했다. 그러나 문서보관소에서 찾은 새로운 자료는 스탈린(꼭 정치국 동료들은 아니더라도)이 이 음모들을 (최소한 반쯤은) 믿었으며, 동시에 이 믿음이 정치적으로 유리하게 변할 수 있다는 사실을 깨달았음을 보여준다.

합동국가정치실(오게페우, 이전에는 게페우)의 수장 뱌체슬라프 멘진스키*가 스탈린에게 '산업당Промпартия' 당원으로 기소**된 전문가들을 심문한 보고서를 보냈을 때, 스탈린은 그 자백을 액면 그대로 받아들이면서 전쟁이 임박했다는 위험을 매우 심각하게 걱정했다. 스탈린은 멘진스키에게 계획된 군사 개입 시점에 대한 우려를 표시했다.

그자들이 1930년에 외세 개입을 의도했다는 사실이 드러났소. 그러나 그다음에 1931년까지, 심지어 1932년까지 연기했소. 꽤나 그럴듯하고 중요하오. 이 정보를 주요 정보원, 즉 랴부신스키Рябушинский, 구카소프Гукасов, 데니소프Денисов, 노벨Нобель 집단(혁명 전 러시아와 이해관계가 통하던 자본가들)에게서 입수했다는 점에서 훨씬 더 중요하오. 이 집단은 소련과 망명 공동체에 현존하는 모든 집단 중 가장 강력한 사회경제 집단이오. 자본의 측면에서나 프랑스·영국 정부와 관련을 맺고 있다는 측면에서나 가장 강력하오.

---

* Вячеслав Рудольфович Менжинский(1874~1934). 폴란드계 러시아인으로 1902년에 러시아사회민주노동당에 가입했다. 10월 혁명 이후 초대 재정인민위원을 지냈다. 1926년부터 제르진스키의 뒤를 이어 합동국가정치실의 수장을 지냈으며, 1934년 병사했다.
** 1930년 말에 열린 산업당Промпартия 재판에서는 소련 정부를 상대로 한 쿠데타 음모를 꾸민 혐의로 과학자들과 경제학자들을 기소했다. 피고인들은 반소 조직인 산업당을 만들어 1926~1930년에 소련 공업과 수송업에 사보타주를 수행한 혐의를 받았다.

이 증거를 손에 넣은 스탈린은 재판이 국내외 세간의 이목을 강하게 끌었으며, "따라서 앞으로 한두 해 동안 외세 개입의 모든 시도가 마비되거나 멈출 것이고, 이는 우리에게 극도로 중요하"다고 결론 내렸다.[6]

있을지 없을지, 혹은 있다면 어떤 방식일지는 차치하고서라도, 스탈린과 지도부는 반소비에트 음모와 임박한 군사 위협을 믿었고, 불안은 소비에트연맹에 넓게 퍼져 나갔다. 이는 체제의 선전뿐만이 아니라, 이런 믿음이 소련의 공공 부문 대부분에 현존하는 편견과 공포를 강화하기에 충분했기 때문이다. 1920년대 후반에 시작된 국내외의 음모는 잊을 만하면 식량 부족이나 산업·수송·전력 붕괴 같은 경제 문제를 설명하는 데 들먹여졌다. 이 시기에 전쟁 위험이 소비에트 심성mentalité에 골고루 깊이 새겨졌다. 전쟁 공포는 1941년에 실제로 전쟁이 발발하기 전까지 잊을 만하면 나타나서 정치국원과 신문을 읽는 대중의 주의를 끌었다.

스탈린 대 우파

1927~1928년 겨울에 당 지도부는 농민 정책을 두고 스탈린파와 훗날 우익 반대파로 알려질 집단으로 갈라졌다. 당면한 문제는 곡물 조달이었다. 1927년은 풍작이었지만, 시장에서 농민의 곡물 매매와 국가의 곡물 조달은 기대 수치 이하로 떨어졌다. 전쟁 공포가 하나의 요인이었으나, 국가가 제시한 곡물 가격이 낮았기 때문

이기도 했다. 공업화 추진을 전망했다면, 체제는 농민들을 더 심하게 쥐어짜는 정치적 위험을 감수하거나 곡물을 매수하는 경제적 해결책을 제시해야만 했다.

네프 기간 내내 국가의 자본축적을 확대하기 위해 농민들의 농업 생산물을 상대적으로 싸게 사들이고 국유화 산업의 공산품에는 높은 가격을 매긴 것은 체제의 경제 철학의 일부였다. 그러나 곡물 자유시장의 존재는 국가가 정한 가격을 시장 수준에 근접하게 했다. 국가는 농민계급과 대결을 원하지 않았고, 따라서 1923~1924년의 '가위 위기'* 때처럼 농업 가격과 공업 가격의 차이가 너무 벌어지면 한 발 물러났다.

그러나 1927년에 공업화를 추진하면서 기존의 방정식은 수많은 방식으로 바뀌었다. 신뢰할 수 없는 곡물 조달 방식은 외국 기계를 수입하기 위해서 대차대조를 맞추려고 곡물을 수출하려던 계획을 위협했다. 곡물 가격 상승이 공업 확장에 쓰일 기금을 감소시킨다면 제1차 5개년 계획의 이행도 불가능할 것이었다. 게다가 시장에 나온 곡물 대부분이 러시아 농민 중 극소수에게서 나오는 것으로 추측됐기에, 그 이익을 농민계급 전체가 아니라 체제의 적인 '쿨라크'가 가져갈 가능성이 높았다.

1927년 12월에 열린 제15차 당대회의 주요 주제는 제1차 5개년 계획과 좌익(트로츠키-지노비예프주의자) 반대파 제명이었다. 그

---

* 가위 위기는 1923년 초 공산품 가격이 상승하고 농산물 가격이 하락하면서 발생한 경제 위기를 말한다. 예전 일본식 번역 용어로 '협상가격鋏狀價格 위기'라고도 한다. 10월이 되자 가위 위기는 정점에 달해 농산물 가격 대비 공산품 가격이 전쟁 전보다 3배나 높았다.

러나 무대 뒤 지도자들의 생각은 온통 곡물 조달 문제로 쏠렸다. 그들은 주요 곡물 생산 지역에서 온 대표들과 걱정스럽게 토론에 임했다. 대회 폐막 직후에 수많은 정치국원과 중앙위원회 위원이 조사 임무를 띠고 긴급히 여러 지역으로 출발했다. 내전 이후 지방 시찰을 거의 하지 않았던 스탈린조차 시베리아의 상황을 조사하러 갔다. 당의 떠오르는 샛별이자 잘 교육받은 유능한 인재인 세르게이 싀르초프*가 이끄는 시베리아 당위원회는 곡물 조달 문제로 농민계급과 대결하는 것을 피하려고 노력해왔고, 이는 릐코프(소련 정부 수반이자 정치국원)가 최근에 장담한 사항이었다. 그러나 스탈린은 다르게 생각했다. 1928년 초에 시베리아에서 돌아온 스탈린은 자신의 생각을 정치국과 중앙위원회에 밝혔다.[7]

스탈린이 보기에 문제는 쿨라크가 곡물을 비축해놓고 소비에트 국가에 몸값처럼 배상금을 요구하려고 하는 것이었다. 곡물 가격을 올리거나 농촌에 공산품을 더 많이 공급하는 회유책은 무의미했다. 쿨라크의 요구만 급증할 것이기 때문이다. 어떤 경우든지 공업 투자를 최우선으로 하던 국가는 쿨라크의 요구를 들어줄 여력이 없었다. (때때로 농민계급을 상대하는 '우랄-시베리아 방식'으로 언급된) 단기 해결책은 강압이었다. 국가는 농민 '비축자'를 원래 도시의 투기꾼에게 적용하던 형법 제107조로 기소했다.

스탈린은 장기 해결책으로 농업집단화를 밀어붙이라고 요구했다. 이는 도시와 붉은 군대, 수출에 필요한 곡물의 믿을 만한 출처

---

* Сергей Иванович Сырцов(1893~1937). 소련의 정치인이다. 1929년부터 1930년까지 릐코프의 뒤를 이어 러시아 인민위원회의 의장을 지냈다.

를 안정적으로 확보하고 또한 곡물 시장에서 쿨라크의 우위를 깨부술 것이었다. 스탈린은 이 정책이 쿨라크를 상대로 한 과격한 수단('탈쿨라크화')이거나 곡물 강제 징발이라는 내전의 관행으로 되돌아가는 것은 아니라고 설명했다. 그러나 바로 이 설명이 불길한 경종을 울렸다. 공산주의자들은 스탈린의 지시와 관련된 지침을 찾았지만, 네프 시기에는 어떤 표어도 찾을 수 없었기에 내전의 정책을 참조해서 쿨라크를 공격할 신호를 울렸다.

스탈린은 국가보다 더 높은 가격을 제시하는 상인들에게 곡물을 넘기는 농민들을 회유하기보다 대결과 기소, 헛간 수색, 도로 폐쇄로 막았다. 1928년 봄에 시행된 이 정책은 농촌을 급격히 긴장시켜 일시적으로 곡물 조달량이 증가하는 효과를 냈다. 그러나 새로운 정책을 놓고 당내에서도 긴장이 발생했다. 1월에 지역 당 조직은 정치국과 중앙위원회에서 내려온 시찰자에게 갖가지 모순되는 지시를 받았다. 스탈린이 시베리아 공산주의자들에게 강하게 나갈 것을 말하는 동안에, 모이세이 프룸킨*(재정부 인민위원)은 남부 우랄을 돌면서 회유책을 주문하고 공산품을 곡물과 직접 교환하라고 조언했다. 니콜라이 우글라노프**(모스크바 당 조직 수장이자 정치국 후보위원)도 볼가강 하류 지역에서 프룸킨과 비슷한 조언

---

* Моисей Ильич Фрумкин(1878~1938). 러시아의 혁명가이자 정치인이다. 1898년에 러시아사회민주노동당에 가입한 고참 볼셰비키이다. 1922년부터 1929년까지 대외교역인민위원부와 재정인민위원부의 부인민위원을 지냈다. 1928~1930년에는 당내 '우파' 활동에 참여했다.

** Николай Александрович Угланов(1886~1937). 러시아의 혁명가이자 정치인이다. 1907년부터 볼셰비키당에서 활동했다. 1923년부터 1930년까지 당 중앙위원이었으며, 1926년부터 1929년까지 정치국 후보위원이었다. 1928~1930년에는 당내 '우파' 활동에 참여했다.

을 남겼다. 게다가 중앙에서 내려오는 과도한 압박 때문에 일부 지역의 당 관리들은 곡물을 얻기 위해 탐탁찮은 '전시 공산주의 방식'을 사용해야 했다.[8] 우연이든 계획이든 스탈린은 우글라노프나 프룸킨 같은 사람들을 바보로 만들었다. 정치국 내부에서 스탈린은 합의를 중시하던 이전의 관행을 버리고 가장 자의적이고 도발적인 방식으로 정책을 밀어붙였다.

스탈린에게 맞선 우익 반대파는 좌익 반대파가 최종 패배를 당하고 몇 달 뒤인 1928년 초에 당 지도부 내에서 연합하기 시작했다. 우파의 기본 입장은 네프의 정치적 틀 및 기본 사회정책을 유지해야 하며, 자신들이 사회주의를 건설하는 진정한 레닌주의적 접근법을 취하고 있다는 것이었다. 우파는 농민계급을 강압하고, 쿨라크의 위험을 과도하게 강조하며, 빈농을 더 부유한 농민에게 맞서게 해서 농촌에서 계급전쟁을 촉발하려는 스탈린의 정책에 반대했다. 곡물 조달을 보장하려면 (그리고 곡물 수출과 공업화 추진 재원을 조달하려면) 농민계급을 강압해야 한다는 주장에 대해 우파는 제1차 5개년 계획의 공업 산출량 및 발전 목표를 '현실적'으로 조정해야 한다고, 즉 상대적으로 낮춰야 한다고 제안했다. 우파는 샤흐틔 재판이 전형적으로 보여주는 옛 인텔리겐치아를 상대로 한 공격적 계급전쟁이라는 새 정책에도 반대했다. 또 임박한 전쟁과 간첩 및 파괴 행위자의 위험을 끊임없이 운운하면서 점점 더 험악해지는 위기의 분위기를 끊어내려 했다.

정치국의 주요 우파 인물 두 명은 소련 정부 수장인 릐코프와 『프라브다』* 편집국장 겸 코민테른 의장이자 훌륭한 마르크스주의 이론가인 부하린이었다. 그들이 특정 정책에서 스탈린과 각을 세운 이유는 스탈린이 레닌의 사망 이래로 이어져온 정치 게임의 규칙을 일방적으로 바꿨다고 생각했기 때문이다. 스탈린이 네프의 기본 정책에 깔린 많은 전제를 폐기하면서 동시에 집단 지도 체제의 관습까지 매정하게 내던져버렸다는 것이다. 특히 부하린은 트로츠키-지노비예프 반대파와 싸울 때 스탈린 편에서 격하게 논쟁한 적이 있었기에, 스탈린의 이 같은 행동을 특히나 개인적 배반으로 받아들였다. 스탈린은 부하린을 정치적으로 자신과 동등하게 대우했고, 둘이 당의 '최고봉'이라는 사실을 확인해줬다. 그러나 이제 스탈린의 행동은 그가 부하린을 정치적으로나 개인적으로나 존중하지 않는다는 사실을 보여줬다. 부하린은 실망감에 충동적으로 반응했다. 그는 패배한 일부 좌익 반대파 지도자들과 1928년 여름에 비밀 회동을 열고 정치적으로 위험한 길로 걸어 나갔다. 스탈린을 혁명을 파괴할 '칭기즈칸'으로 묘사한 부하린의 발언은 스탈린에게 재빨리 알려졌으나, 바로 얼마 전까지만 해도 스탈린 편에 서서 반대파를 공격하던 부하린을 믿는 사람은 많지 않았다. 부하린과 개인적 친분이 있던 스탈린의 팀원들은 그들이 이리저리 흔들리고 있어서 자기편으로 건너올지도 모른다는 부하린의 주장에 격분하며 부하린과 멀어졌다.[9]

부하린이 앞장서서 행동했지만 ('분파주의'로 몰린 좌익 반대파에게 내려진 처벌을 목격한) 정치국 내 우파는 반대파를 조직하려고 시도

---

* *Правда*(진실)는 1912년 5월 페테르부르그에서 창간된 볼셰비키당 중앙위원회 기관지이다.

하지 않고, 스탈린과 정치국 내의 스탈린 지지자들과 비공개로 논쟁을 계속했다. 그러나 이 전술은 심각하게 불리했다는 사실이 드러났다. 외부로 성향이 드러나지 않은 정치국 내 우파는 익명의 모호한 '우편향의 위험'을 공공연하게 공격하는 행위에 참여하라고 강요받았기 때문이다. '우편향의 위험'이란 심약함, 우유부단한 지도력, 혁명적 자신감의 결여를 의미했다. 폐쇄된 당 지도부 밖에 있던 사람들이 볼 때 당내에서 어떤 종류의 권력투쟁이 진행되고 있다는 사실은 명확했다. 그러나 우편향주의가 가리키는 우파의 쟁점과 정체성은 수개월 동안 명확하게 정의되지 않았다. 정치국 내 우파는 당내에서 세력이 약했으며, 따라서 우파의 정강은 반대 세력이 의도적으로 왜곡하거나 우파 스스로 이따금 암시나 비유로 언급한 내용으로만 사람들에게 알려졌다.

우파의 세력 근거지 두 곳은 우글라노프가 수장으로 있던 모스크바 당 조직과 정치국의 우파 일원인 톰스키가 수장으로 있던 노동조합중앙회의였다. 전자는 1928년 가을에 스탈린주의자들의 손에 들어갔고, 이어서 스탈린의 오래된 동료인 뱌체슬라프 몰로토프가 지시한 철저한 숙청이 거행됐다. 후자의 경우에는 몇 달 후에 신진 스탈린주의 지지자인 라자르 카가노비치*의 손에 떨어졌다. 카가노비치는 정치국 후보위원에 불과했지만, 이전 임무에서

---

* Лазарь Моисеевич Каганович(1893~1991). 러시아의 혁명가이자 정치인이다. 1920년대 말에는 우크라이나에서 활동했고, 1930~1935년에는 모스크바 지역당에서 명성을 쌓았다. 이후 교통인민위원부와 중공업인민위원부를 맡아 스탈린의 지시를 철저히 행하며 '철의 라자르'라는 별명을 얻었다. 스탈린 사후 벌어진 권력투쟁에서 흐루쇼프에게 패배해 1961년 출당됐다. 가장 마지막까지 살아남은 고참 볼셰비크로, 카가노비치가 사망하고 불과 5개월 만에 소련이 해체됐다.

악명 높고 말썽 많은 우크라이나 당 조직을 상대로 보여준 강경함과 정치 수완으로 이미 유명했다. 정치국 내 우파는 고립된 채 책략에 당해서 결국 신원이 밝혀졌고, 1929년 초에 재판을 통해 제거됐다. 톰스키는 노동조합에서 지도력을 상실했고, 부하린은 코민테른과 『프라브다』편집국에서 물러났다. 한편 릭코프는 정치국 내 우파의 선임이자 부하린보다 더 조심스럽고 실용적인 정치인이었고, 당 지도부의 무시할 수 없는 실력자였다. 그는 우파가 무너지고도 거의 2년 가까이 소련 정부 수장으로 남았지만, 1930년 말에 몰로토프에게 자리를 뺏겼다.

당과 행정 엘리트 조직 안에서 우파 세력의 힘은 공개된 갈등이나 조직된 분파가 없었기에 평가하기 어렵다. 우파의 패배 후 당과 정부 관료제에서 강도 높은 숙청이 있었기 때문에, 그곳에 상당한 규모의 우파 지지 세력이 있었다고 (혹은 지지가 있다고 사람들이 믿었을 것) 생각할지도 모른다.[10] 그러나 우파라는 이유로 강등된 관리들이 반드시 이념상 우파였던 것은 아니다. 우파라는 꼬리표는 이념에서 일탈한 자들과 쓸모없는 관료들 모두에게 적용됐다. 다시 말해 무능력하고 복지부동하거나 혹은 부패해서 위로부터의 혁명이라는 스탈린의 공세 정책을 수행하는 데 부적합한 관리들 말이다. 이 범주가 모두에게 동일하게 적용되지도 않았다. 우파라는 꼬리표는 스탈린주의가 우파에 대한 이념상의 불신을 드러낸 방식 중 하나였다.

스탈린에게 맞선 이전의 반대파들처럼 우파도 스탈린이 통제하는 당 기구에 패배했다. 그러나 이전의 지도부 내 투쟁과 달리 이번

투쟁에는 원칙과 정책을 사이에 둔 뚜렷한 쟁점이 포함돼 있었다. 이 쟁점들을 투표에 부치지 않았기에, 우리는 당 전체의 태도를 오직 추측해볼 수 있을 따름이다. 우파의 정강은 사회적·정치적 격변을 가져올 위험이 덜했고, 당 간부들에게 네프의 관습과 지향점을 변화시키라고 요구하지 않았다. 다른 측면에서 볼 때 우파는 스탈린보다 성취라고 할 만한 것을 조금 덜 약속했다. 그러나 1920년대 후반의 당은 성취에 굶주려 있었고, '얼마나 비용이 들 것인가'에 대해 후대의 우리가 아는 것만큼 알지 못했다. 무엇보다도 우파는 온건하고 갈등이 적지만 이득도 적은 계획을 당에 제안했지만, 당은 혁명적 투쟁심에 불타고 있었다. 당은 국내외 적들의 물결에 위협당하고 있다고 느꼈으며, 사회를 변모시킬 수 있고 변모시켜야만 한다고 계속 믿었다. 1921년에 레닌은 우파와 유사한 강령을 인정받았다. 그러나 1928~1929년에 우파에는 레닌 같은 리더가 없었다. 그리고 네프라는 후퇴 정책도 (1921년처럼) 경제의 총체적 붕괴와 급박한 대중 반란을 이유로 더 이상 정당화할 수 없었다.

우파 지도자들이 정강을 공표하지 않은 채 여러 쟁점을 놓고 당 내에서 논쟁을 강행하지 않았던 데에는 당의 단결을 깰지도 모른다는 망설임 말고도 또 다른 타당한 이유가 있었다. 우파의 정강은 합리적이었고 아마도 (스스로 주장했던 것처럼) 레닌주의적이었을지도 모른다. 그러나 공산당 안에서 운동을 전개하기에 좋은 정강은 아니었다. 정치적 측면에서 우파의 문제는, 예를 들면 노동조합에 주요한 정책을 양보하기로 결정한 영국 보수당 지도자들이나 연방정부의 통제권을 확대하고 기업에 대한 정부 규제를 강화하는 계획을 세운 미국 공화당이 직면한 문제와 같은 종류였다. 그 정책들이 실용적이라는 이유로 정부의 비공개 회의에서는 우세할 수 있을지도 모른다(이는 1928년에 우파의 희망이자 기본 전략이었다). 그러나 그런 회의에서는 열성 당원을 모을 좋은 구호가 나오지 않는다.

우파는 이전의 다른 반대파처럼 당내 민주주의라는 대의를 꺼내들었지만 공산당원의 표심을 사로잡기에는 부족했다. 지역 당 관리들은 그 대의가 자신들의 권위를 침해한다고 불평했다. 특히 우랄에서 신랄한 말싸움이 오갔는데, 리코프는 우파가 '[지역 당] 서기들을 확보'하는 것은 물건너갔다는 이야기를 들었다.[11] 즉 우파는 서기들에게 비난을 서슴지 않았고, 서기들이 정당하게 선출되지 않았기에 그 자리에 앉아 있을 권리가 없다는 듯이 행동했다. 지방의 중간 관리의 관점에서 볼 때, 우파는 민주주의자라기보다는 엘리트였고, 모스크바에서 너무 오래 근무한 나머지 풀뿌리 당원과 연결이 끊긴 사람들이었다.

공업화 추진

차르 시절 말기의 으뜸가는 근대화 추진자였던 비테 백작처럼, 스탈린도 러시아 중공업의 급격한 발전을 국력과 군사력 증강의 전제조건으로 삼았다. 스탈린은 1931년 2월에 다음과 같이 말했다.

과거에 우리는 조국이 없었고, 있을 수도 없었습니다. 그러나 자본주의를 전복하고 권력을 우리 손에, 인민의 손에 쥔 지금, 우리는 조국이 있고 조국의 독립을 수호해야 합니다. 우리의 사회주의 조국이 패배하고 독립을 상실하기를 바라십니까? 이를 원하지 않는다면 여러분은 가능한 한 빨리 조국의 후진성을 끝내고 사회주의 경제를 건설하는 진정한 볼셰비키다운 속도를 발전시켜야만 합니다.

이는 절대적으로 긴급한 문제였다. 소련 공업화의 속도가 사회주의 조국이 적을 물리칠지 그 앞에 무릎을 꿇을지를 결정할 것이기 때문이다.

속도를 늦추는 것은 뒤처진다는 뜻입니다. 뒤처진 자는 패할 것입니다. 그러나 우리는 패하고 싶지 않습니다. 아니, 우리는 패배를 거부합니다! 옛 러시아 역사의 특징은 후진성 때문에 겪은 패배입니다. 러시아는 몽골의 칸에게 패배했습니다. 러시아는 투르크의 베이에게 패배했습니다. 러시아는 스웨덴의 봉건 통치자들에게 패배했습니다. 러시아는 폴란드-리투아니아 귀족들에게 패배했습니다. 러시아는 영국과 프랑스 자본가들에게 패배했습니다. 러시아는 일본 귀족에게 패배했습니다. 이 모든 패배가 러시아의 후진성 때문입니다. 러시아의 군사적 후진성 때문이고, 문화적 후진성 때문이고, 정치적 후진성 때문이고, 공업의 후진성 때문이고, 농업의 후진성 때문입니다. (중략) 선진국에 50~100년 뒤처져 있습니다. 우리는 10년 안에 이를 따라잡아야 합니다. 그렇지 않으면 우리는 패배할 것입니다.[12]

1929년에 제1차 5개년 계획을 채택하면서 공업화는 소비에트 체제의 최우선 목표가 됐다. 공업화를 추진하는 국가기관인 중공업인민위원부(인민경제최고회의의 후신)는 1930년부터 1937년까지 스탈린주의 지도부에서 가장 강력한 행동파였던 세르고 오르조니키제가 주도했다. 제1차 5개년 계획은 철강 산업에 초점을 맞췄다. 우크라이나에 금속 공장을 최대치로 설립했고 허허벌판인 남부 우랄 지역에 마그니토고르스크 같은 대규모 공업단지를 건설했다. 트랙터 공장도 최우선순위였다. 집단화된 농업에 즉시 필요했기 때문이며(집단화 과정 중 농민들이 가축을 대량 도살하면서 더욱 긴급해졌다), 훗날 이곳을 전차 공장으로 쉽게 전환할 수도 있었기 때문이다. 기계 수입에서 벗어나기 위해 기계 제작 산업이 급격하게 확장됐다. 섬유산업은 네프 시기에 국가에서 상당히 많이 투자했고 대규모의 숙련된 노동력을 갖추었음에도 침체했다. 스탈린이 붉은 군대는 가죽과 섬유가 아니라 금속으로 싸울 것이라고 지적했다는 이야기도 있다.[13]

금속이 중요한 이유는 국가안보 및 국방과도 떼려야 뗄 수 없다. 그러나 스탈린이 관심을 갖는 한 금속은 안보나 국방 이상의 중요성을 지닌 듯 보였다. 무엇보다도 스탈린은 강철(러시아어 сталь)을 가명으로 정한 볼셰비키 혁명가였다. 1930년대 초의 강철과 선철 생산 숭배는 심지어 이 무렵 등장한 스탈린 숭배마저 초월했다. 제1차 5개년 계획은 금속을 위해 모든 것을 희생했다. 하지만 석탄·전력·철도에 대한 투자가 부족했기에 연료·전력 부족과 철도 붕괴가 종종 금속 공장을 정지시켰다. 1930년까지 국가계획위원회*

를 이끈 고참 볼셰비크 글레브 크르지자노프스키**의 시각에서 볼 때, 스탈린과 몰로토프는 금속 생산에 너무 집착한 나머지 금속 공장들이 원자재의 철도 수송과 연료·물·전력 공급에 의존한다는 사실마저 잊곤 했다.

그러나 제1차 5개년 계획 동안 국가가 떠맡은 가장 험난한 과업은 보급과 분배 조직을 갖추는 일이었다. 10년 전 전시 공산주의 시기에 그랬던 것처럼(성공하지 못했고 일시적이었다) 국가는 도시의 경제·분배·거래를 거의 장악했다. 그리고 이번에는 이 상태가 영원히 지속될 것이었다. 사기업과 사적 거래의 축소는 네프 말기에 시작됐다. 1928~1929년에 언론은 네프맨을 비난했다. 국가는 그들을 법적·경제적으로 괴롭혔으며, '투기' 혐의로 수많은 기업가를 체포해 사적 영역의 축소를 가속화했다. 1930년대 초에 이르면 수공업자나 소매상인마저 폐업시키거나 국가감독협동조합에 강제 편입했다. 동시에 농민 경제의 상당 부분이 집단화되면서 네프는 빠르게 사라졌다.

볼셰비키에게 중앙 계획과 경제의 국가 통제라는 원칙은 대단히 중요했다. 1929년의 제1차 5개년 계획 도입은 사회주의로 가는 길에 놓인 시금석이었다. 확실히 이 시기에 소비에트 계획경제

---

* Государственный плановый комитет. 1921년 설립된 중앙 경제계획 기관으로, 줄여서 고스플란Госплан이라고 부른다. 전국적 경제 발전 계획과 경제계획 이행을 통제하는 기관으로, 소련에 존재한 각 공화국·주·도시별로 계획위원회과 구분하기 위해 소련국가계획위원회라고 칭해야 한다.

** Глеб Максимилианович Кржижановский(1872~1959). 러시아의 혁명가이자 정치인, 학자이다. 1895년 레닌과 같이 페테르부르그 노동자계급해방투쟁연맹을 건설했다. 혁명 이후에는 고엘로 계획을 이끌었으며, 신설된 고스플란의 초대 위원장을 지냈다.

의 제도적 기반이 닦였다. 경제성장에서 '계획'이라는 요소가 항상 문자 그대로 시행될 수는 없었던, 이행과 실험의 시기였지만 말이다. 제1차 5개년 계획의 효과는 나중의 여러 5개년 계획보다 훨씬 미약했다. 실제로 제1차 계획은 순수한 경제계획과 정치적 충고의 혼합물이었다. 이 시기의 역설 중 하나는 체제가 우파, 전 멘셰비키, 부르주아 경제학자를 너무나 가차 없이 숙청한 나머지 계획의 정점기인 1929~1931년에 국가의 여러 경제계획 기관들이 거의 제대로 작동할 수 없었다는 점이다.

제1차 5개년 계획의 세부는 도입되기 전에도, 도입된 후에도 여러 차례 수정됐다. 계획 입안자들은 정치인의 압력에 다양하게 반응하여 경쟁적으로 안을 내놓았다.[14] 1929년에 채택된 기본안은 대규모 농업집단화를 예측하지 못했고, 산업 노동력의 필요량을 과소평가했으며, 수공업 생산이나 거래 등의 정책이 닿지 않는 곳에서 나타날 문제도 파악하지 못했다. 계획은 생산 목표를 정했지만, 금속과 같은 핵심 부문에서는 계획이 실행된 뒤에도 목표를 반복적으로 올려 잡았다. 하지만 거기에 필요한 자원을 어디에서 조달할지는 늘 막연했다. 5개년 계획의 다음 차수와 최종 단계도 현실과는 거의 관련이 없었다. 심지어 5개년 계획이라는 이름도 정확하지 않은 것으로 드러났는데, 제1차 5개년 계획을 4년만에 완수하기로 (혹은 끝내버리기로) 결정했기 때문이다.

산업부문에서는 계획을 수행하는 것보다 계획을 '초과 이행'하라고 촉구했다. 다시 말해서 이 계획은 자원을 배분하거나 수요의 균형을 맞추는 계획이 아니라, 경제를 무턱대고 앞으로만 나아가게 하는 계획이었다. 예를 들어 스탈린그라드Сталинград 트랙터 공장은 계획했던 것보다 트랙터를 **더 많이** 생산함으로써 계획을 가장 잘 수행할 수 있었다. 초과생산 때문에 스탈린그라드에 금속·전기부품·타이어를 공급하는 여러 공장의 일정이 완전히 엉망진창이 돼버렸지만 말이다. 공급의 우선순위는 예정된 계획이 아니라 중공업인민위원부, 정부의 노동국방회의*, 심지어 당 정치국에서 내려온 그때그때의 지시에 따라 정해졌다. 기업과 건설 계획의 공식 우선순위ударные 목록을 둘러싸고 치열한 경쟁이 펼쳐졌다. 목록의 최우선순위에 놓인다는 것은 이 명령이 달성될 때까지 공급자들이 이전의 모든 계약과 의무를 무시해야 한다는 사실을 의미했기 때문이다.

그러나 최우선순위는 위기가 찾아오고, 재앙이 임박하고, 핵심 산업부문의 목표가 올라감에 따라 끊임없이 바뀌었다. 새로운 예비 인력과 예비 물자의 투입이 필요한 '산업전선의 중단 사태'는 소련 언론에 파란만장한 보도감을 제공했으며, 실제로 소련 경영주의 일상생활도 파란만장했다. 제1차 5개년 계획 동안 성공을 거둔 소비에트 경영자는 순종적 공무원이라기보다는 절차 따위는 생략하고 경쟁자를 앞지르려 권모술수를 부리는 기업가에 가까웠다. 결과, 즉 계획의 달성 및 조기 달성이 수단보다 더 중요했다. 공급이 절실한 공장에서 화물열차를 습격해 물량을 탈취하는 경우

---

* Совет труда и обороны. 기존의 노동자농민국방회의Совет Рабочей и Крестьянской Обороны가 1920년 4월 재편된 기관으로, 경제 건설과 국방 업무의 책임을 맡은 인민위원회의 산하 기관이다. 1920년대에는 고스플란을 산하에 두기도 했다. 1937년 업무를 관련 기관에 넘기고 해산됐다.

도 있었다. 이 경우도 제재는 운송 책임을 진 당국의 경고장을 받는 것에 그쳤다.

제1차 5개년 계획은 공업 생산량의 즉각적인 증대를 강조했지만, 그것의 진정한 목표는 건설 그 자체였다. 니즈니 노브고로드 Нижний Новгород(고르키Горький)의 자동차, 스탈린그라드와 하르키우의 트랙터, 쿠즈네츠크Кузнецк와 마그니토고르스크의 금속, 드니프로Дніпро(자포리자Запоріжжя)의 강철을 포함한 수많은 대규모 건축 기획이 제1차 5개년 계획의 엄청난 자원을 집어삼켰다. 그러나 생산 체제가 완전히 가동되는 일은 1932년 이후, 즉 제2차 5개년 계획(1933~1937) 때나 가능했다. 이것은 미래를 내다본 투자였다. 투자 규모가 방대했기에, 새로운 거대 산업지역에 제1차 5개년 계획 동안 내려진 결정으로 소련의 경제 지도가 다시 그려졌다.

일찍이 스탈린과 지노비예프파의 갈등이 있었던 1925년에, 스탈린의 운동가들은 지역 당 지도자들이 스탈린의 공업화 계획이 추진되면 자신의 지역에 어떤 이득이 생길지 이해했다고 확신했다. 이때 투자 문제는 국내 당 정치에서 어느 정도 중요한 역할을 했다. 그러나 볼셰비키가 지역 간의 개발 지역 할당을 놓고 벌이는 경쟁이라는 완전히 새로운 차원의 정치를 제대로 인식한 것은 제1차 5개년 계획의 최종 결정이 임박한 1920년대 후반이었다. 1929년 제16차 당대회에서 발언자들은 우파와 이념 투쟁에 정신을 집중하기 어려웠는데, 더 실용적인 문제가 있었기 때문이다. 예컨대 한 고참 볼셰비크는 다음과 같이 빈정거렸다. "모든 연설은 이렇게 끝난다. '우리에게 우랄 지역의 공장을 주시오. 그리고 우파는 지옥으로 꺼지길! 우리에게 발전소를 주시오. 그리고 우파는 지옥으로 꺼지길!'"[15]

우크라이나와 우랄의 당 조직은 광산 및 금속복합단지와 기계 제작 공장의 투자금 분배를 놓고 일촉즉발의 상태였다. 이 적대 관계는 1930년대 내내 계속됐다. 우크라이나에서 당 서기를 지낸 라자르 카가노비치나 노동조합의 전국 지도자가 되기 전에 우랄 당 조직을 이끈 니콜라이 슈베르닉* 같은 주요한 전국적 정치인도 여기에 가담했다. 제1차 5개년 계획 기간에 건설하기로 예정된 특정한 공장의 위치를 놓고도 여러 지역이 격렬하게 대립했다. 결국 하르키우에 세워진 트랙터 공장을 놓고 러시아와 우크라이나에서 여섯 개 도시가 입찰했다. 유사한 싸움이 1926년부터 우랄 기계제작 공장(우랄마시Уралмаш)의 위치를 놓고 벌어졌는데, 아마도 이런 종류의 싸움으로는 첫 사례였을 것이다. 최종 승자인 스베르들로프스크Свердловск는 모스크바 쪽에 결정을 강요하려고 중앙의 허가도 없이 지역 기금을 사용해 건축을 미리 시작했다.[16]

지역끼리의 강한 경쟁(예컨대 우크라이나와 우랄 사이)은 종종 갑절의 승리를 낳았다. 계획의 원래 의도는 공장을 하나만 짓는 것이었지만, 각각의 지역에 하나씩 두 공장을 건립하라는 허가가 난 것이다. 이는 제1차 5개년 계획의 특징인 치솟는 목표와 끝없이 증가하

---

* Николай Михайлович Шверник(1888~1970). 러시아의 혁명가이자 정치인이다. 1905년에 볼셰비키당에 가입했으며, 1925년에는 당 중앙위원이 됐다. 1930년부터 1944년까지는 전연맹노동조합중앙회의의 제1서기로 일했다. 1946년부터 1953년까지 소련의 국가원수인 소련 최고회의 상무회 의장을 지냈다.

는 비용 뒤에 숨은 한 요인이다. 그러나 이것이 유일한 요인은 아니다. 모스크바의 중앙 정치인과 계획 입안자들이 거대함에 집착하는 '거대광증gigantomania'에 사로잡혀 있었기 때문이다. 소비에트연맹은 다른 나라보다 더 많이 짓고 더 많이 생산해야만 했다. 소련의 공장은 세계에서 가장 새롭고 가장 커야 했다. 경제 발전에서 서양을 따라잡는 데 그치지 않고 추월해야 했다.

스탈린이 지치지도 않고 지적한 바, 근대 기술은 본질적으로 따라잡고 추월하는 과정이다. 많은 전문가들이 반대했지만 새로운 차량 및 트랙터 공장은 조립라인 생산방식으로 지어졌는데, 체제는 전설적 자본가 포드Henry Ford를 바로 자신의 포드식 게임에서 능가해야 했기 때문이다. 그러나 제1차 5개년 계획 동안 새로 만든 컨베이어 벨트는 헛돌기 일쑤였고, 노동자들은 작업 현장에서 전통 방식으로 힘겹게 단 하나의 트랙터를 조립해냈다. 헛도는 컨베이어 벨트가 제 몫을 했다고 볼 수도 있다. 실질적 측면에서 그것은 미래 생산을 내다보고 한 투자의 일부분이었다. 상징적 측면에서 소련 언론이 사진을 찍고 관리와 외국 방문객이 칭송을 아끼지 않으면서, 스탈린이 소련 인민과 세계에 하고 싶었던 말을 대신 전했다. "후진 러시아는 곧 '소비에트 아메리카'가 될 것이다. 경제의 비약적 발전이 궤도에 올랐다."

집단화

볼셰비키는 집단농업이 개별 소농 경영보다 우월하다고 믿었다. 그러나 네프 기간에는 농민들이 이 시각을 받아들이는 데 길고 지난한 과정이 필요할 것이라고 생각했다. 1928년에 집단농장(콜호즈)은 총 경작지의 단 1.2퍼센트, 국영농장은 1.5퍼센트로 집계됐고, 나머지 97.3퍼센트를 개인이 경작하고 있었다.[17] 제1차 5개년 계획 기간 동안 집단농업으로의 대규모 이행일이 일어날 것이라고는 전혀 예상하지 않았다. 실제로 급격한 공업화는 엄청난 문제였기 때문에 체제는 다음 몇 해 동안 농업의 기본 조직을 건드리지 않아도 충분히 할 일이 많아 보였다.

그러나 스탈린이 알고 있었고, 프레오브라젠스키와 부하린도 몇 년 전 자신들의 논쟁에서 밝혔듯이(213~214쪽을 보라), 공업화는 농업과 밀접한 관계가 있었다. 공업화에 성공하려면 믿을 만한 곡물 조달처와 낮은 곡물 가격이 필요했다. 1927~1928년의 곡물 조달 위기는 자유시장이 존재하고 국가가 곡물 가격을 효과적으로 협상하는 한 시장의 곡물 대부분을 내놓던 상대적으로 부유한 소수의 농민들이 네프 시기처럼 '국가에 배상금을 요구'할 수 있다는 사실을 분명히 보여줬다.

일찍이 1928년 1월에 스탈린은 쿨라크 곡물 비축자를 조달 위기를 초래한 악당으로 봤고, 국가가 필요로 하는 시기와 가격에 충분한 곡물 조달을 보장하는 통제 수단을 농업집단화가 제공하리라 믿는다는 속내를 내비쳤다. 1928년에서 1929년 전반기에 농민들에게 자발적 집단화를 장려했지만 그 결과는 그다지 대단하지 않았다. 곡물 조달은 여전히 첨예한 문제였는데, 체제가 도시의 식량 부족에 몰두했기 때문이기도 했고, 외국에서 산업 장비를 구입하는 수단으로 곡물 수출에 전념했기 때문이기도 했다. 스탈린이 선호했던 강제 곡물 조달 방식이 전반적으로 증가하면서 체제와 농민계급 사이에 적개심이 솟아올랐다. 쿨라크의 신뢰를 떨어뜨리고 농민계급 내부에 계급 적대심을 조장하려는 강도 높은 노력이 있었지만, 마을의 단결심은 내부에서 붕괴되기는커녕 외부의 압력으로 강화되는 것처럼 보였다.

1929년 여름에 체제는 곡물 자유시장을 거의 폐지하면서 곡물을 조달하지 못할 때 가할 처벌을 내걸고 조달량을 부과했다. 가을에는 쿨라크 공격이 더 집요해졌고, 당 지도자들은 대규모 집단화를 상대로 한 농민운동을 막을 수 없다고 이야기하기 시작했다. 이는 의심할 여지없이 농민계급과 체제의 대결이 손쓸 수 없는 단계까지 와버렸다는 당 지도부의 의식을 반영한 것이었다. 이제 심각한 투쟁 없이 갈등을 봉합할 수 있다고 생각하는 사람은 거의 없었다. 제1차 5개년 계획의 열정적 지지자가 된 옛 트로츠키주의자 유리 퍄타코프*는 이렇게 말했다.

---

* 게오르기 레오디노비치 퍄타코프Георгий Леонидович Пятаков(1890~1937)는 러시아의 혁명가이자 정치인이다. 1912년에 볼셰비키당에 가입했고, 혁명 이후에는 우크라이나 지역당에서 일했다. 1921년에는 고스플란의 부의장이 됐다. 트로츠키와 함께 좌익 반대파를 이끌다 출당됐으나, 그 이후에 복권되어 국영은행 행장과 중공업인민위원부 부인민위원을 맡기도 했다. 대숙청 기간에 체포돼서 처형됐다.

개별 농업의 틀 안에서는 농업 문제를 해결할 수 없다. 따라서 **우리는 농업집단화를 극단적인 비율로 채택해야만 한다.** (중략) 우리는 내전 수준의 방법을 채택해야 한다. 물론 나는 우리가 내전의 방식으로 대응해야 한다고 말하는 것은 아니다. 그러나 우리 각자는 계급의 적과 무장 투쟁을 하며 일했던 시기에 우리가 지녔던 것과 똑같은 긴장을 지니고 일해야 한다. **사회주의 건설의 영웅다운 시기가 도래했다.**[18]

1929년 말에 이르면 당은 농업을 집단화하는 데 총력을 기울였다. 그러나 소비에트 체제의 계급의 적인 쿨라크는 새로운 집단농장에 들어갈 수 없었다. 12월에 스탈린이 선언했듯이, 쿨라크의 착취 경향은 더 이상 용납되지 않았다. 쿨라크는 '계급으로서 박멸'돼야만 했다.

1929~1930년의 겨울은 광란의 시간이었다. 이때 당의 종말론적인 분위기와 거친 혁명적 수사는 실제로 이전의 '영웅다운 시기'인 1920년의 내전과 전시 공산주의의 절망적 고비를 떠올리게 했다. 그러나 1930년에 공산주의자들이 농촌에 가져온 것은 말로만 하는 혁명이 아니었다. 공산주의자들은 내전 때처럼 단순히 마을을 약탈해서 식량을 가지고 떠나지 않았다. 집단화는 농민의 삶을 재조직하려는 시도였고, 동시에 마을 수준까지 내려갈 수 있는 행정 통제를 확립하려는 시도였다. 지방 공산주의자들은 정확히 어떤 종류의 재조직이 필요한지 제대로 이해하지 못했던 것이 분명하다. 중앙에서 내려온 지시는 열렬한 동시에 부정확했다. 그러나 통제가 그 목적이라는 점은 분명했고, 호전적 대결 방식으로 농촌

을 재조직하려는 것도 분명했다.

실용적 측면에서 새로운 정책에는 쿨라크와 즉각 대결할 농촌 관리가 필요했다. 정확히는 마을로 들어가서 빈농이나 탐욕스러운 농민 무리를 모집해 한 줌도 안 되는 '쿨라크' 가족(대개 부유한 농민이었지만 때때로 단순히 마을에서 인기가 없거나 아니면 다른 이유로 지역 당국이 싫어했던 농민들이었다)을 위협해서 집에서 끌어내고 자산을 몰수할 지역 공산주의자가 필요했다.

동시에 지방 관리들은 나머지 농민이 자발적으로 집단농장을 조직하도록 장려해야 했다. 1929~1930년 겨울에 내려온 중앙의 지시로 봤을 때 이 '자발적' 운동이 빠르고 인상적인 결과를 내야만 했다는 것은 분명하다. 실제로 관리들은 마을 회의를 소집해서 콜호즈를 조직한다고 선포한 다음 충분한 수가 자발적 콜호즈 구성원으로 이름을 기입할 때까지 마을 사람들을 훈계하고 을러댔다. 이 작업이 완료되면 새로운 콜호즈의 선도자들은 농민의 소유물 중 주요 동산動産인 가축을 손아귀에 넣고, 그 재산이 집단농장의 소유물이라고 선포할 것이었다. 덤으로 공산주의(특히 콤소몰) 집단화 실무자들은 지역에서 성당에 신성모독을 가하거나 성직자나 교사 같은 '계급의 적'을 욕보이기도 했다.

농촌에서는 즉각 분노와 혼란이 일어났다. 많은 농민들은 가축을 자기 손으로 넘겨주느니 그 자리에서 도살하거나 가까운 도시로 달려가 팔았다. 착취당한 일부 쿨라크는 도시로 도망갔고, 다른 일부는 낮에는 숲에 숨어 있다가 밤이 되면 돌아와 마을을 공포에 질리게 했다. 울부짖는 농민 아낙네나 성직자 무리는 종종 집단화 실무자에게 욕설을 퍼부었다. 관리들은 마을로 접근하거나 마을을 떠날 때 종종 맞거나 돌팔매질을 당했고, 낯선 습격자의 총에 맞았다. 새로운 콜호즈 구성원 다수는 재빨리 마을을 떠나 도시나 다른 새로운 건설 사업지에서 일거리를 찾았다.

정권은 이 명백한 재앙에 두 가지 방식으로 반응했다. 첫째로 오게페우는 재산을 몰수당한 쿨라크나 다른 말썽쟁이들을 체포해 시베리아나 우랄, 북부 지방으로 이송시켰다. 둘째로 봄에 파종할 시기가 다가오자 당 지도부는 농민계급과 극단적으로 대결하는 조치에서 몇 걸음 물러났다. 3월에 스탈린은 「성공에 취해서」라는 유명한 글을 게재했다. 거기에서 그는 중앙의 지시를 넘어선 지역 당국을 비난하고 집단화된 가축 대부분(쿨라크의 가축은 제외)을 원래 소유자에게 돌려주라고 명령했다.[19] 그 순간을 놓치지 않고 농민들은 콜호즈 구성원 목록에서 자신의 이름을 서둘러 삭제했다. 그러자 공식적으로 절반이 넘던 집단화된 농가 비율이 1930년 3월 1일에서 6월 1일 사이에 4분의 1 이하로 떨어졌다.

「성공에 취해서」에 굴욕을 느낀 일부 집단화 실무자는 스탈린의 초상화를 벽 쪽으로 돌려놓고 우울한 생각에 잠겼다고도 한다. 그렇지만 집단화 추진의 좌절은 일시적일 뿐이었다. 수만 명의 공산주의자와 도시 노동자들(주로 모스크바, 레닌그라드, 우크라이나의 대공장에서 모집된 그 유명한 '이만오천인'*을 포함)이 콜호즈 조직자나 의

---

* Двадцатипятитысячники. 1929년 11월 소련 곳곳에서 농촌의 콜호즈와 기계-트랙터 사업소 활동에 참가하기로 자원한 산업 중심지의 도시 노동자들을 일컫는 말이다. 총 2만 7,519명이 선발돼서 콜호즈로 보내졌다. 스탈린 혁명의 대중적 지지를 보여주는 증거 중 하나이다.

장직을 맡기 위해 농촌에 긴급히 동원됐다. 마을 사람들은 다시 한 번 콜호즈 가입을 천천히 설득당하거나 강요받았는데, 이번에는 소와 닭을 그대로 소유할 수 있었다. 소련의 공식 자료에 따르면 1932년에 농가의 62퍼센트가 집단화됐다. 1937년에 이르면 그 수치는 93퍼센트까지 올랐다.[20]

집단화는 농촌에서 전개된 진정한 '위로부터의 혁명'이다. 그러나 당대 소련 언론이 엄청나게 과장해서 묘사한 혁명과는 조금 거리가 있다. 어떤 점에서 집단화는 제정 말기에 스톨리핀 개혁(76~77쪽을 보라)보다 농민의 삶을 덜 급진적으로 재조직했다. 소련 언론에서 보도한 대로라면, 콜호즈는 옛날 마을보다 훨씬 큰 단위였고 농업 방식은 기계화와 트랙터 도입으로 변모했다. 그러나 실제로 1930년대 초에 트랙터는 대개 상상 속의 산물에 불과했다. 대대적으로 보도한 1930~1931년의 '거대한 콜호즈'는 재빠르게 사라지거나, 혹은 그것을 만들어냈던 것과 동일한 방식의 문서놀음에 따라 그냥 삭제됐다. 전형적 콜호즈는 옛 마을 그 자체였다. 실제로 농민의 수는 이주와 이송의 결과로 예전보다 다소 줄었고 짐 끄는 동물도 상당히 적었지만, 농민들은 똑같은 나무 움막에 살았으며 예전에 그랬던 것처럼 같은 마을 농경지를 경작했다. 마을의 가장 중요한 변화는 운영 방식과 곡물 거래 절차였다.

마을의 미르는 1930년에 폐지됐고, 미르의 자리를 대체한 콜호즈 행정기구는 임명된 의장(초기에는 대개 도시에서 온 노동자나 공산당원)이 이끌었다. 마을이나 콜호즈 내부에서 농민들의 전통적 지도체계는 위협을 당했고, 일부 쿨라크는 강제 이송됐다. 러시아 역사가 빅토르 다닐로프*에 따르면, 1930~1931년에 최소한 1,500만 명에 달하는 38만 1,000가구의 농가가 탈쿨라크화돼서 이송됐는데, 이는 1932년과 1933년 초 몇 달 동안 비슷한 운명에 처한 농민들은 계산되지 않은 수치이다[21] (추방된 쿨라크 중 반 이상이 산업이나 건설 노동에 투입됐다. 대부분이 몇 년 내로 죄수노동자가 아닌 자유노동자로 일하게 됐지만, 여전히 이송된 지역 밖으로 나가는 일이 금지됐고, 원래 마을로 돌아갈 수 없었다).

집단농장은 일정량의 곡물과 공예 작물을 국가에 조달해야 하고, 콜호즈 구성원들은 작업에 기여한 바에 따라 대가를 받았다. 농민들은 작은 사유지에서 나는 생산물만 시장에 판매할 수 있었는데, 이러한 양보 조치는 집단화 추진 이후 수년 후에야 공식화됐다. 일반적인 콜호즈 생산량에서 조달량은 곡물의 40퍼센트에 이르거나 예전에 농민들이 시장에 팔았던 비율의 두 배에서 세 배에 달할 정도로 증가했지만, 수매가는 낮았다. 농민들은 온갖 수단을 동원해서 소극적으로 저항하고 회피했지만, 체제는 끄떡하지 않고 식량과 종자를 비롯해 찾을 수 있는 모든 것을 가져갔다. 1932~1933년 겨울에 기근이 우크라이나, 볼가강 중류 지역, 카자흐스탄, 북부 카프카즈와 같은 소련의 중요 곡물 생산 지역을 휩쓸었다. 기근은 엄청나게 혹독한 유산을 남겼다. 볼가강 중류 지역을 떠돌던 소문에 따르면, 농민들은 자신들이 집단화에 저항했기에 체제가 의도적으로 기근이라는 징벌을 내렸다고 봤다. 소련 문서

---

* Виктор Петрович Данилов(1925~2004). 소련의 역사학자로 포병학교 졸업 후 1943~1945년에 2차 세계대전에 참전했다. 주로 농업집단화 시기의 농촌과 농민을 연구한 전문가이다.

보관소 자료를 바탕으로 최근에 계산한 결과에 따르면, 1933년에 기근으로 300만 명에서 400만 명이 사망했다.[22]

기근이 닥치자 당국은 1932년 12월에 국내 여권제도를 재도입했다. 도시 주민에게는 자동적으로 여권이 발급됐지만 농촌 주민에게는 그렇지 않았다. 당국은 굶주리는 농민들이 농촌을 떠나 도시에서 피난처를 찾고 배급을 받는 일을 막으려고 사력을 다했다. 이 조치는 집단화가 제2의 농노제라는 농민들의 믿음을 강화했다. 또한 서양에서 온 목격자들에게 집단화의 목적 중 하나가 농민들을 농장에 결박하는 것이라는 인상을 남기기도 했다. 소비에트 체제에 그런 의도는 없었다(기근이 만들어낸 특별한 상황을 제외한다면 말이다). 1930년대 내내 체제의 주요 목표는 급격한 공업화였다. 이는 도시 노동력을 급격하게 확장한다는 의미이다. 러시아 농촌이 인구 과잉 상태라는 생각은 오랫동안 받아들여진 진실이었고, 소련 지도자들은 집단화와 기계화가 농업 생산을 합리화하여 농업에 필요한 일손을 줄일 것이라 기대했다. 기능적 측면에서 집단화와 공업화 사이의 관계는 한 세기도 더 전에 영국에서 일어난 인클로저 운동과 산업혁명 사이의 관계와 공통점이 많았다.

물론 이것은 소련 지도자들이 이끌어내려고 한 비유는 아니다. 무엇보다도 마르크스는 영국에서 인클로저 운동과 농민 뿌리 뽑기가 유발한 고통을 강조했다. 장기적 측면에서 농민들이 그 과정을 거치면서 도시 프롤레타리아트로 변모해 '무식한 농촌 생활'에서 구원받고 더 높은 사회적 단계에 올랐다 할지라도 말이다. 소련 공산당원은 집단화와 그에 수반하는 농민의 외부 이주를 놓고 다소 비슷한 양면적 감정을 느꼈을지도 모른다. 이 이주 과정에는 공업지대에 새로 만들어진 일자리로 자발적으로 떠나는 것과 콜호즈에서 도망치는 것, 그리고 강제 이주를 당해서 비자발적으로 떠나는 것이 혼란스럽게 뒤섞여 있었다. 그러나 공산당원은 집단화와 관련된 재앙 때문에 수세에 몰려 당황했으며, 책임 회피와 미심쩍은 주장, 그릇된 낙관주의의 연막 안에 모든 의제를 숨기려 했다. 따라서 250만 농민이 영구히 도시로 이주해간 1931년에 스탈린은 "콜호즈가 농민들에게 아주 매력적인 것으로 드러났기에 농민들은 더 이상 농촌 생활의 비참함으로부터 달아나려는 전통적 충동을 느끼지 않는다"는 믿기 어려운 발언을 했다.[23] 그러나 이 말은 스탈린의 핵심 주장의 서두일 뿐이다. 스탈린의 핵심 주장은 콜호즈에서 노동력을 조직적으로 채용해 자연발생적이고 예측할 수 없는 농민의 탈주에 대처해야 한다는 것이었다.

1928년부터 1932년까지 소련의 도시 주민은 거의 1,200만 명이나 증가했고 이 가운데 최소한 1,000만 명이 농업을 떠나 임금노동자가 된 사람들이었다.[24] 러시아가 이전에는 경험하지 못했던 인구의 격변이었다. 어떤 나라도 그 짧은 기간에 이토록 커다란 격변을 겪어보지 못했다. 이 변화를 자세히 살펴보면 이주자 가운데는 젊고 건장한 농민이 많았다. 그 여파로 집단화된 농업은 지속적으로 취약성을 보였고 농민계급의 사기는 저하했다. 동시에 이주는 러시아 공업화에 나타난 역동성의 일부이기도 하다. 제1차 5개년 계획 내내 집단농장에 가입한 농부 세 사람 중 한 사람은 어디론가 가서 생산직 혹은 사무직 임금노동자가 되려고 마을을 떠났다. 농민의 이주는 집단화만큼이나 농촌에서 벌어진 스탈린 혁명의 일부였다.

문화혁명

제1차 5개년 계획 동안에 공산당원들의 주요 관심사는 내전 때 그랬던 것처럼 계급의 적을 상대로 한 투쟁이었다. 집단화 운동기에 '계급으로서의 쿨라크 박멸'은 공산주의 활동의 요체였다. 개인 기업가(네프맨)는 도시 경제를 재조직하면서 제거해야 할 계급의 적이었다. 동 시기에 국제 공산주의 운동은 '계급과 계급의 대결'이라는 호전적인 새 정책을 채택했다. 이 정책은 네프 기간 내내 횡행했던 유화적인 접근법을 모두 거부하는 것으로 문화 영역과 지적 영역에서도 실시됐는데, 이들 영역에서는 부르주아 인텔리겐치아가 계급의 적이었다. 옛 인텔리겐치아, 부르주아적 문화 가치, 엘리트주의, 특권, 일상적 관료주의를 상대로 한 투쟁은 당대인들이 '문화혁명'이라 이름 붙인 현상을 만들어냈다.[25] 문화혁명의 목적은 공산당과 프롤레타리아트의 '주도권' 확립이다. 이는 실질적 측면에서 당이 문화생활을 통제한다는 것을 확인하고, 젊은 공산당원·노동자 무리가 행정직·전문직 엘리트가 되는 길을 여는 것이다.

문화혁명은 1928년 봄에 당 지도부, 더 정확하게 말하자면 지도부 내의 스탈린 분파가 촉발했다. 앞으로 다가올 샤흐틔 재판

(224~225쪽을 보라)의 결과는 문화 영역에서 공산당이 경계를 게을리하지 말아야 한다고 요구하고, 부르주아 전문가의 역할을 재평가하며, 옛 인텔리겐치아들이 가졌던 문화적 우월성과 지도력을 거부하는 일과 짝을 이뤘다. 이 운동은 우파를 상대로 한 스탈린의 투쟁과 관련이 있었다. 우파는 부르주아 인텔리겐치아의 보호자이자, 비당원 전문가의 조언에 과하게 의지하고, 정부의 관료제 내에서 전문가와 옛 차르 관리의 영향력을 개의치 않으며, '썩은 자유주의'와 부르주아 가치에 감염되기 쉬운 자들로 묘사됐다. 우파는 혁명적 방식보다 관료제적 방식을 선호하고, 당 기구보다 정부 기구를 선호한다는 식이었다. 게다가 우파는 십중팔구 당의 프롤레타리아트 평당원과의 접점을 잃은 유럽화된 지식인이라고 공격을 받았다.

그러나 문화혁명에는 지도부 내 분파 투쟁 이상의 뭔가가 있다. 부르주아지의 문화적 지배에 맞선 싸움은 청년 공산당원뿐만 아니라, 네프 시기에 당 지도부에게 자신들의 운동이 좌절당한 수많은 호전적 공산당 조직, 그리고 자신들의 직업 영역에서 지도부와 마찰을 일으킨 다양한 비당원 지식인 집단에게까지 호소력이 있었다. 러시아프롤레타리아트작가협회(라프)*와 전투적무신론자연맹** 같은 집단은 1920년대 내내 문화적 대결의 장에서 더 공격적

---

* Российская ассоциация пролетарских писателей. 줄임말로 라프РАПП로도 알려진 문학 협회이다. 프롤레타리아트 문학을 확립하고 부르주아지 이데올로기의 작품을 비난하는 활동을 벌였다. 조선에서도 이에 영향을 받아 조선프롤레타리아예술가동맹(카프)이 설립됐다.
** Союз воинствующих безбожников. 1925년부터 1947년까지 존재한 무신론ㆍ반종교 투쟁 조직이다. 무신론 선전 작업, 박물관ㆍ전시회 설립, 과학교양서 출간, 각종 간행물 출판을 통해 적극적 활동을 펼쳤다.

인 정책을 선동했다. 공산주의학술원*과 붉은교수협회**의 젊은 학자들은 단단히 자리 잡은 선임 학자들과 싸우지 못해 안달이 나 있는 상태였는데, 이 선임들은 주로 비공산당원이었고 여전히 학계를 주도하고 있었다. 콤소몰 중앙위원회와 그 산하의 서기국은 항상 혁명적 '전위주의'를 지향했고 정책 결정에서 더 큰 역할을 갈망했는데, 콤소몰과 정책적으로 불화를 빚은 수많은 기관들이 관료제적 타락에 굴복하진 않았는지 오랫동안 의심했다. 젊은 급진파에게 문화혁명은 자기 존재를 입증하는 행위이자, 한 관찰자가 말한 대로 일종의 폭발이었다.

이러한 시각에서 보면 문화혁명은 구습 타파를 외치는 호전적 청년운동이었지만, 활동가들은 1960년대 중국 문화혁명의 홍위병처럼 당 지도부의 고분고분한 도구는 아니었다. 활동가들은 다른 사람들을 이끌고 지도하는 공산당원으로서 스스로의 권리를 주장하며 극도로 당 중심적인 사고를 했지만, 동시에 현존하는 대부분의 권위와 기구가 관료제적이자 '객관적으로 반혁명적인' 경향을 띠고 있다고 본능적으로 의심했다. 활동가들의 자의식은 프롤레타리아트(활동가 대부분이 사회적 배경이나 직업상 화이트칼라였지만)였고, 부르주아지, 특히 중년의 고상한 '속물 부르주아지'에 냉소적이었다. 내전은 자신들의 혁명의 기준이자 대부분의 수사적

---

* Коммунистическая академия. 1918년 설립됐고, 철학·역사·문학·예술·언어·건축·법률·정치·경제 등 다양한 학술 분과를 포함했다.
** Институт красной профессуры(줄여서 ИКП). 1921년 설립된 마르크스주의 사회과학 분야의 연구 기관이다. 당과 대학의 사회과학 분야에서 가장 이념적으로 충실한 간부를 양성하려는 목적으로 설립됐다.

비유의 원천이었다. 자본주의는 불구대천의 원수였지만 미국은 숭배하는 경향이 있었는데, 미국의 자본주의는 근대적이고 규모도 대단했기 때문이다. 모든 영역에서 급진적 혁신은 활동가들에게 막대한 호소력을 지녔다.

문화혁명의 이름으로 주도권을 쥔 다수가 자발적으로 행동하면서 예상치 못한 결과를 만들어내기도 했다. 투사들은 집단화의 최고조기에 반종교 운동을 마을에 퍼뜨려서, 콜호즈가 적그리스도의 작품이라는 농민들의 의심을 굳혔다. 콤소몰 '경기병'의 급습은 관청 업무를 방해했다. 콤소몰의 '문화 군대(기본적으로 문맹 퇴치를 위해 창설)'는 관료제적이라는 이유로 지역 교육부서를 대부분 폐지하는 데 성공했다. 이는 절대로 당 지도부의 목표가 아니었다.

열정 넘치는 젊은이들은 국립극장에서 휘파람과 야유 소리로 '부르주아적' 연극 상영을 중단시켰다. 문학에서 라프 투사들은 존경받는(엄격하게 프롤레타리아적이진 않았지만) 작가 막심 고르키를 비판하는 운동을 발족했다. 스탈린과 다른 당 지도자들이 이탈리아의 망명지에서 돌아오라고 고르키를 설득하고 있던 그때에 말이다. 정치 이론의 영역에서조차 급진주의자들은 자신들만의 길을 걸었다. 급진주의자들은 내전 때 공산당원 다수가 믿었던 것처럼 파멸로 가는 변화가 임박했다고 믿었다. 즉, 국가는 법이나 학교와 같은 익숙한 기구들과 함께 사멸할 것이었다. 1930년대 중반에 스탈린은 이 믿음이 잘못됐다고 꽤 분명하게 말했다. 그러나 스탈린의 말은 1년 넘게 무시됐고, 그 이후에야 당 지도부는 문화혁명 활동가의 규율을 다잡고 '경솔한 계획'을 끝내려는 진지한 시도에 돌입했다.

사회과학이나 철학 영역에서 젊은 문화혁명가는 때때로 스탈린과 당 지도부에게 이용되기도 했다. 스탈린과 당 지도부는 트로츠키나 부하린과 관련된 이론의 평판을 떨어뜨리고 멘셰비키 출신을 공격하거나 존경 받는 '부르주아적' 문화 기관이 당 통제에 복속하도록 만드는 데 문화혁명가를 동원했다. 그러나 문화혁명은 현실 정치 및 분파 음모의 세계와 매우 거리가 먼 이상적 유토피아주의의 짧은 융성과도 공존했다. 스스로의 직업 영역에서 따돌림을 당하고 그 생각이 별나고 비현실적이라고 비난받던 이상가들은 이제 새로운 '사회주의 도시'를 계획하고, 공동생활을 기획하며, 인간 본성을 변모시키려 고민하고, '새로운 소비에트형 인간'의 상을 그리기에 바빴다. 이상가들은 '우리는 새로운 세계를 건설하고 있다'는 제1차 5개년 계획의 구호를 진지하게 받아들였다. 따라서 1920년대 말에서 1930년대 초에 이르는 몇 년 동안 이상가들의 생각 역시 널리 알려지며 진지하게 받아들여졌고, 많은 경우에 다양한 정부기관이나 관청에서 지원금을 받기도 했다.

비록 문화혁명이 프롤레타리아적이라고 묘사되긴 하지만, 고급문화나 학계의 영역에서는 이를 문자 그대로 받아들여서는 안 된다. 예컨대 문학에서 라프의 젊은 활동가들은 '공산당'이라는 단어의 유의어로 '프롤레타리아트'라는 단어를 사용했다. 활동가들이 '프롤레타리아트의 주도권'을 확립한다는 말을 했을 때, 이는 문학계를 지배하고 문학 조직들 사이에서 공산당의 공인을 받은 유일한 대표로 인정받으려는 열망의 표출이었다. 확실히 라프 운동가들은 프롤레타리아트의 이름을 들먹이는 일에 냉소적이지 않았는데, 공장에서 문화 활동을 장려하고 전문 작가와 노동계급 사이의 소통 채널을 여는 데 최선을 다했기 때문이다. 그러나 이는 1870년대에 인민주의자들의 '인민 속으로' 정신과 거의 똑같았다(55~56쪽을 보라). 라프의 인텔리겐치아 지도자는 프롤레타리아트라기보다 프롤레타리아트를 위해 일하는 사람들이었다.

문화혁명의 프롤레타리아트적 측면이 실체를 지녔던 영역은 프롤레타리아트 '발탁' 정책이다. 이 시기에 소비에트 체제는 노동자·농민 편에 서서 소련식 '적극적 조치'* 기획을 활발하게 추구했다. 스탈린이 샤흐틔 재판을 놓고 이야기한 것처럼, 부르주아 인텔리겐치아의 배신으로 그들을 대신할 수 있는 프롤레타리아트를 가능한 한 빨리 훈련시켜야 했다. 공산주의자와 전문가라는 이전의 이분법은 폐기돼야 했다. 소비에트 체제가 스스로의 인텔리겐치아(스탈린의 용법에 따르면 행정·전문직 엘리트를 모두 포괄하는 용어)를 필요로 하는 시간이 됐고, 새 인텔리겐치아는 더 하위의 계급, 특히 도시 노동계급에서 충원돼야 했다.[26]

노동자를 행정직으로 '발탁'하고 젊은 노동자들을 더 상위의 교육기관으로 보내는 정책은 새로운 것이 아니었지만, 문화혁명 기간처럼 긴급하게 대규모로 수행된 적은 결코 없다. 막대한 수의 노동자들이 산업 경영진으로 발탁됐고, 소비에트나 당의 관리가 되

---

* 적극적 조치affirmative action는 문화적으로 차별을 겪었거나 겪고 있는 집단 구성원에게 특혜를 주는 사회 정책을 말한다. 다시 말해 고용 등의 분야에서 기존의 불평등을 시정하기 위해 취약계층에게 적극적으로 우선권을 부여하는 등의 행위를 의미한다.

거나 중앙정부 및 노동조합 관료제에서 숙청당한 '계급의 적' 자리에 임명됐다. 1933년 말에 소련에서 '지도 간부직이나 전문직'으로 분류된 86만 1,000명 중에서 6분의 1이 넘는 14만 명 이상이 5년 전만 하더라도 생산직 노동자였다. 그러나 이는 빙산의 일각에 불과했다. 제1차 5개년 계획 동안 사무직으로 옮겨간 총 노동자 수는 최소한 150만 명이었다.

스탈린은 젊은 노동자와 공산주의자를 상위 교육기관에 보내는 집중적인 운동도 개시했다. 이는 대학과 기술학교에서 엄청난 격변을 일으켰으며, '부르주아' 교수들을 분개하게 했고, 제1차 5개년 계획이 지속되는 동안 사무직 종사자 가정 출신의 고등학교 졸업생은 고등교육을 받기 어렵게 됐다. 제1차 5개년 계획 동안 약 15만 명의 노동자와 공산주의자들이 상위 교육기관에 진학했다. 대부분은 공학을 공부했는데, 공업화된 사회에서 지도부가 되기에 마르크스주의 사회과학보다 전문기술 지식이 유리하다고 여겼기 때문이다. 니키타 흐루쇼프, 레오니드 브레즈네프, 알렉세이 코시긴*을 비롯한 미래의 당과 정부 지도자 다수가 포함된 이 집단은 1937~1938년의 대숙청 이후에 스탈린주의 정치 엘리트의 핵심이 된다.

수년 후에 스스로를 '노동계급의 아들'로 부르길 좋아했던 이 혜택받은 집단 구성원에게 혁명은 프롤레타리아트에게 권력을 주고 노동자들을 국가의 주인으로 전환시킨다는 약속을 실제로 이행했

---

* Алексей Николаевич Косыгин(1904~1980). 소련의 정치인이다. 고스플란 위원장과 소련 장관회의 부의장을 거쳐 1964년부터 1980년까지 축출당한 흐루쇼프의 뒤를 이어 소련 장관회의 의장을 맡았다. 가격 책정 체계를 개선하고 이윤과 수익성을 기업의 새로운 성과 지표로 삼은 1965년 경제 개혁을 이끈 장본인이기도 하다.

다. 그러나 노동계급의 다른 구성원에게는 스탈린 혁명의 대차대조표가 훨씬 덜 만족스러웠다. 제1차 5개년 계획 동안 노동자 대부분의 생활수준과 실질임금이 급격하게 하락했다. 노동조합은 톰스키가 면직된 후 경영진과 협상해서 노동자들의 이해관계를 지키는 실질적 능력을 잃고 통제됐다. (쿨라크 출신을 포함한) 새로운 농민 구직자가 산업 직종에 물밀듯이 밀려들면서, 자신들이 노동계급과 특별한 관계를 맺고 있고 노동계급에게 특별한 의무를 지고 있다고 믿었던 당 지도자들의 인식은 약화됐다.[27]

제1차 5개년 계획 시기 동안 인구적·사회적 격변은 엄청났다. 수백만의 농민들이 집단화·탈쿨라크화·기근으로 농촌에서 쫓겨나 새 직업을 찾으러 도시로 몰려갔다. 그러나 이는 개인 및 가족의 안정된 삶의 양식을 파괴한 수많은 종류의 뿌리 뽑기 중 단지 하나일 뿐이다. 도시의 아내들은 일을 하러 나갔는데, 외벌이로는 삶을 꾸려나가기 충분치 않았기 때문이다. 농촌의 아내들은 도시로 사라진 남편에게 버려졌고, 부모를 잃어버리거나 부모에게 버려진 아이들은 보호자 없는 청소년들беспризорные로 구성된 갱단을 전전했다. 대학에 가고 싶었던 '부르주아' 고등학생들은 길이 막혔음을 깨달았고, 대신 고작 7년만 일반교육을 받은 젊은 노동자들이 공학 공부에 선발됐다. 자산을 몰수당한 네프맨과 쿨라크는 새로운 삶을 시작하려고 낯선 도시로 도망쳤다. 성직자의 자녀들은 부모를 따라 낙인이 찍히는 것을 피하려고 집을 떠났다. 열차는 제1차 5개년 계획 동안에 공산주의자들의 주요 관심사가 무엇인지는 알지도 못한 채 원하지도 않는 목적지로 추방자와 범죄자를 싣고 달렸다. 숙련 노동자는 경영진으로 '발탁'되거나 마그니토고르스크와 같은 먼 건설지역으로 '동원'됐다. 공산주의자는 집단농장을 운영하기 위해 시골로 보내졌다. 사무직원들은 정부기관을 '정화'하기 위해 해고됐다. 10년 전 전쟁·혁명·내전이라는 격변 이후에 정착할 시간이 없던 사회는 스탈린의 혁명으로 다시 한 번 가차 없이 흔들렸다.

도시와 농촌의 거의 모든 계급 주민들의 생활수준과 삶의 질이 하락했다. 농민들은 집단화의 결과로 가장 큰 고통을 겪었다. 그러나 도시의 삶도 비참해졌는데, 식량 징발, 줄 서서 기다리기, 신발과 의복을 포함한 소비재의 지속적인 부족, 주택의 심각한 과밀 사용, 사적 거래의 소멸과 관련된 끝나지 않는 불편함, 종류 불문한 도시 서비스의 악화 때문이다. 소련의 도시 인구는 1929년 초의 2,900만 명에서 1933년 초에는 거의 4,000만 명으로 4년 간 38퍼센트나 급상승했다. 모스크바의 인구는 1926년 말 200만 명을 넘었는데 1933년 초에는 370만 명으로 뛰어 올랐다. 같은 시기에 우랄 지역의 공업도시인 스베르들로프스크(옛 예카테린부르그 Екатеринбург)의 인구는 346퍼센트나 증가했다.[28]

정치 영역에서도 더 미묘한 종류의 변화가 많아졌다. 1929년 말에 스탈린의 50세 생일을 축하하면서 스탈린 숭배가 본격적으로 시작됐다. 당 협의회나 다른 큰 모임에서 공산주의자들은 우레와 같은 박수를 보내며 스탈린의 입장을 환영하는 일이 관례가 됐다. 그러나 항상 레닌을 염두에 뒀던 스탈린은 열광하는 분위기를 비난하는 듯했고, 당의 서기장이라는 공식적 지위는 변하지 않은 채

그대로였다.

좌익 반대파가 가차 없이 공격받은 일이 아직 생생했기에 '우파' 지도자들은 신중하게 처신했다. 그리고 우파의 패배 이후에 가해진 처벌도 그에 상응하게 온건했다. 그러나 우파는 당내의 마지막 공개적(혹은 준準공개적)인 반대였다. 1921년부터 이론상으로 존재하던 분파 금지는 이제 잠재 분파가 자동적으로 음모를 낳는다는 결과 때문에 실제로 존재하게 됐다. 당대회에서 정책을 놓고 공공연하게 불화를 빚는 모습은 거의 사라졌다. 당 지도부는 토의 내용을 점차 공개하지 않게 됐고, 중앙위원회 회의 의사록은 더 이상 정기적으로 회람되지 않았으며 일반 평당원은 접근할 수 없었다. 지도자들, 특히 최고 지도자들은 신비롭고 불가사의한 신처럼 행동하는 태도를 기르기 시작했다.[29]

소련 언론 역시 변했다. 1920년대에 보도했던 것보다 국내 문제를 덜 생생하고 덜 자세하게 보도했다. 종종 현실을 뻔뻔스럽게 왜곡하고 통계를 조작하는 방식으로 경제적 성취를 칭송했다. 좌절과 실패는 무시됐고, 1932~1933년 기근은 신문에 실리지 않았다. 더 높은 생산성을 권고하고 '파괴분자'를 경계하라는 내용이 이 시대의 풍조였다. 경솔함은 죄였다. 신문은 더 이상 메리 픽퍼드Mary Picford의 최신작 영화를 알리는 서양식 광고를 싣지 않았고, 교통사고나 강간, 강도 같은 잡다한 사건도 보도하지 않았다.

서양과의 접촉은 제1차 5개년 계획 시기에 훨씬 더 제한받고 위험해졌다. 러시아는 1917년 혁명과 함께 바깥 세계로부터 고립됐으나, 1920년대에는 왕래와 통신이 어느 정도 존재했다. 지식인들은 여전히 해외에 기고할 수 있었고, 외국 잡지도 주문할 수 있었다. 그러나 외국인 불신은 문화혁명 공개재판의 중요한 주제였다. 이는 지도부 내에서 외국인혐오증이 커지고 있음을 반영하며, 의심할 여지없이 주민들 사이에서도 마찬가지였다. '경제 자립'이라는 제1차 5개년 계획의 목표는 바깥세상과 담을 쌓는 일을 암시했다. 이 시기에 스탈린(그리고 스탈린 이후) 시기 소련의 특징이 될 닫힌 국경·포위 심성·문화적 고립이 확립되었다.[30]

표트르 대제* 시절처럼 국가가 강해짐에 따라 사람들은 야위어 갔다. 스탈린 혁명으로 국가 통제가 도시 경제 전체에 직접적으로 확산됐고, 농업을 착취하는 국가의 능력은 크게 증가했다. 스탈린 혁명은 경찰력을 크게 강화했고, 굴라그를 만들었다. 교정노동수용소는 (주로 자유 노동력 공급이 부족한 지역에 강제 노동을 공급하여) 공업화 추진과 긴밀하게 연결됐고, 앞으로 수십 년간 급격히 성장할 것이었다. 집단화와 문화혁명은 '계급의 적'을 박해하면서 복잡한 유산을 남겼는데, 여기에는 괴로움·고통·의심뿐만 아니라 고발·숙청·'자아비판'이라는 관행도 포함된다. 모든 자원과 모든 신경이 오로지 스탈린 혁명 과정에 긴박됐다. 이는 러시아를 후진성에서 끌어낸다는 목표가 얼마나 성취하기 어려웠는지를 보여준다.

---

* 표트르 알렉세예비치 로마노프Пётр Алексеевич Романов(1672~1725)는 러시아의 황제이다. 흔히 표트르 1세, 혹은 표트르 대제라고 부른다. 1682년부터 러시아차르국의 차르였으며, 1721년에 러시아제국을 개창하고 황제(임페라토르)가 됐다. 표트르 대제는 광범위한 서구화 개혁 정책을 펼쳐서 러시아를 유럽의 주요 열강으로 발돋움하게 했다. 페테르부르그를 건설해 수도로 삼음과 동시에 러시아 해군을 건설했고, 문자 개혁·외국 서적 번역·학술원 설립·신문 발행을 통해 문화 수준을 끌어올렸다. 또한 관등표를 제정해 관료제를 정비했고, 사법제도와 행정 체계를 손봤다.

06 ——————— 혁명의
종료

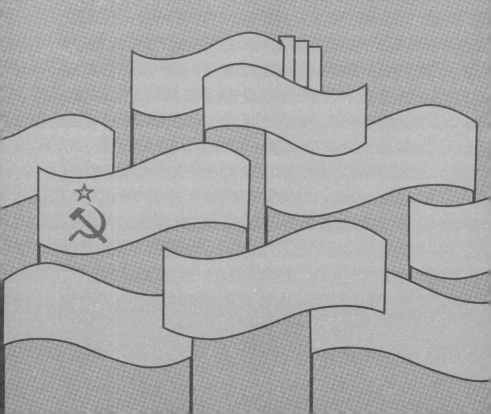

크레인 브린턴의 말에 따르면, 혁명은 환자를 사로잡는 열병과 같아서 정점에 올라서면 결국 가라앉아 환자를 정상 생활로 복귀시킨다. "아마 어떤 점에서 경험을 통해 실제로 강해지고, 비슷한 공격에 최소한 잠시 동안은 면역력을 가지나, 확실히 새로운 인간으로 태어나지는 않는다."[1] 브린턴의 비유를 사용한다면, 러시아 혁명은 열병으로 여러 번 발작을 겪었다. 1917년 혁명과 내전이 첫 번째 발작이고, 제1차 5개년 계획 시기의 '스탈린 혁명'이 두 번째였으며, 대숙청은 세 번째이다. 이러한 구성에서 네프라는 막간은 첫 발작과 두 번째 발작 사이의 회복기였다. 또는 혹자의 주장처럼 불운한 환자에게 또 다른 바이러스를 주입한 일이었다. 두 번째 회복기는 1930년대 중반에 트로츠키가 '소비에트 테르미도르'라 이름 붙이고 니콜라스 티마셰프*가 '대후퇴'라고 부른 안정화 정책과 더불어 시작됐다.[2] 1937~1938년 대숙청이라는 세 번째 발작이 지나간 뒤 열병은 치료된 것처럼 보였고, 환자는 침대에서 비

---

* Nicholas Timasheff(1886~1970). 러시아 출신의 미국 학자이다. 페테르부르그대학에서 법철학을 강의하다 1920년 미국으로 망명했다. 1946년 출간한 『대후퇴*The Great Treat*』에서 티마셰프는 1930년대에 볼셰비키가 사회주의적 가치에서 의도적으로 후퇴했다고 주장했다.

틀거리며 일어나 정상 생활을 재개하려 했다.

그러나 환자는 혁명적 열병으로 발작하기 전과 진정으로 같은 사람인가? 환자는 발작 이전의 삶으로 돌아갔는가? 확실히 네프라는 '회복기'는 여러 측면에서 1914년의 전쟁 발발, 1917년의 혁명적 격변, 그리고 이어진 내전으로 방해 받은 삶을 재개하는 것을 의미했다. 그러나 1930년대의 '회복기'는 그 성격이 달랐다. 이 시기에 이르면 이전 삶의 방식과 연결된 많은 부분이 파괴됐기 때문이다. 이제 회복은 이전의 삶을 재개한다기보다는 새로운 삶을 시작하는 문제였다.

러시아에서 일상생활의 구조는 제1차 5개년 계획이라는 격변을 거치면서 1917~1920년의 혁명적 경험으로는 진정으로 변하지 않았던 방식으로 변화했다. 네프라는 막간기인 1924년에 모스크바로 돌아온 시민은 도시 명부(혁명 전과 그 생김새와 판형이 거의 달라지지 않았기에 즉각 알아볼 수 있다)를 집어 들고 10년 전 자신의 의사, 변호사, 심지어 주식중매인이나 자신이 제일 좋아하는 제과점(여전히 최고급 수입 초콜릿을 조심스럽게 광고하는), 동네 선술집, 교구 신부, 예전에 시계를 수리했던 회사나 건축자재 및 금전 등록기를 공급해주던 회사의 목록을 찾을 가능성이 다분했다. 10년이 지난 1930년대 중반에 이르면 이 목록의 대부분은 사라졌다. 돌아온 여행자는 많은 거리와 광장의 이름이 바뀌고 성당이나 다른 친숙한 역사적 건물이 파괴된 모스크바에서 길을 잃어버린다. 몇 년 후에는 도시 명부 자체가 사라지고, 반백년 동안이나 출판이 재개되지 않을 것이다.

혁명은 인간의 활력·이상주의·분노를 비정상적으로 집중시키지만, 어느 시점이 되면 그 강렬함도 가라앉게 마련이다. 그러나 혁명을 거부하지 않고 어떻게 혁명을 끝낼 것인가? 혁명적 자극이 시드는 것을 볼 만큼 충분히 오래 권력을 잡은 혁명가들에게 이는 까다로운 문제였다. 왕년의 혁명가는 브린턴의 비유를 따라 스스로 혁명적 열병에서 이제 회복됐다고 선언할 수 없다. 그러나 스탈린은 이 도전에 충분히 대응했다. 스탈린이 혁명을 끝내는 방법은 승리를 선언하는 것이었다.

1930년대 전반기에 승리의 수사학이 만연했다. 작가 막심 고르키가 창간한 잡지 『나시 도스티제니야Наши достижения(우리의 성취)』는 이러한 정신의 전형이다. 소련의 선전가들은 공업화와 집단화 전투에서 승리했다고 자화자찬했다. 적 계급은 박멸됐다. 실업은 사라졌다. 초등교육은 보편적으로 의무가 됐고, 성인 문해율은 90퍼센트까지 올랐다(고 주장했다).[3] 제1차 5개년 계획과 함께 소비에트연맹은 인간이 세계를 제어하는 일에서 엄청난 발걸음을 내디뎠다. 인간은 더 이상 통제할 수 없는 경제의 힘에 당하는 무기력한 희생자가 아니었다. '새로운 소비에트형 인간'이 사회주의 건설 과정에 등장하고 있었다. 텅 빈 스텝 지대에 공장들이 들어서고 소련 과학자와 공학자가 '자연 정복'에 몰두하면서 물리적 환경마저도 변모했다.

혁명이 승리했다고 말하는 것은 은연중에 혁명이 끝났다고 말하는 것이다. 이제 혁명의 과실을 즐길 시간이다. 만일 혁명의 과실이란 것을 찾을 수 있다면, 혹은 어찌 됐든지 혁명의 분투를 그만두고 쉬려 한다면 말이다. 1930년대 중반에 스탈린은 삶이 더욱 즐거워졌다고 말하며, '우리 거리의 휴일'을 약속했다. 질서·중용·예측 가능성·안정이라는 미덕에 다시 공식적으로 호의를 표하게 됐다. 제2차 5개년 계획(1933~1937)도 중공업 기지 건설을 강조한 점은 변하지 않았지만, 극도로 야심에 가득 찼던 이전 계획보다는 더 온건하고 현실적인 계획이었다. 농촌에서 체제는 콜호즈를 제대로 작동시키기 위해 집단화의 틀 안에서 농민계급을 회유했다. 비마르크스주의 학자인 니콜라스 티마셰프는 당시의 변화를 혁명적 가치와 혁명적 방식에서의 '대후퇴'로 바라보며 만족했다. 트로츠키는 이를 '소비에트 테르미도르', 즉 혁명의 배반으로 범주화하면서 못마땅해 했다.

이 장에서 나는 혁명에서 혁명 이후로 이행하는 과정의 세 양상을 검토할 것이다. 첫 부분은 1930년대에 체제가 선포했던 혁명적 승리의 성격을 다룬다('완수된 혁명'). 두 번째 부분은 같은 시기의 테르미도르적 정책과 경향을 다룬다('배반당한 혁명'). 세 번째 주제인 테러는 1937~1938년의 대숙청을 말한다. 이는 우리에게 정상상태란 거의 승리만큼이나 달성하기 어렵다는 사실을 상기시키면서, 두 번째 부분의 '정상상태로 돌아가기'에 관한 새로운 관점을 보여준다. 체제가 혁명의 승리를 선언했을 때 어떤 공허함이 있었던 것처럼, 삶이 정상으로 되돌아가고 있다는 장담 속에도 거짓과 환상이 섞여 있었다. 주민들은 이를 받아들이기를 희망했지만 말이다. 혁명을 끝낼 쉬운 방법은 없다. 혁명적 바이러스는 긴장 상태가 되면 다시 확 타오를 여지를 남겨 두고 체제 안에 머무른다.

이것이 다시 타오른 사건이 대숙청이다. 대숙청은 혁명에 남아 있던 것들, 이를 테면 이상주의, 변모를 향한 열정, 혁명적 어휘, 그리고 혁명가 자신까지 대부분 불태워버린 혁명적 열병의 마지막 발작이다.

'완수된 혁명'

1934년 초에 열린 제17차 당대회는 '승리자들의 대회'로 불렸다. 여기서 승리는 제1차 5개년 계획 시기에 일군 경제적 변모를 말한다. 도시 경제는 작은 협동조합 부문만 제외하고 완전히 국유화됐고, 농업은 집단화됐다. 따라서 혁명은 생산양식을 바꾸는 데 성공했다. 그리고 마르크스주의자라면 모두 알듯이, 생산양식은 사회·정치·문화라는 모든 상부구조의 총체가 기초를 두는 경제적 토대이다. 이제 소련이 사회주의적 토대를 닦았는데, 어떻게 상부구조가 그에 맞춰 적합해지지 않겠는가? 공산당원은 토대를 변화시킴으로써 사회주의 사회를 만들기 위해 해야 할 모든 것, 십중팔구 마르크스주의적 측면에서 할 수 있는 모든 것을 했다. 휴식은 시간 문제였다. 자본주의가 부르주아 민주주의를 만들어냈듯이, 사회주의 경제는 자동적으로 사회주의를 만들어낼 것이다.

이는 이론상의 공식이다. 실제로 공산당원 대부분은 혁명적 과업과 승리를 더 간단한 용어로 이해했다. 혁명적 과업이란 제1차 5개년 계획에서 완벽한 보기로 나타난 공업화와 경제적 근대화이다. 모든 굴뚝과 모든 트랙터가 승리의 상징이었다. 혁명이 소련에서 공업화된 강력한 근대국가의 기반을 닦고 스스로를 외부의 적으로부터 방어하는 데 성공했다면, 혁명은 그 임무를 성취한 것이다. 이러한 점에서 혁명은 무엇을 성취했는가?

모든 사람이 소련의 공업화가 만들어낸 뚜렷한 표시를 눈으로 확인할 수 있었다. 공사 현장은 어디에나 있었다. 제1차 5개년 계획 동안 도시는 맹렬하게 성장했다. 옛 산업 중심지는 광대하게 확장됐고, 조용하던 지방 도시에 거대한 공장이 출현했으며, 새로운 공업·광업 지대가 소련 전체에서 출몰했다. 대규모 금속 공장과 기계 제작 공장이 건설 중이거나 이미 운영을 시작했다. 투르크시브 철도*와 거대한 드니프로 수력발전 댐**이 지어졌다.[4]

제1차 5개년 계획은 실행 후 4년 반 만인 1932년에 성공적으로 끝났다고 선언됐다. 우리는 소련의 선전 공세의 주제였던 공업화의 공식 결과를 매우 조심스럽게 다뤄야 한다. 그럼에도 서양 경제학자들은 월트 로스토우***가 훗날 공업적 '도약'이라고 이름 붙일

---

* 정식 명칭은 투르케스탄-시베리아 철도Туркестано-Сибирская магистраль로, 줄여서 투르크시브Турксиб로 부른다. 중앙아시아와 시베리아를 잇는 노선으로 19세기 말에 계획하고 20세기 초에 착공했지만 재정상의 문제와 1차 세계대전으로 진척이 어려웠다. 1926년 남은 1,442킬로미터의 구간 건설에 착수해서 완성된 투르크시브는 제1차 5개년 계획 완수의 상징 중 하나가 됐다.

** 드니프로 수력발전 댐은 지금의 우크라이나 자포리자Запоріжжя에 있는 드니프로강에 설치된 거대한 댐으로 제1차 5개년 계획의 상징적 건축물 중 하나이다. 고엘로 계획과 더불어 구상됐고 1927년에 착공해서 1932년에 완공됐다. 2차 세계대전 중 붉은 군대가 퇴각하면서 전략적으로 파괴했으며, 전쟁이 끝나고 1944년부터 1949년까지 재건됐다.

*** Walt Whitman Rostow(1916~2003). 미국의 저명한 경제학자이자 반공 사상가이다. 자본주의와 자유 기업의 효율성을 지지했으며, 1966년부터 1969년까지 린든 존슨 행정부에서 국가안보보좌관으로 일했다.

만큼의 진정한 성장이 있었다는 사실을 일반적으로 받아들였다. 영국의 한 경제사가는 제1차 5개년 계획의 결과를 요약하면서 "전체적으로 주장이 모호하지만, 강력한 공학 산업이 형성되고 있었으며, 공작기계·터빈·트랙터·금속설비 등의 산출량이 인상적으로 상승했다는 사실은 의심할 여지가 없다"고 언급한다. 강철 생산은 목표에는 크게 미달했지만, 어쨌든 (소련의 통계에 따르면) 거의 50퍼센트 가까이 상승했다. 철광석 산출량도 계획보다는 부족하지만 두 배 이상 증가했고, 무연탄과 선철도 경제연도 1927/32년*부터 1932년까지 두 배 가까이 증가했다.[5]

가차 없이 속도와 생산량을 강조한 공업화 추진은 당연히 문제도 안고 있다. 산업 현장에서는 안전사고가 흔했고, 물자 낭비도 엄청났다. 제품의 품질은 낮았고, 불량품의 비율도 높았다. 소련식 전략은 재정·인력 측면에서 값비싼 대가를 치러야 했고, 심지어 경제 성장의 측면에서도 최선의 방법은 아니었다. 한 서양 경제학자는 소련이 네프를 유지했어도 1930년대 중반까지 비슷한 수준의 성장을 달성할 수 있었다고 계산했다.[6] 너무나 많은 경우에 '계획의 이행 및 초과 달성'은 합리적인 전체 계획을 폐기하고 어떤 값을 치르더라도 생산 우선순위 목록 상단에 적힌 목표에만 매달리는 것을 의미했다. 새 공장에서 트랙터나 터빈과 같은 매력 넘치는 상품을 생산했지만, 제1차 5개년 계획 전체를 통틀어 못이나 포장재

---

* 초기 소련에서 경제연도는 매년 10월 1일부터 다음 해 9월 30일까지였다. 예컨대 본문에 나온 1927/28년은 1927년 10월 1일부터 1928년 9월 30일까지를 일컫는 것으로, 흔히 물결표시로 표기하는 일반 연도와는 다르다. 경제연도와 일반 연도 사이의 불일치는 1930년에 10월부터 12월까지를 '특별 분기'로 지정하고, 1931년부터 그 구분을 없애면서 사라졌다.

가 극심하게 부족했다. 집단화의 계획되지 않은 결과로 농민의 자재 운반 및 짐마차 수송이 붕괴하면서 전 공업 부문이 그 영향을 받았다. 돈바스 석탄산업은 1932년에 위기를 맞았고, 다른 수많은 주요 산업부문에서도 심각한 건설 및 생산 문제가 발생했다.

그럼에도 불구하고 소련 지도자들은 공업 부문에서 뭔가 놀랄 만한 것을 달성하고 있다고 진정으로 믿었다. 사실상 모든 공산당이 이 믿음을 공유했고, 예전에 좌익 및 우익 반대파에 공감했던 사람들조차 그랬다. 당과 맺은 관계를 차치하더라도, 젊은 세대는 여기에서 자부심이나 흥분과 비슷한 감정을 느꼈다. 그리고 어느 정도는 도시 인구 전체가 그랬다. 많은 옛 트로츠키주의자들이 제1차 5개년 계획에 열광하며 반대파를 떠났고, 트로츠키 자신마저도 기본적으로는 이 계획을 인정했다. 1928~1929년에 우파에 기댔던 공산주의자들은 자신의 입장을 철회하고, 공업화 추진에 전적으로 지지를 표했다. 처음에는 이 계획에 반대하던 이들도 스탈린의 노선을 결산한 후에는 마그니토고르스크, 스탈린그라드 트랙터 공장, 다른 거대한 공업 기획이 가혹한 탄압과 과잉 집단화 같은 부정적 양상의 결점을 메우기에 충분했다는 사실을 받아들일 수밖에 없었다.

집단화는 제1차 5개년 계획의 아킬레스건이자 위기의 지속적 원천, 대결, 자의적 해결책이었다. 긍정적 측면에서 보자면 집단화는 국가의 바람대로 싼 가격에, 협상할 필요도 없이, 농민들이 팔기 원하는 양보다 더 많은 양의 곡물을 조달했다. 다른 한편으로는 농민들에게 적개심을 남겼고, 일하려는 의지를 떨어뜨렸으며, 대규모로 가축을 도살하게 했다. 또한 1932~1933년 (경제·행정 체계를 통틀어 위기를 촉발한) 기근을 초래했으며, 국가가 '농민계급 쥐어 짜기'라는 원래의 전략 이상으로 농업부문에 투자하게 했다.[7] 집단화는 이론상 많은 것을 의미할 수 있다. 1930년대 소련에서 실행된 집단화는 농민계급이 당연히 '제2의 농노제'라고 간주할 만한 국가의 경제적 착취의 극단적 형태였다. 이는 농민뿐만 아니라 집단화를 직접 경험한 공산당 간부의 사기도 떨어뜨렸다.

아무도 집단화로 행복해지지 않았다. 집단화는 공산당원의 눈에는 승리한 전투로 보였으나 비싼 값을 치렀다. 더 나아가 실제로 만들어진 콜호즈는 공산주의적 꿈의 콜호즈나 소련 선전물에서 묘사한 콜호즈와 매우 달랐다. 꿈의 콜호즈가 대규모의 기계화된 근대 농업의 명소였던 반면에, 실제 콜호즈는 마을에 기반을 둔 소규모의 원시적 농업이었다. 트랙터는 지역 기계-트랙터 사업소로 옮겨졌고, 집단화 도중에 말을 도살했기 때문에 전통적 견인력마저도 심각하게 부족했다. 집단화와 함께 마을의 생활수준이 현저하게 떨어졌는데, 많은 곳에서 겨우 목숨만 부지할 수 있는 수준으로까지 추락했다. 시골에서 전기 설비는 1920년대보다 찾아보기 힘들었다. 전기를 생산하는 수력 터빈을 가지고 있던 '쿨라크' 제분업자들이 사라졌기 때문이다. 많은 농촌 공산당 관리의 생각과 달리 집단화된 농업은 완전히 사회주의화된 것도 아니었다. 농민들에게 소규모 사유지가 허락됐기 때문인데, 이는 농민들에게 집단농장에서 작업하는 일은 대충 하도록 장려한 꼴이다. 1935년에 스탈린이 인정한 대로 사유지는 농민 가족의 생존에 필수였다. 농민 대부분(그리고 국가)에게 우유, 달걀, 채소를 제공했기 때문이다. 1930년대의 농민은 콜호즈에서 일한 대가로 전체 수확량의 아주 일부만 받았다.[8]

혁명의 정치적 목표라는 점에서 보자면, 많은 공산주의자들에게 1931년, 1932년, 그리고 1933년의 힘겨운 시기를 거쳐 체제가 생존한 것 그 자체가 승리, 심지어 기적이라고 말하는 것은 별로 과장이 아니다. 그래도 공적으로 축하할 만한 승리는 아니었다. 더한 뭔가가 필요했고, 되도록이면 사회주의와 관련된 무엇이 필요했다. 1930년대 초에 '사회주의 건설'이나 '사회주의 건축' 같은 용어가 유행했다. 그러나 한 번도 명확하게 정의되지 않은 이 말들은 완료보다 과정 자체를 제시했다. 1936년에 새로운 소련 헌법이 도입되면서 스탈린은 '건설'의 장이 끝났다는 뜻을 내비쳤다. 이는 소련에서 사회주의가 기정사실이라는 점을 의미한다.

사회주의는 이론상으로는 꽤 도약했다. '사회주의'가 정확히 무슨 뜻인지는 항상 모호했지만, 레닌이 1917년 9월에 쓴 『국가와 혁명』이 기준이라면 사회주의에는 지역('소비에트') 민주주의, 계급 적대와 계급 착취의 소멸, 국가의 사멸이 포함된다. 마지막 필요조건이 걸림돌이었다. 가장 낙관적인 소련 마르크스주의자조차 소련 국가가 사멸한다든가, 혹은 가까운 미래에 사멸할 가능성이 있다고는 주장할 수 없었기 때문이다. 이에 대해 새로운, 혹은 최소한 지금까지 무시된 사회주의와 공산주의의 이론상의 차이점을 도입한 해결책이 나왔다. 알고 보니 국가의 사멸은 **공산주의**하에서만 발생한다는 것이다. 사회주의는 혁명의 최종 결말은 아니지만, 소련이 자본주의적 포위의 한복판에서, 그리고 상호 적대적인 국민국가로 가득 찬 세상에서 성취할 수 있는 최선이다. 세계혁명이 도래하면 국가는 사멸할 수 있다. 그때까지는 세계에서 유일한 사회주의 국가를 수호하기 위해 소련은 힘 있고 강력해야만 했다.

소련에 등장한 사회주의의 특징은 무엇인가? 이 질문의 답은 1918년 러시아공화국 혁명 헌법 이래로 첫 헌법인 새 소련 헌법에서 드러난다. 이 헌법을 이해하려면 혁명과 사회주의 사이에 프롤레타리아트 독재라는 이행기가 있다는 마르크스-레닌주의 이론을 떠올릴 필요가 있다. 1917년 10월에 러시아에서 시작된 그 이행기는 옛 자산계급이 프롤레타리아 국가의 몰수와 파괴에 저항하는 강도 높은 계급전쟁이라는 특징을 지녔다. 스탈린이 새 헌법을 도입하면서 설명한 바로는, 프롤레타리아트 독재에서 사회주의로 이행은 바로 계급전쟁의 종식을 의미한다.

새 헌법은 모든 소련 시민에게 동등한 권리를 부여하고 사회주의에 어울리는 자유를 보장했다. 이제 자본주의적 부르주아지와 쿨라크는 소멸됐고, 계급투쟁은 사라졌다. 소련 사회에 노동계급, 농민계급, 인텔리겐치아(이는 엄격히 말해 계급이라기보다는 계층이었다)라는 계급이 여전히 존재하지만, 그 관계는 적대 관계도 착취 관계도 아니었다. 그들의 지위는 동등했고, 그들이 사회주의와 소련 국가에 기울이는 헌신도 똑같았다.[9]

이 주장은 소련 밖의 많은 시사 평론가들을 수년간 극도로 화나게 했다. 사회주의자들은 스탈린 체제가 진정한 사회주의라는 것을 부인했다. 다른 사람들은 헌법이 약속한 자유와 평등이 엉터리라고 지적했다. 얼마나 사기였는지, 사기를 치려는 의도가 어느 정도였는지 등을 논쟁할 만한 여지는 있겠지만,[10] 이들이 비판한 이유는 헌법이 소련의 현실과 거의 무관했기 때문이다. 그러나 지금 우리가 이 헌법을 그렇게 심각하게 다룰 필요는 없다. 혁명이 승리했다는 주장을 검토할 때, 헌법은 공산당이나 사회 전체에 여운을 거의 남기지 못한 때늦은 덧붙임에 불과하다. 대부분의 사람들은 무관심했고, 일부는 혼란스러웠다. 소련에 사회주의가 이미 존재한다는 소식을 들은 한 젊은 기자는 통렬한 응답을 남겼다. 그 기자는 사회주의의 미래를 진심으로 신봉했으며, 고향 마을의 삶이 얼마나 원시적이고 비참한지 알고 있었다. **이것**이 사회주의였을까? "이전에도 이후에도 결코 나는 그런 실망감과 슬픔을 맛본 적이 없다."[11]

동등한 권리를 보장한 새로운 헌법은 1918년 러시아공화국 헌법과 많은 부분에서 달라졌다. 1918년 헌법은 동등한 권리를 명시적으로 부여하지 **않았다.** 옛 착취계급 출신의 투표권을 박탈했고, 도시 노동자의 표에 농민들의 표보다 훨씬 큰 비중을 부여했다. 이와 연관된 모든 조항은 계급 차별에 관한 법률과 규제를 설정한 정교한 구조로, 혁명 이후에 노동자에게는 특권을 부르주아지에게는 불이익을 주려고 설계됐다. 이제 1936년 헌법하에서는 계급에 상관없이 모두에게 투표권이 부여되었다. '투표권 박탈자 лишенцы'라고 낙인 찍힌 범주는 사라졌다. 계급 차별 정책과 관행은 새 헌법 이전에도 없어지고 있는 중이었다. 예컨대 대학 입시에서 노동자 출신을 우대하던 차별은 몇 년 전부터 이미 급감했다.

따라서 헌법이 결코 완전하지는 않았지만 계급 차별을 크게 줄인 것은 사실이다. 옛 방식으로 일을 처리하던 공산당원들은 여기에 상당히 저항했다.[12] 변화의 중요성을 두 가지 방식으로 해석할수 있다. 한편으로 계급 차별의 감소를 사회주의적 평등의 전제조건으로 볼 수 있다('완수된 혁명'). 다른 한편으로 체제가 프롤레타리아트를 확실히 포기했다고도 볼 수 있을 것이다('배반당한 혁명'). 새 질서하에서 노동계급의 상태와 노동계급이 국가와 맺는 관계는 불분명한 채로 남았다. 프롤레타리아트 독재의 시대가 끝났다는 공식적인 선언은 결코 없었다(만약 소련이 이미 사회주의 시기로 들어섰다면 이는 논리적으로 올바른 추론이다). 그러나 표현은 '프롤레타리아트 주도권' 같은 용어에서 '노동계급의 지도적 역할'과 같은 부드러운 어구로 옮겨 갔다.

트로츠키 같은 마르크스주의 비판자는 사회적 지지의 주요 원천인 노동계급을 관료제로 대체하면서 당이 버팀목을 잃었다고 말할지도 모른다. 그러나 스탈린의 시각은 달랐다. 스탈린의 관점에서, 혁명의 가장 큰 성취 중 하나는 노동계급과 농민계급에서 충원한 (본질적으로 새로운 관리 및 전문직 엘리트를 의미하는) '새로운 소비에트 인텔리겐치아'였다.[13] 이제 소비에트 체제는 충성심이 항상 의심스러운 옛 엘리트 출신에게 의존하지 않아도 됐다. 그 자리를 체제가 스스로 길러낸 '지도적 간부와 전문가'가 대체했다. 이들은 혁명 덕분에 발탁되고 경력을 쌓았으며 혁명에 (그리고 스탈린에게) 완벽하게 충성스러웠기에 신뢰할 수 있었다. 체제가 '지휘자로 발탁된 어제의 노동자와 농민'인 이 '새로운 계급'을 사회적 기반으로 갖게 됐을 때, 프롤레타리아트와 관련된 모든 쟁점과 더불어 프롤레타리아트가 체제와 맺은 특별한 관계는 더 이상 스탈린에게 중요하지 않았다. 무엇보다도 스탈린이 1939년 제18차 당대회에서 한 발언이 시사하듯이, 옛 혁명적 노동계급이라는 꽃이 사실상 새로운 소비에트 인텔리겐치아로 옮겨 심어졌고, 출세하지 못한 노동자들이 질투를 느낀다면 이것은 그들에게 그만큼 더 불행한 일일 뿐이다. 새로운 엘리트 내부의 '노동계급의 아들들'이 이 시각을 전적으로 수긍했다는 사실은 의심할 여지가 없다. 도처에서 상향 이동해온 새로운 엘리트는 스스로의 불우한 배경을 자랑스러워하는 동시에 거기에서 떠난 것을 기뻐했다.

'배반당한 혁명'

자유·평등·형제애의 서약은 거의 모든 혁명의 일부이다. 그러나 승리한 혁명가들이 대부분 불가피하게 어기는 서약이기도 하다. 볼셰비키는 마르크스를 읽었기에 이 사실을 미리 알고 있었다. 볼셰비키는 유토피아 몽상가가 아니라 빈틈없는 과학적 혁명가가 되기 위해서 심지어 10월 혁명으로 도취된 순간에도 최선을 다했다. 볼셰비키는 계급전쟁과 프롤레타리아트 독재가 자유·평등·형제애를 가져다줄 것이라는 약속을 회피했다. 그러나 고전적 혁명 구호를 거부하기란 열정 없이 혁명을 수행하는 것만큼이나 어려웠다. 고참 볼셰비키 지도자들은 정서상 다소 평등주의적이고 자유지상주의적일 수밖에 없었다. 그리고 마르크스주의 이론에도 불구하고 다소 몽상적이기도 했다. 1917년과 내전 때 입당한 새로운 볼셰비키도 지적으로 이를 꺼리지 않았고 고참 볼셰비키와 같은 정서적 반응을 보였다. 볼셰비키가 정확히 평등주의·자유지상주의·유토피아주의 혁명에 착수하지는 않았지만, 혁명은 최소한 볼셰비키를 간간이 평등주의적이고 자유지상주의적이고 유토피아적으로 만들었다.

10월 이후 볼셰비키주의에서 나타난 극도의 혁명적 긴장은 제1차 5개년 계획 중에 더 강해졌다. 문화혁명은 그 연장선상에서 스스로의 한계를 넘었고, 뒤이어서 더 온건하고 덜 실험적인 사회·문화 정책으로 복귀했다. 여기에 '대후퇴'라는 이름이 붙었다. 이 용어는 1930년대의 일부 중요한 '혁명적' 특징, 즉 무엇보다도 농업이 이제 집단화됐고 도시의 사적 거래가 불법이 되었으며 새로운 테러의 물결이 문화혁명 붕괴 이후 불과 5년 만에 발발할 것이라는 측면을 가리기는 하지만, 1930년대 중반에 발생한 이행의 두드러진 측면을 정확히 설명한다. 물론 여기에 대한 해석은 관점에 따라 달라지는 문제이다. 마그니토고르스크나 콤소몰스크나아무레*로 가서 사회주의를 건설하기를 열망했던 열렬한 젊은이들은 변화에 의미를 두는 데 집착하거나 스스로 혁명적 '후퇴'의 시기를 살고 있다고 간주하는 것처럼 보이지 않았다.[14] 다른 한편으로 고참 볼셰비키, 특히 지식인들은 거슬리는 변화들을 발견했는데, 예

---

* Комсомольск-на-Амуре. 하바로프스크 지방Хабаровский край의 도시로 아무르 강변의 콤소몰스크(콤소몰의 도시)라는 뜻이다. 1932년에 청년동맹원들의 자원 노동으로 지어졌다.

컨대 체제는 특히 계서제를 더욱 강조하고 있었고 엘리트의 특권을 받아들였다. 이전에는 스스로를 프롤레타리아트와 동일시하던 체제의 태도가 이제 바뀌었다. 사람들은 혁명이 배반당했다는 트로츠키의 비난에 동의하지 않았을지도 모르나, 트로츠키가 무슨 말을 하는지는 알았을 것이다.

'대후퇴'는 생활 태도의 영역에서 가장 놀랍도록 뚜렷했다. 이 영역의 변화를 두고 지지자들은 '세련'됐다고, 트로츠키 같은 비판자는 부르주아화라고 표현했다. 1920년대에는 볼셰비키 지식인들조차 프롤레타리아다운 생활 태도를 연마했다. 예컨대 스탈린이 당의 청중들에게 스스로를 '상스러운' 인간이라고 말했을 때, 그 발언은 자기 비하라기보다는 자기선전처럼 들렸다. 그러나 1930년대에 스탈린은 소련공산당원과 외국 기자에게 스스로를 레닌처럼 교양 있는 사람으로 소개하기 시작했다. 당 지도부 내에서 새로 올라온 흐루쇼프 무리는 자신들이 프롤레타리아트 출신이라는 데에 자부심을 느꼈지만 한편으로는 농민처럼 행동할까봐 걱정했다. 이런 이들이 스스로의 문화 수준에는 자부심을 느꼈지만 부르주아 지식인처럼 행동할까봐 걱정하던 부하린과 같은 무리를 수적으로 능가하기 시작했다. 하위 관료집단 수준에서 공산당원은 정중한 행동 습관을 배우려 했고, 상향 이동하지 못한 프롤레타리아트 구성원으로 오해받는 것을 원하지 않았기에 군화와 납작모자를 벗어던졌다.

경제 영역에서 제2차 5개년 계획은 온건한 계획으로 이행했다는 특징을 가지며, 그에 따른 노동 표어는 생산성 향상과 기술 습득이었다. 습득한 기술에 따라서, 그리고 기준량을 넘어서는 생산에 따라서 노동자들의 임금 격차가 벌어지면서 물질적 성과급의 원칙이 확립됐다. 전문가의 봉급은 인상됐고, 1932년에 공학자와 기술자의 평균 봉급은 노동자의 평균 임금과 비교해볼 때 소비에트 시기 전후를 통틀어 가장 높았다. (생산 기록을 세운 돈바스 지역의 광부 이름을 딴) 스타하노프 운동*은 집단을 희생하면서 개별 노동자를 찬양했다. 스타하노프 운동가들은 최대 생산량을 경신한 자였고, 그들의 성취를 후하게 보상받았으며, 언론의 환대를 받았다. 그러나 현실 세계에서는 거의 필연적으로 동료 노동자들이 분개하고 만나길 꺼려하는 사람들이었다. 운동가들은 혁신가이자 생산을 합리화하는 자였고, 전문가로부터 보수적 지혜에 도전하라고 권고받았으며, 기준량을 올리라는 상부의 끊임없는 압박에 저항하고자 공장 경영진·기술자·노동조합 부문 사이에서 통용됐던 무언의 동의를 폭로하라는 부추김을 받았다.[15]

교육에서는 1920년대의 더 온건한 진보적 경향뿐 아니라 문화혁명이 불러온 극도의 실험적인 발전까지 1930년대에 이르러 완전히 뒤집혔다. 숙제, 교과서, 정규 교실의 가르침과 규율이 다시 돌아왔다. 1930년대 후반에 소련 고등학교의 남녀 학생은 이전 차르 시절의 전신前身인 김나지야**에 다니던 선배들과 매우 비슷한

---

* 돈바스의 광부 알렉세이 그리고리예비치 스타하노프Алексей Григорьевич Стаханов(1906~1977)는 1935년 8월 31일, 5시간 45분 만에 102톤의 석탄을 채굴해서 유명해졌다. 곧 소련 전역에서 스타하노프를 본받아 다양한 방식으로 목표 초과와 생산성 향상을 위해 힘쓰자는 움직임이 봇물처럼 터져 나왔고, 스탈린 지도부도 이를 계기로 스타하노프 운동이라고 알려지게 될 생산 증대 운동을 새롭게 시작했다.

** 김나지야Гимназия는 김나지움Gimnasium으로 잘 알려진 중등교육기관의 러시아어 명칭.

교복을 다시 입었다. 대학교와 기술학교의 입학조건은 사회적·정치적 계층이 아니라 또다시 성적에 기반을 두게 됐다. 교수들은 권위를 돌려받았다. 그리고 시험·학위·학계의 직함이 원상태로 회복됐다.[16]

당대의 삶과 무관하고 전통적으로 애국주의와 지배계급의 이념을 주입하는 데 사용됐다는 이유로 혁명 직후 추방됐던 역사 과목이 고등학교와 대학의 교육과정에 다시 등장했다. 1920년대에 우세했던 고참 볼셰비크 역사가 미하일 포크로프스키*와 관련된 마르크스주의 역사 상표는 역사를 이름·날짜·영웅·감정의 북돋움 없는 계급투쟁의 추상적 기록으로 축소시킨다는 이유로 평판이 떨어졌다. 스탈린은 새 역사 교과서를 주문했는데, 이 중 다수는 포크로프스키의 오래된 적들, 즉 마르크스주의에 대해 입에 발린 말만 하는 전통적 '부르주아' 역사가가 쓴 책이었다. 이반 뇌제**나 표트르 대제 같은 옛 차르 시대의 위대한 러시아 지도자들을 포함한 영웅들이 역사로 되돌아왔다.[17]

볼셰비키는 성해방에 의구심을 품었지만, 혁명 이후 낙태와 이

---

* Михаил Николаевич Покровский(1868~1932). 러시아의 마르크스주의 역사가이다. 1905년부터 볼셰비키당원으로 활동했다. 10월 혁명 이후 모스크바 소비에트의 의장이 됐고, 1921년 붉은교수협회 창설의 주역이었다. 1929년에는 소련학술원의 원장으로 선출됐다. 그러나 사후에는 그의 역사관이 반마르크스주의적이라는 이유로 비난받고 규탄의 대상의 됐다.

** 이반 4세 바실리예비치Иван IV Васильевич(1530~1584)는 1533년부터 1547년까지 모스크바대공국의 대공이었고, 1547년에 러시아차르국을 선포하며 차르라는 호칭을 사용했다. 이반 그로즈늬Грозный라고도 하는데 이는 두려움을 주는 자라는 뜻으로 일본에서 의역한 명칭인 이반 뇌제雷帝로도 많이 불린다. 이반 4세는 카잔Казань · 아스트라한Астрахань · 시비르Сибирь 칸국을 병합해 러시아 영토를 두 배 가까이 늘렸으며, 젬스키 소보르земский собор라 불리는 봉건 신분제 의회를 소집했다.

혼을 합법화했으며 여성의 일할 권리를 강하게 지지했다. 볼셰비키는 일반적으로 가족과 전통적 도덕 가치를 적으로 간주했다. 1930년대에 모성과 가정생활의 가치가 되돌아왔다. 이를 반동적 움직임이나 공공 여론 때문에 한 양보, 혹은 둘 다로 읽을 수도 있다. 금으로 만든 결혼반지가 다시 상점에 진열되고, 자유결혼이 법적 위치를 잃었으며, 이혼은 더 어렵게 됐고, 가족을 책임지지 않는 사람들은 가혹하게 비판받았다("가난한 남편과 아버지는 좋은 시민이 될 수 없다"). 낙태는 찬반 양쪽으로 팽팽하게 갈라진 공개 토론 이후에 금지됐다.[18] 남성 동성애는 제대로 된 설명 없이 불법화됐다. 이전 시기에 전통에서 해방된 태도에 동화됐던 공산주의자들에게, 이 모두는 그들이 두려워했던 소부르주아지적 속물근성처럼 보였다. 모성과 가족을 감상적으로, 그리고 도덕적으로 더 나은 체하며 대하는 분위기가 특히 더 그랬다.

1929년에서 1935년 사이에 사상 처음으로 거의 400만 명에 가까운 여성이 임금노동자가 됐고,[19] 이는 여성해방의 기본 항목 하나가 확실히 자리를 잡았다는 사실을 의미했다. 가족의 가치를 강조하는 것은 때때로 옛 해방의 메시지와 모순처럼 보였다. 1920년대에는 상상도 할 수 없었던 한 운동에서 소련 엘리트 집단의 아내들은 자발적 공동체 활동에 참여하도록 권고를 받았는데, 이 활동은 러시아의 사회주의자나 심지어 자유주의적 여성주의자들이 항상 경멸했던 상위계급의 자선사업과 매우 유사했다. 1936년에 고위직 산업경영자와 기술자의 부인들은 스탈린과 다른 정치국원들도 참가한 전국 회의를 열고, 크레믈에서 자신들이 남편의 공장에

서 자발적인 문화적·사회적 조직자로 이룬 성취를 축하했다.[20]

사실상 엘리트에 속한 아내와 남편은 나머지 주민에 비해 특권적 지위를 누렸다.[21] 소련 노동자들은 여기에 불만을 가졌고, 이는 당내의 골칫거리였다. 1930년대에는 특권과 높은 생활수준이 엘리트 지위의 일반적인 부산물로 자리잡았다. 이는 엘리트의 봉급을 최소한 이론상으로 숙련노동자의 평균 임금 이상으로 올리는 것을 제약한 '당의 최대치' 때문에 공산당원의 수입에 제약이 많았던 1920년대와 비교된다. 공산당 관리뿐만 아니라 전문직(당원 혹은 비당원)을 포함한 엘리트는 높은 봉급을 받고 서비스와 상품에 접근할 특권 및 다양한 물질적·명예적 보상을 확보하며 주민 대중과 구별됐다. 엘리트 구성원은 일반 대중에게 공개되지 않은 상점을 이용할 수 있었고, 다른 소비자가 이용할 수 없는 상품을 살 수 있었으며, 특별 유원지나 설비가 잘 갖춰진 다차*에서 휴일을 보낼 수 있었다. 엘리트는 종종 특별 격리된 아파트에 살았고, 운전사가 모는 차로 일터에 갔다. 이 중 다수는 제1차 5개년 계획 동안 심각한 물자 부족에 대응하면서 발전시킨 폐쇄적 분배 체계 때문에 등장했지만, 소련 사회의 영구적 특징으로 잔존했다.[22]

당 지도부는 여전히 엘리트의 특권 문제에 민감했다. 눈에 띄는 과시나 탐욕을 징계했고, 대숙청 기간에는 사형을 내리는 경우도 있었다. 따라서 어느 정도까지는 엘리트의 특권이 숨겨져 있었다.

---

* дача. 러시아의 별장이다. 흐루쇼프 및 브레즈네프 시기에는 일반인에게도 다차가 폭넓게 보급돼서, 주말이나 휴가철에 다차에서 휴식을 취하고 텃밭에서 농사도 짓는 문화가 널리 퍼졌다.

여전히 많은 고참 볼셰비키가 금욕적 삶을 선호하고 사치품에 굴복한 사람들을 비판했다. 『배반당한 혁명』에서 트로츠키가 이 문제를 비판한 내용과 정통 스탈린주의자 몰로토프가 날카롭게 비판한 내용이 그렇게 다르지 않았다.[23] 눈에 띄게 소비와 물욕을 남용해서 명예를 더럽힌 공산주의자 엘리트는 대숙청 기간에 일상적으로 비판을 받았다. 말할 필요도 없이, 특권 관료계급인 '새로운 계급(유고슬라비아 마르크스주의자 밀로반 질라스*가 사용해 대중화된 용어)', 혹은 '새로운 봉직귀족(로버트 터커**가 사용한 용어)'의 등장은 마르크스주의자들에게 개념상의 문제를 제기했다.[24] 이 문제들을 다루는 스탈린의 방식은 새로운 특권계급에 '인텔리겐치아'라는 이름을 붙여서 사회경제적 우월성에서 문화적 우월성으로 초점을 옮기는 것이었다. 스탈린주의적 설명에 따르면, 인텔리겐치아(새로운 엘리트)는 정치에서 공산당이 맡은 전위 역할에 비견할 만한 전위 역할을 부여받았다. 문화적 전위로서 인텔리겐치아는 당분간 나머지 주민보다 더 다양한 (소비재를 포함한) 문화적 가치에 필연적으로 접근한다.[25]

문화적 삶은 체제의 새로운 지향성으로부터 매우 큰 영향을 받았다. 첫째로 문화적 관심과 문화적 생활양식культурность은 공

---

* Милован Ђилас(1911~1995). 유고슬라비아의 정치인이자 이론가, 작가이다. 2차 세계대전 때 게릴라 활동을 했으며, 정부에서 부통령직까지 맡았다. 그러나 그 이후에 스스로 탈당했고, 헝가리 혁명을 지지했다는 이유로 투옥되기도 했다. 질라스는 자신의 대표작인 『신계급-공산주의 체제 분석』에서 공산주의 체제의 당-국가 관리를 새로운 계급이라고 정의하면서 비판했다.
** Robert Charles Tucker(1918~2010). 미국의 정치학자이다. 1958년 하버드대학에서 박사학위를 받았다. 스탈린의 전기 두 권을 쓴 것으로 잘 알려졌다.

산당 관리가 기대했던 엘리트 지위의 가시적 표시 중 하나였다. 둘째로 비공산당원 전문직, 즉 옛 '부르주아 인텔리겐치아'는 새로운 엘리트에 속했고 사회적으로 공산당 관리와 섞여 있었으며 똑같은 특권을 공유했다. 이는 전문가에게 반감을 갖는 당의 오래된 편견을 정말로 내버리는 것을 의미했는데, 바로 이 편견이야말로 한때 문화혁명을 가능하게 했던 것이다(1931년 스탈린은 「여섯 조건」이라는 연설에서 옛 기술 인텔리겐치아가 소련 경제를 고의로 파괴하려는 시도를 포기했다고 노골적으로 말했으며, 그 처벌이 너무 컸고 공업화 추진의 성공이 이미 보장됐다고 하면서, 부르주아 인텔리겐치아의 '파괴 행위' 문제를 폐기했다[26]). 옛 인텔리겐치아가 다시 돌아오면서 문화혁명 활동가였던 공산주의 지식인 다수는 당 지도부의 호의를 잃었다. 문화혁명의 기본 가정은 혁명적 시기에는 푸시킨이나 차이코프스키의 '백조의 호수'와는 다른 문화가 필요하다는 것이었다. 그러나 스탈린 시기에 옛 부르주아 인텔리겐치아는 확고하게 문화적 유산을 지켜냈다. 또한 새로운 중간계급 청중들은 이해하기 쉬운 문화를 찾고 있었기에, 푸시킨과 '백조의 호수'가 승자로 등극했다.

정상상태의 회복을 말하기는 아직 시기상조다. 1930년대 내내 외부에서 오는 긴장이 점차 증가했다. 1934년 '승리자들의 대회'의 토론 주제 중 하나는 독일에서 최근에 히틀러가 권력을 획득한 사건이었다. 이 일은 그때까지 시작 단계에 불과했던 서양 자본주의 열강의 군사적 개입이라는 공포에 구체적 의미를 부여했다. 국내의 긴장도 다양했다. 가족 가치를 이야기하는 것 자체는 좋았으나, 도시와 기차역에는 다시 한 번 내전 때처럼 부모를 잃은 혹은 버려진 아이들이 넘쳐났다. 부르주아화는 도시 주민 중에서도 극소수에게만 적용할 수 있는 말이었다. 나머지는 '공동 아파트'에 꾸역꾸역 몰려서 예전에 한 가족이 거주하던 공간에서 여러 가족과 방 하나씩을 차지하고 부엌과 욕실은 공유했다. 모든 기본 상품은 여전히 배급제였다. 스탈린은 콜호즈원들에게 "동지들, 삶은 더욱 나아졌소"라고 말할 수 있었을지 모르나, 이때는 1932~1933년 기근이 지나간 뒤 불과 두 번의 수확밖에 거두지 않은 1935년 초였다.

혁명 이후의 '정상상태'가 어찌나 위태로웠는지는 1934~1935년 겨울에 증명됐다. 1935년 1월 1일을 기해 빵 배급제가 해제됐고, 체제는 '삶은 더 나아지고 있다'는 선전 공세를 계획했다. 신문은 (틀림없이 소수의 고가 상점에서만) 곧 이용할 수 있게 될 풍부한 상품을 칭송했고, 모스크바 시민이 새해를 맞아 가면무도회에서 흥겹게 보냈다고 기사를 써냈다. 2월에 새로운 콜호즈 헌장을 지지하기 위해 콜호즈 대회가 열렸고, 농민들에게 사유지를 포함한 다른 양보를 보장했다. 이 모든 일이 1935년 초 몇 달 사이에 일어났다. 그러나 1934년 12월 레닌그라드 당 지도자 세르게이 키로프*가 암살되면서 긴장이 고조되고 있었다. 당과 지도부는 이 사건으로 급격한 발작을 일으켰다. 혁명 이후 '정상상태로 돌아가기'의

---

* Сергей Миронович Киров(1886~1934). 러시아의 혁명가이자 정치인이다. 본명은 코스트리코프Костриков. 1904년에 러시아사회민주노동당에 가입했고, 1921년에는 아제르바이잔공산당 중앙위원회 제1서기가 됐다. 1926년부터는 레닌그라드시, 다음 해에는 레닌그라드주 위원회의 제1서기를 맡았다. 1934년 12월 1일 레닌그라드 당사에서 레오니드 니콜라예프Леонид Николаев에게 암살됐다. 키로프의 암살은 소련 사회에 엄청난 후폭풍을 몰고 왔다.

징후와 상징에도 불구하고 정상상태는 아직 멀리 있었다.

테러

아, 독자여, 청하노니, 상상해보시라. 새로운 천년왕국이 문턱을 넘어오려 애쓰고 있었지만, 사람들은 식료품조차 충분히 구할 수 없었다. 그것은 반역자들 때문이라고들 했다. 이런 경우 사람은 얼마나 성급하게 반역자를 때리려 들었겠는가? 우리는 남자건 여자건 그 당시 사람들의 마음을 짓누르고 있던 절망감을 가늠해볼 수 있다. 이 한 가지 사실만으로도 의심이 최고점에 이르렀다는 것을 충분히 말해주지 않는가? 우리는 종종 이를 불가사의하다고 말했다. 물론 좀 과장된 언어로 말이다. 그러나 목격자들의 냉담한 증언을 들어보라. 음악을 좋아하는 한 애국자가 지붕에 앉아 느긋한 기분에 잠겨서 프렌치 호른에서 나오는 음악 한 토막을 불기라도 할라치면 메르시에*는 곧바로 이것이 음모위원회가 다른 사람에게 주려는 신호라고 여겼을 것이다. (중략) 그러나 대부분의 다른 사람들에 비해 통찰력이 더 뛰어나지 않았던 루베**도 우리가 대표단의 부름을 받아 우리의 오래된 마

---

* 루이세바스티앵 메르시에Louis-Sébastien Mercier(1740~1814)는 프랑스의 극작가이다. 프랑스혁명기에 국민공회 의원을 지냈다. 루이 16세의 처형에 반대표를 던졌으며, 공포정치 기간에 투옥됐다가 로베스피에르의 몰락 이후에 풀려났다.

** 장바티스트 루베 드 쿠브레Jean-Baptiste Louvet de Couvrai(1760~1797)는 프랑스의 극작가이면서 정치인 겸 외교관이다. 지롱드당원으로 활동했으며, 산악파를 강경하게 비난했다. 1793년 5월 31일 파리 민중의 국민공회 습격 이후에 파리를 탈출했으며, 테르미도르 반동 이후에 다시 국민공회로 복귀했다.

네주홀*로 다시 초대받을 것이라는 사실을 알아차린다. 그리고 무정부주의자들은 우리가 그쪽으로 걸어가고 있을 때 우리 중 스물둘을 대학살할 것이다. 그 뒤에 있는 것은 피트**와 코부르크***, 그리고 피트의 황금이다. (중략) 뒤에, 옆에, 앞에 있는 것은 하나의 거대한 '음모의 불가사의한 꼭두각시놀음'이다. 피트가 숨어서 줄을 조종한다.[27]

위의 단락은 프랑스혁명을 설명한 토머스 칼라일****의 글이다. 1936~1937년 소련의 정신을 환기하기에 이보다 더 좋을 수 없다. 1936년 7월 29일, 당 중앙위원회는 모든 지역 당 조직에 「트로츠키-지노비예프 반혁명 블록의 테러 행위에 관하여」라는 비밀 편지를 보냈다. 이 편지는 이전 반대파 집단이 소비에트 권력을 혐오하는 '간첩, 공작원, 파괴 행위자, 백위대, 쿨라크'를 이끄는 자석이 됐으며, 레닌그라드 당 지도자인 세르게이 키로프 살해에 책임이 있다고 언급했다. 경계심은 당의 적이 얼마나 잘 변장했든 그 정체

---

* Salle du Manège. 1792년부터 1795년까지 존속한 프랑스 입법기관인 국민공회Convention nationale가 열린 장소이다.
** 윌리엄 피트William Pitt(1759~1806)는 영국의 정치가이다. 아버지 윌리엄 피트와 구별하기 위해 흔히 소小피트라고도 부른다. 토리당의 당수로 1783년 24세에 최연소 수상직을 맡았다. 1801년 잠시 물러났다가 1804년 다시 복귀했고, 프랑스혁명과 나폴레옹전쟁 기간에 혁명의 영향이 다른 나라로 퍼져나가지 않게 하려고 힘썼다.
*** 프리드리히 요지아스 폰 작센코부르크잘펠트Friedrich Josias von Sachsen-Coburg-Saalfeld(1737~1815)는 오스트리아의 군인이자 육군 원수이다. 1793~1794년 프랑스 혁명전쟁 중 플랑드르 전역戰役에서 군을 지휘했다. 1793년 네르빈덴Neerwinden 전투에서 승리했고, 다음 해 플뢰뤼스Fleurus 전투에서는 프랑스군에게 패배했다.
**** Thomas Carlyle(1795~1881). 스코틀랜드의 작가이다. 1837년 세 권으로 된 『프랑스 혁명』을 출간했는데, 훗날 찰스 디킨스Charles Dickens의 『두 도시 이야기A Tale of Two Cities』에 큰 영향을 끼쳤다. 친구인 철학자 존 스튜어트 밀John Stuart Mill에게 초고를 보냈다가 밀의 가정부가 쓰레기인 줄 알고 불태워서 처음부터 다시 써야 했다는 일화로 유명하다.

를 알아볼 수 있는 능력이었고, 모든 공산주의자의 필수 덕목이 됐다.[28] 이 편지는 대숙청의 첫 공개재판으로 가는 서곡이다. 8월에 열린 첫 공개재판에서 옛 반대파 지도자인 레프 카메네프와 그리고리 지노비예프는 키로프 살해를 공모한 혐의로 사형 판결을 받았다.

1937년 초에 열린 두 번째 공개재판의 초점은 산업 영역에서 벌어진 파괴와 방해 행위에 맞춰졌다. 주요 피고인은 1930년대 초이래로 중공업인민위원부에서 오르조니키제의 오른팔이었던 옛 트로츠키주의자 유리 퍄타코프였다. 같은 해 6월에 미하일 투하체프스키* 원수와 다른 군부 지도자들이 독일 간첩 혐의로 기소돼 비밀 군법회의 이후에 즉시 처형됐다. 1938년 3월에 열린 마지막 공개재판에서는 옛 우파 지도자인 부하린과 릐코프, 비밀경찰의 수장 출신인 겐리흐 야고다**가 피고인에 포함됐다. 이 모든 재판에서 고참 볼셰비키 피고인들은 공개적으로 다양한 범죄를 자백했고, 법정에서 매우 자세히 상황을 진술했다. 그리고 거의 대부분 사형 선고를 받았다.[29]

---

* Михаил Николаевич Тухачевский(1893~1937). 소련의 군인이자 군사이론가이다. 1920년 소비에트-폴란드 전쟁에서 붉은 군대를 지휘해서 바르샤바 코앞까지 진격했으나 유제프 피우수츠키Józef Piłsudski가 이끈 폴란드군에게 패배했다. 1925년부터 1928년까지 붉은 군대의 총참모장Начальник штаба이었고, 1935년 소련군에 계급이 도입되면서 소련 원수 Маршал Советского Союза가 됐다. 종심작전 이론Теория глубокой операции을 발전시킨 것으로 유명하다. 1937년에 반혁명 혐의로 처형됐다.

** Генрих Григорьевич Ягода(1891~1938). 러시아의 혁명가이자 정치인이다. 본명은 예노흐 게르셰비치 이예구다Энох Гершевич Иегуда. 1907년에 볼셰비키당에 입당했고, 비밀경찰에서 경력을 쌓았다. 1934년 전임자 멘진스키의 사망 이후 내무인민위원이 되었으나, 1936년 그 자리에서 해임된 후 다음 해에 체포됐고 결국 처형됐다.

키로프 살해와 작가 막심 고르키 살해 같은 더 대담한 범죄는 차치하고서라도, 음모자들은 체제를 상대로 대중의 불만을 자극하고 체제의 전복을 촉진하도록 계획된 수많은 경제적 파괴 및 태업 행위를 자백했다. 이 행위에는 광산과 공장에서 사고를 일으켜서 많은 노동자가 사망하게 하고, 임금 지불을 늦추고, 상품 분배를 막아서 농촌에 설탕과 담배가 부족하게 만들고, 도시 상점에는 빵이 부족하게 하는 행위가 포함됐다. 음모자들은 반대파의 관점을 버린 것처럼 가장하고 당 노선에 헌신할 것처럼 속이면서 뒤로는 줄곧 당을 의심하고 비난했다고 자백했다.

독일·일본·영국·프랑스·폴란드 같은 외국 정보기관이 모든 음모의 배후에 있다고 했다. 이 음모의 궁극적 목적은 소련을 공격해 공산주의 체제를 전복하고 자본주의를 복구하는 것이었다. 일설에 의하면 음모의 핵심 인물은 게슈타포* 요원일 뿐만 아니라 (1926년부터!) 영국 정보국 요원인 트로츠키로, 그는 소련에서 외국 열강과 자신의 음모망을 연결하는 중개자로 활동했다는 것이다.

대숙청은 러시아혁명에서 첫 테러가 아니었다. '계급의 적'을 상대로 한 테러는 내전의 일부분이었고, 집단화와 문화혁명의 일부분이기도 했다. 실제로 1937년에 몰로토프는 문화혁명기의 샤흐틴 재판과 '산업당' 재판에서부터 현재에 이르기까지 모든 음모가 결국 하나로 연결된다고 언급했다. 그때와 지금의 중요한 차이는 소비에트 권력을 상대로 한 음모 가담자가 '부르주아 전문가'가 아

---

* Gestapo. 독일의 비밀국가경찰Geheime Staatspolizei의 약자로, 1933년 나치가 집권하면서 창설됐다.

니라 공산당원, 아니면 최소한 교묘하게 당과 정부 내 최고직위까지 올라간 '스스로 가면을 쓴' 사람들이라는 점이다.[30]

1936년 후반기에 상위 계층에서, 특히 산업 영역에서 광범위한 체포가 시작됐다. 그러나 스탈린, 몰로토프, 니콜라이 예조프*(비밀경찰이 1934년 이름을 바꾼 내무인민위원부**의 새 수장)가 마녀사냥을 진짜 시작한다는 신호를 준 것은 1937년 2~3월에 있었던 중앙위원회 총회에서였다.[31] 1937년과 이듬해 내내 정부, 당, 산업, 군부, 마지막에는 경찰까지 관료제의 모든 부서에서 최고위 공산당 관리들이 '인민의 적'으로 고발되고 체포됐다. 일부는 총살됐고, 다른 사람들은 굴라그로 사라졌다. 흐루쇼프가 제20차 당대회의 비밀연설에서 폭로하기를, 1934년 '승리자들의 대회'에서 선출된 중앙위원회 정·후보위원 139명 중 41명이 대숙청의 희생자가 됐다. 지도부의 연속성은 완전히 파괴됐다. 대숙청은 살아남은 고참 볼셰비키 동료뿐만 아니라 내전기와 집단화 시기에 형성된 당 동료의 대부분을 파괴했다. 1934년에 선출된 중앙위원회 위원 가운데 오직 스물네 명만이 1939년 제18차 당대회에서 다시 중앙위원회 위

---

* Николай Иванович Ежов(1895~1940). 러시아의 혁명가이자 정치인이다. 1917년 볼셰비키당에 가입했고, 그 이후에 여러 지역에서 당 서기로 일했다. 1934년 중앙위원회 위원으로 선출됐고, 다음해에는 당의 중앙통제위원회Центральная контрольная комиссия 의장을 맡았다. 1936년 야고다의 뒤를 이어 내무인민위원부 수장이 된 이후 대숙청을 진두지휘했다. 1938년 그 자리에서 물러난 뒤 수로운송인민위원으로 있다가 체포 후 처형됐다.

** Народный Комиссариат Внутренних Дел. 러시아어 약자로 엔카베데НКВД로 불린다. 혁명 직후에는 지방정부 감독, 소방 업무 등을 맡았다. 1934년 엔카베데는 오게페우를 흡수하면서 안보기관으로 거듭났다. 1946년 내무부Министерство внутренних дел로 개칭하면서 안보기능은 국가보안부Министерство государственной безопасности(훗날의 국가보안위원회)로 이관됐다.

원으로 선출될 수 있었다.[32]

　고위직에 있던 공산주의자만 숙청에 희생된 것은 아니다. 인텔리겐치아(옛 '부르주아' 인텔리겐치아와 1920년대 공산주의 인텔리겐치아, 특히 문화혁명 활동가 모두)도 크게 당했다. 모든 러시아의 혁명적 테러의 유력한 용의자였고, 1937년처럼 명확하게 용의자를 명시하지 않았을 때조차 유력한 용의자였던 '계급의 적' 출신도 마찬가지다. 어떤 이유로든 공식 살생부에 이름을 한 번이라도 올린 사람은 결국 희생자가 됐다. 해외에 친척이 있거나 외국에 연줄이 있는 사람들이 특히 위험했다. 스탈린은 상습범, 말 도둑, 종교적 분파주의자를 포함한 수만 명의 '쿨라크 출신과 범죄자'를 체포해서 총살하거나 굴라그로 보내라는 특별 비밀 지령까지 내렸다. 게다가 현재 굴라그에 수감 중인 상습범 1만 명도 총살당했다.[33] 서양 학자들은 소련 문서보관소가 개방된 후 그동안 어림짐작해온 대숙청의 전체 규모를 확인하게 됐다. 엔카베데 문서보관소에 따르면 굴라그 교정노동수용소의 수감자 수는 1937년 1월 1일 80만 명에서 1939년 1월 1일에 130만 명으로, 2년간 50만 명이나 증가했다. 1939년에 굴라그 죄수의 40퍼센트는 '반혁명' 범죄로 기소됐고, 22퍼센트는 '사회적으로 해롭거나 위험한 분자'로 분류됐으며, 나머지 대부분은 일반 범죄자였다. 그러나 그보다 많은 대숙청 희생자가 감옥에서 처형되어 굴라그까지 가지도 않았다. 엔카베데는 1937~1938년에 감옥에서 처형된 사람이 68만 명이 넘는다고 보고했다.[34]

　대숙청의 요점은 무엇이었나? 존재의 이유raison d'état라는 측면에서 설명하는 것(전시의 잠재적 제5열* 솎아내기)은 설득력이 없다. 전체주의 체제의 필연성이라는 측면은 도대체 그것이 무엇을 의미하는지부터 질문하게 할 뿐이다. 만일 우리가 대숙청이라는 현상을 혁명이라는 맥락에서만 바라본다면, 이 문제는 덜 당혹스러울 것이다. 적들이 외국 열강에 고용됐고 종종 가면을 썼으며 혁명을 파괴하고 인민들에게 비참함을 맛보게 하려는 음모에 끊임없이 연루됐다고 의심하는 모습은 1794년 자코뱅 테러에 관해 토머스 칼라일이 생생하게 묘사한 혁명적 심성의 일반적 특징이다. 보통 사람은 한 명의 죄인이 풀려나는 것보다 열 명의 무고한 사람들이 죽는 편이 낫다는 생각을 거부한다. 그러나 혁명이라는 비정상적 상황에서 사람들은 종종 그 생각을 받아들인다. 저명한 인물이라는 사실도 혁명기에 안전을 보장해주지 못한다. 오히려 그 반대다. 대숙청이 혁명 지도자를 가장한 '적'을 그렇게 많이 적발했다는 사실은 프랑스혁명의 제자들에게 전혀 놀랍지 않았다.

　대숙청의 혁명적 기원을 추적하기란 어렵지 않다. 이미 언급했듯이 레닌은 혁명적 테러에 거리낌이 없었고, 당 안팎의 반대파에게 관용을 베풀지 않았다. 그럼에도 레닌의 시기에는 당 밖의 반대파를 다루는 방식과 내부에서 의견을 달리하는 당원에게 사용하는 방식 사이에 차이가 확연했다. 고참 볼셰비키는 당내 의견 불일

---

* 제5열Пятая колонна은 적 집단이나 국가의 내부에서 파괴를 도모하는 집단, 즉 내부의 적이다. 스페인 내전에서 에밀리오 몰라Emilio Mola 장군이 마드리드를 공략하면서 마드리드 내부에 내응할 다섯 번째 종대縱隊가 있다고 허풍을 떨었던 것에서 기인한다. 이러한 전시의 제5열을 솎아내지 않으면 다가올 전쟁에서 소비에트 국가 자체가 분쇄될 수 있다는 생각이 당시 소련 지도부에 팽배했다.

치에 비밀경찰을 동원하지 않는다는 원칙을 지켰다. 자코뱅이 자신의 동지들에게 테러를 사용한 전례를 절대 따르지 않기 위해서였다. 원칙은 감탄할 만했지만, 볼셰비키 지도자들이 그 원칙을 천명할 필요가 있었다는 사실은 당내 정치의 분위기에 관한 중요한 무언가를 말해준다.

1920년대 초에 볼셰비키당 밖에 조직된 반대파는 사라졌고, 당내 분파는 공식적으로 금지됐으며, 사실상 당내 반대 집단이 이전에 당 외부의 반대 정당이 하던 역할을 계승했다. 그리고 당내 반대파가 당 외부 반대파와 비슷한 취급을 받기 시작했다는 점도 그리 놀랄 만한 일이 아니다. 어쨌든 1920년대 후반에 스탈린이 트로츠키주의자를 상대로 비밀경찰을 동원하고 (1922~1923년에 카데트와 멘셰비키 지도자들에게 레닌이 한 그대로) 트로츠키를 나라 밖으로 추방했을 때 공산당 내에서는 거의 저항이 없었다. 실각한 '부르주아 전문가'와 가깝게 일한 공산당원은 문화혁명 기간에 단순한 명칭함보다 더 심각한 혐의로 기소될 위기에 처한 것처럼 보였다. 스탈린은 물러섰고, 우파 지도자들을 힘 있는 자리에 남도록 허용하기까지 했다. 그러나 이는 스탈린의 성미에 맞지 않았다. 스탈린에게나 많은 공산당 평당원들에게나 한때 반대파였던 사람들을 용서하는 일은 분명 어려웠다.

대숙청의 기원을 이해하는 데 가장 중요한 혁명적 관행은 당이 1920년대 초부터 수행해온 정기적 당원 '청소'(러시아어로 чистка, 혹은 영어로 소문자 p로 시작하는 purge)이다. 1920년대 후반부터 당내 숙청이 점차 빈번해졌다. 예컨대 1929년, 1933~1934년,

1935년, 1936년에 숙청이 있었다. 당내 숙청 과정에서 모든 당원은 숙청위원회에 나가 방청석에서 공개적으로 나오는 비판과 고발을 통해 비밀스럽게 제기된 비판을 반박하면서 스스로를 변호해야 했다. 반복되는 숙청 때문에 이전의 위법 행위가 몇 번이나 수면 위로 끌어올려졌고 사실상 그 행위에서 벗어나기 힘들었다. 달갑지 않은 친척, 혁명 전에 다른 정당과 맺었던 연결고리, 반대파 구성원이었던 과거, 이전의 추문과 공식적 비난, 심지어 과거의 관료적 실수와 정체성의 혼란에 이르기까지 모든 것이 당원들의 목을 옭아매고 해가 갈수록 조여왔다. 당이 자격 없고 믿을 수 없는 당원들로 가득 차 있다는 당 지도부의 의심은 숙청이 이어질수록 진정되기보다는 가중된 것으로 보인다.

각각의 숙청은 체제의 잠재적 적들을 만들어냈는데, 출당당한 자들이 자신의 지위와 승진 전망이 망가졌다는 사실에 분개했기 때문이다. 1937년에 한 중앙위원회 위원이 비공개로 이야기하길, 이 나라에는 현 당원보다 전 당원이 더 많을 것이며, 이는 확실히 자신과 다른 사람들을 불안하게 만들었다.[35] 당에는 이미 너무 많은 적이 있었고, 그들 중 절대 다수가 숨어 있었다! 혁명 중에 특권을 상실한 자들, 성직자 같은 오래된 적들이 있었다. 그리고 이제는 쿨라크와 네프맨을 박멸하는 최근의 정책에 희생된 **새로운** 적들이 있었다. 특정한 한 쿨라크는 탈쿨라크화 때문이든 아니든, 확실히 소비에트 권력의 숙적이 됐다. 최악의 사실은 도시로 도망쳐서 새로운 삶을 시작하고 과거를 숨기며(직업을 갖기 위해서는 그래야만 했다) 정직한 노동자로 스스로를 가장한 채 살던, 재산을 몰수당한 쿨라크가 혁명의 숨은 적이 됐다는 점이다. 겉보기에는 헌신적인 콤소몰 활동가로 보이는 젊은이들 가운데 얼마나 많은 수가 자신의 아버지가 한때 쿨라크나 성직자였다는 사실을 숨기고 있었는가! 스탈린이 경고했듯이, 계급의 적에 속한 개인들이 그 계급이 파괴되자마자 **훨씬 더 위험한** 자들이 된 것은 이상한 일이 아니다. 물론 이는 파괴 행위가 그들에게 피해를 입혔기 때문이다. 그들에게는 소비에트 체제에 불만을 느끼는 현실적이고 구체적인 이유가 존재했다.

모든 공산당원 행정가들을 고발하는 서류가 해가 갈수록 증가했다. 이는 스탈린 혁명의 대중주의적 요소 중 하나로, 일반 시민은 지역 관리의 '권력 남용'을 고발하도록 권고받았다. 고발된 관리는 조사를 받고 종종 해임됐다. 그러나 많은 경우 고발은 정의 추구가 아니라 악의 때문에 작성되었다. 1930년대에 성난 콜호즈 노동자들이 콜호즈 의장과 다른 농촌 관리를 고발하는 엄청난 양의 고발장을 쓰게 된 것은 고발장에 인용된 특정한 불쾌한 행위보다는 오히려 널리 퍼져 있던 불만의 감정 때문이었던 것으로 보인다.[36]

대중 참여가 없었다면 대숙청은 눈덩이처럼 불어나지 않았을 것이다. 불만 때문에 상급자에게 항의하는 일이 대숙청과 연관됐듯이, 이기심에서 한 고발도 대숙청에 관여했다. 지난 20년 동안 여러 번 그랬던 것처럼 간첩 의심증이 확 타올랐다. 젊은 소년단원 레나 페트렌코Лена Петренко는 여름 캠프를 마치고 집으로 돌아가는 기차에서 어떤 남자가 독일어를 말하는 것을 듣고 그를 간첩으로 신고했다. 한 경계심 있는 시민은 신앙심 깊어 보이는 거지의 턱수염을 잡아당겼는데, 가짜 수염이 뜯겨져 나온 덕분에 그 거지가 막 전선을 넘어온 간첩임을 폭로할 수 있었다.[37] 직장과 당 세포조직의 '자아비판' 회의에서 공포와 의심은 희생양 만들기, 광란의 고발, 괴롭힘을 만들어냈다.

그러나 대중 테러와는 차이점이 있다. 프랑스혁명의 자코뱅 테러처럼, 이는 왕년의 혁명 지도자들을 주로 겨냥한 국가 테러였다. 이전의 혁명적 테러 사건과 달리, 자발적 대중 폭력은 오직 미미한 역할만 했다. 게다가 테러의 초점이 '계급의 적(귀족, 성직자, 혁명의 진짜 반대파)'에서 혁명 스스로 구분한 '인민의 적'으로 옮겨갔다.

두 경우의 차이점은 유사점만큼이나 흥미를 끈다. 프랑스혁명에서 테러의 교사자였던 로베스피에르는 결국 테러의 희생자가 됐다. 반대로 러시아혁명의 대테러에서 테러범 두목인 스탈린은 상처 하나 없이 살아남았다. 스탈린은 결국 자신에게 순종하는 도구(1936년 9월부터 1938년 12월까지 엔카베데 수장이었던 예조프로, 1939년 봄에 체포돼서 나중에 총살당함)를 희생시키긴 했지만, 그가 숙청이 통제를 벗어났다고 느꼈다든지 스스로가 위험에 처했다고 느꼈다든지 아니면 예조프를 단지 마키아벨리식의 신중함 때문에 없애버렸다는 증거는 없다.[38] 1939년 3월 제18차 당대회는 조용히 '대규모 숙청'을 부정하고 경계 '과잉'을 폭로했다. 스탈린은 연설할 때 그 주제에 관심을 거의 기울이지 않았다. 외국 언론에서 소련이 대숙청으로 약해졌다는 기사를 내면 이를 철저하게 반박하는 데에는 시간을 썼지만 말이다.[39]

모스크바 공개재판의 공판 기록을 읽으면, 그리고 2~3월에 열린 총회에서 스탈린과 몰로토프가 한 연설을 들으면, 누구나 공식 기록이 잘 짜인 각본 같다고 생각할 것이다. 뿐만 아니라 그들의 연극은 교묘하게 잘 계산돼 있으며, 어떤 지도자도 동료의 배신 소식에 원초적인 반응조차 보이지 않는다는 생각이 들 것이다. 이것은 아주 특이한 혁명적 테러이다. 따라서 꼭 영화감독이 아니더라도, 누구나 이것이 어떤 연출가의 손을 탔다고 느낄 것이다.

『루이 보나파르트의 브뤼메르 18일*Der achtzehnte Brumaire des Louis Bonaparte*』에서 마르크스는 "모든 중대 사건은 두 번 반복된다. 처음에는 비극으로, 두 번째는 소극笑劇으로"라는 유명한 말을 한다. 러시아혁명의 대숙청은 소극이 아니라, 예전에 상연된 어떤 모형을 염두에 둔 재연에 가깝다. 스탈린의 러시아인 전기 작가가 시사하듯이, 자코뱅 테러가 실제로 스탈린에게 본보기로 작용했을 수 있다. 예컨대 '인민의 적'이라는 용어는 스탈린이 대숙청과 관련해서 소비에트 담론으로 도입한 것처럼 보이지만, 프랑스혁명에서 사용된 전례가 있다. 이를 고려하면 고발이 눈덩이처럼 불어나고 대중의 의심이 만연하는 식의 화려한 무대장치가 정적을 죽이는 상대적으로 간단한 목적을 달성하는 데 왜 필요했는지 더 쉽게 이해할 수 있다. 나아가 테러를 실행하면서 (고전적 혁명의 순서에 따르면, 테러는 테르미도르에 후행하는 것이 아니라 선행해야만 한다) 스탈린 자신은 그의 통치가 '소비에트판 테르미도르'로 나아갔다는 트로츠키의 고발을 반박하고 있다고 느꼈으리라는 가정은 그럴듯하기까지 하다.[40] 프랑스혁명의 혁명적 테러조차 왜소하게 만든 이 혁명적 테러의 표출 이후에 스탈린이 테르미도르 반동분자이자 혁명의 배반자라고 누가 말할 수 있었겠는가?

러시아혁명의 유산은 무엇이었나? 1991년 말 전까지는 소비에트 체제 자체가 유산이 될 수 있었을 것이다. 붉은 깃발과 '레닌은 살아 있다! 레닌은 우리와 함께 있다!'라고 선포하는 현수막이 마지막까지 펄럭였다. 집권 공산당은 혁명의 유산이었다. 집단농장도 마찬가지였다. 5개년과 7개년 계획*, 소비재의 만성 부족, 문화적 고립, 굴라그, '사회주의'와 '자본주의' 진영으로 갈라진 세계, 소비에트연맹이 '인류 진보 세력의 지도자'였다는 주장도 마찬가지다. 체제와 사회는 더 이상 혁명적이지 않았지만, 혁명은 소련 민족 전통의 쐐기돌, 애국주의의 중심, 학교에서 아이들이 배워야 하고 소련 공공 예술이 축하해야 하는 주제로 남아 있었다.

러시아혁명은 복잡한 국제적 유산도 남겼다. 러시아혁명은 20세기의 대혁명이자 사회주의의 상징이었으며 반제국주의였고 유럽의 구질서를 거부한 혁명이었다. 좋든 나쁘든 20세기의 국제 사회주의·공산주의 운동은 2차 세계대전 이후 제3세계 해방운동이 그랬던 것처럼 러시아혁명의 그림자 아래에서 살았다. 냉전 역시 러시아혁명의 유산이자 혁명을 이어받은 상징권력에 보내는 에

---

*   이른바 7개년 계획семилетка은 제7차 5개년 계획Седьмая пятилетка으로, 1959년부터 1965년까지 시행됐다. 제6차 5개년 계획의 이행 문제를 해결하기 위해 1959년 제21차 당대회에서 승인을 받았다. 소련에서 수립된 총 13차의 5개년 계획 중 유일하게 7년간 수행된 계획이다.

두른 찬사였다. 누군가에게는 압제자에게서 자유를 찾을 희망의 상징이 됐고, 다른 사람들에게는 무신론 공산주의의 전 세계적 승리라는 악몽을 불러일으켰던 것도 러시아혁명이다. 사회주의가 국가 권력의 장악에 달려 있다고 규정하고, 경제적·사회적 변모의 기구로서 국가 권력을 사용하는 법을 확립한 것도 러시아혁명이다.

혁명은 두 번 산다. 첫 번째 수명에서 혁명은 당대 정치와 불가분한 현재의 일부라 여겨진다. 두 번째 수명에서 혁명은 현재의 일부가 되기를 멈추고, 역사와 민족의 전설로 옮겨간다. 두 세기가 지난 지금도 여전히 프랑스 정치 논쟁의 시금석인 프랑스혁명의 예시가 보여주듯이, 역사의 일부가 된다고 해서 그것이 정치에서 완전히 물러나는 것은 아니다. 그러나 거리감은 생겨난다. 그리하여 역사가들에게 해석의 범위를 넓혀주고 객관적으로 거리를 두게 한다. 러시아혁명은 1990년대가 되기 한참 전에 현재에서 물러나 역사로 옮겨갔어야 했다. 그러나 그 시기가 계속 미뤄졌다. 서양에서는 냉전의 후유증이 지속됐지만, 역사가들은 러시아혁명이 역사라는 결론을 내리기로 어느 정도 결정했다. 그러나 소련에서 러시아혁명의 해석은 줄곧 정치적 사안이었고, 혁명기의 정치가 곧장 고르바초프 시절까지 이어졌다.

소련의 붕괴와 함께 러시아혁명은 우아하게 역사로 침몰할 시기를 놓쳤다. 혁명을 격렬하게 거부하는 분위기 속에서, 트로츠키의 표현을 빌리자면 "역사의 쓰레기장으로" 거칠게 내동댕이쳐졌다. 1990년대 초의 몇 년 동안 러시아인들은 혁명뿐만 아니라 소비에트 시기 전체를 잊고 싶어 하는 것처럼 보였다. 그러나 과거를 잊기란 어려운 일이며, 특히 전 세계에서 좋든 나쁘든 이목을 끌었던 과거의 일부는 더 그렇다. 푸틴Владимир Владимирович Путин 치하에서 '혁명가 레닌'보다 '국가 건설자 스탈린'의 소비에트 유산이 선택적으로 복구되기 시작됐다. 틀림없이 앞으로도 쭉 계속될 것이다.

1989년의 200주년 기념식에서도 혁명의 유산을 놓고 언쟁을 벌였던 프랑스혁명의 경험에 비추어볼 때, 러시아혁명의 의미는 첫 100주년을 넘어 그 이후까지도 러시아에서 논쟁의 대상이 될 것이다. 혁명과 절연하려는 분위기는 러시아혁명뿐만 아니라 소비에트 시기 전체를 잊기 바라는 소망에까지 이르렀고, 러시아인의 역사의식에 이상한 텅 빈 공간을 남겼다. 곧이어, 한 세기 반 전에 표트르 차아다예프*가 서유럽에 비해 보잘것없는 러시아를 두고 한 넋두리와 같은 어조로, 러시아의 숙명적인 역사적 열등성, 후진성, 문명에서 배제됨을 두고 이구동성의 한탄이 들끓었다. 이전에는 소련 시민이었던 러시아인들이 혁명이라는 신화를 평가절하하면서 잃어버린 것은 사회주의에 대한 믿음이 아니라 러시아가 특별히 중요한 국가라는 사실에 품었던 자신감인 것 같다. 혁명은 러시아에 의미를, 역사적 운명을 부여했다. 혁명을 통해 러시아는 선구자이자 국제사회의 지도국, '전 세계의 진보적 세력'의 본보기와 영감이 됐다. 이제 단 하룻밤 사이에 모든 것이 사라진 것

---

* Пётр Яковлевич Чаадаев(1794~1856). 러시아의 철학자이다. 차아다예프는 1829년부터 1831년까지 프랑스에서 러시아에 관해 쓴 『철학 편지Философические письма』로 잘 알려졌다. 러시아와 서유럽과의 관계, 러시아의 문화와 종교, 역사에 대한 비판을 담은 내용으로 러시아 사회에서 서구주의와 슬라브주의 사이의 치열한 논쟁을 유발했다.

처럼 보였다. 당도 끝났다. 74년 만에 러시아는 '역사의 전위'에서 예전의 태만하고 후진적인 상태와 같은 느낌으로 떨어져나갔다. 러시아와 러시아혁명의 관점에서 가슴 저미는 순간이었던 바로 그때, '진보적 인류의 미래'가 실제로는 과거에 불과했다는 사실이 드러났다.

러시아는 2017년 혁명 100주년이 다가오면서 그런 정신적 외상을 해결하는 방법을 여전히 고심하고 있다. 2014년에 푸틴 대통령은 러시아혁명을 현재 정치의 영역으로 가져오는 것을 명백히 원하지 않는다는 입장을 보이면서, 러시아혁명에 대한 평가는 "심도 있고 객관적인 **전문직업**의 기반"(강조체는 필자가 추가한 것이다)에서 해야 한다고 제안했다. 그리고 푸틴은 '혁명'에서 단순한 '정변переворот'으로 사건을 재분류할 것을 제시했다. 2017년 3월에 푸틴의 한 특별보좌관이 외국 특파원에게 말하길, 러시아혁명이 러시아에서 불화를 일으키는 쟁점으로 남아 있는 한 100주년 공식 기념식을 계획하지는 않을 것이며 혁명 해석을 다루는 공식 지침도 없을 것이라 했다.[41]

프랑스혁명 100주년에 프랑스는 에펠탑을 지었고, 카르노Marie François Sadi Carnot 대통령은 혁명이 폭정을 뒤엎고 (카르노가 신중하게 덧붙이길, 선출된 대표를 통해서) 인민권력의 원칙을 수립했다고 칭송했다. 러시아에서는 2017년에 혁명을 기념하는 어떠한 에펠탑도 지을 계획이 없다. 자본주의와 자유시장을 습득하려 노력하는 나라와 사회주의라는 혁명의 핵심 원리, 특히 국가 계획과 공업화에 강조점을 둔 소련식 사회주의는 전혀 관련이 없는 것처럼 보인다. 그러나 시대는 변하고, 이 변화에는 종종 주기적인 요소가 있다. 22세기에 혁명 200주년이 다가올 때 러시아와 전 세계에서 러시아혁명과 혁명의 사회주의적 목표가 얼마나 각광받게 될지 누가 알겠는가. "모든 것을 잊어버립시다"는 1989년 프랑스혁명이 200주년을 지날 때 나온 제안 중 하나이다. 이는 프랑스 정치가 너무나 오랫동안 묵은 논쟁 위주로 돌아갔다는 믿음(이나 희망)을 반영했다. 그러나 잊기는 쉽지 않고 국가적 관점에서 볼 때에도 의외로 바람직하지 않다. 좋든 싫든 러시아혁명은 20세기를 형성한 경험 중 하나이며, 러시아를 위한 것만은 아니었다. 그렇기에 러시아혁명은 여전히 역사책 안에 있다.

감사의 말

이 책은 사연이 길다. 이 책의 초고는 1979년 여름 내가 오스트레일리아국립대학 사회과학연구소에서 방문연구원으로 있을 때 썼다. 오스트레일리아국립대학으로 초청해주고 원고에 유익한 의견을 보태준 내 친구 해리 릭비Harry Rigby, 중요한 지적을 해준 R. W. 데이비스Davies, 초고를 쓰는 내내 지적 자극과 격려를 아끼지 않은 제리 호프Jerry Hough에게 깊은 감사를 표한다. 제2판과 제3판은 각각 1993년과 2008년에 내가 시카고대학에 있을 때 준비했다. 나의 대학원생 제자들과 러시아연구회 및 근대유럽학술회 회원들은 나에게 큰 자극을 줬다. 제2판과 제3판이 나온 시기에 대학원생이었던 일부 학생들이 제3판과 제4판에 인용한 중요한 학술 연구를 생산했다는 사실을 언급할 수 있어 무척 기쁘다. 제2판 수정본을 읽어주던 남편 마이클 다노스Michael Danos는 제3판 수정 전에 세상을 떠났다. 마이클의 흔적이 내가 쓴 모든 것에 남아 있다. 이번 제4판은 오스트레일리아 시드니대학에서 새 동료들의 도움을 받아 준비했다. 러시아혁명 100주년 기념으로 조직한 수많은 국제 학술대회에서 혁명의 장기적 의의를 재평가하는 기회를 얻었다.

옮긴이의 말

이 책은 미국 시카고대학 명예교수인 쉴라 피츠패트릭의 러시아혁명 개설서인 *The Russian Revolution*의 제4판(2017)을 번역한 것이다. 이 책의 저자인 쉴라 피츠패트릭은 20세기 서양의 역사학계를 대표하는 대가 중 한 사람으로서 특히 러시아사 연구에서는 거목, 심지어 교황으로까지 불릴 정도로 그 학문적 영향력이 거대하다. 이 책은 학계의 최신 소련사 연구 성과를 러시아혁명에 대한 자신의 독특한 시각과 접목시킨 역작이다. 1982년 초판이 나온 이후로 여러 번의 증보를 거쳤으며, 지금도 영미권 대학에서 러시아혁명 교재로 가장 널리 사용되고 있다.

피츠패트릭은 1941년 오스트레일리아 멜버른에서 태어났다. 1961년 멜버른대학을 졸업하고, 1969년 옥스퍼드대학에서 박사학위를 취득했다. 1966년부터 박사학위논문 연구를 위해 소련에서 18개월 동안 머물기도 했다. 박사학위 취득 이후에는 컬럼비아대학, 텍사스대학 오스틴캠퍼스 등을 거치며 학생들을 가르쳤고, 1990년부터 2012년까지 시카고대학에서 수십 명의 제자를 지도하면서 미국 소련사학계의 양적 · 질적 성장을 이끌었다. 특히 켈

리포니아대학 버클리캠퍼스의 유리 슬료즈킨과 하버드대학의 테리 마틴을 비롯해서 현재 소련사 연구를 대표하는 수많은 학자들이 피츠패트릭의 지도를 통해 성장했다.

피츠패트릭은 1970년대 후반부터 1980년대 후반까지 수정주의 역사학의 대표로서 목소리를 냈다. 이 시기의 쟁점은 소비에트 체제에 대한 사회적 지지에 관한 것이었다. 피츠패트릭 이전의 많은 학자들은 설령 1917년 혁명이 진정으로 아래로부터의 지지를 받는 혁명이었더라도 결과적으로 볼셰비키가 혁명을 '배신'했다고 여겼다. 그러나 피츠패트릭은 어떤 정치 체제든 어느 정도의 지지 없이는 오래 통치를 지속할 수 없다고 생각했다. 피츠패트릭에 따르면, 볼셰비키는 공업화와 근대화를 이룰 수 있는 장기 계획으로 대중 교육과 새로운 간부 육성에 나섰다. 교육을 통해 노동자들을 당원으로 선발해서 행정직으로 발탁하는 일은 체제의 사회적 지지를 강화했다. 1920년대 후반부터 1930년대 초에 걸쳐 이러한 '발탁자들выдвиженцы'의 상향 이동은 특히 젊은 세대의 지지를 받아 체제의 충실한 지지자를 키워내는 데 일조했다. 대숙청 기간에도 숙청당한 자를 대신해 그 자리로 올라간 수백만 명의 젊은 노동자들은 소비에트 체제를 자신의 이상 및 포부와 동일시했다. 소련 공산주의에 대한 사회적 지지가 있었다는 피츠패트릭의 주장은 '아래로부터의 역사'를 바라보게 하는 기반이 됐다.

1980년대 후반부터 피츠패트릭은 계급 문제에 관심을 기울이게 됐다. 피츠패트릭에 따르면, 초기 소비에트 역사에서 중요한 역할을 한 계급은 마르크스주의 이론대로 생산관계에 뿌리를 둔 '객관적' 범주가 아니었다. 소련에서 계급은 부모나 자신의 사회적 위치에 따라 정해지는, 마치 신분처럼 개인에게 부여되는 속성이었다. 혁명과 내전을 거치면서 피아를 구별해야 할 필요가 있던 볼셰비키에게 계급은 유일하게 의미 있는 정체성이었다. 이런 상황에서 소비에트 국가의 개인들은 스스로의 배경을 선택적으로 사용해서 미래에 도움이 되는 계급 정체성을 획득하려 했다.

1990년대 중반부터 피츠패트릭은 1920~1930년대 소련 도시와 농촌에서 사람들의 개인적·집단적 경험을 그려내는 일상사를 연구하기 시작했다. 피츠패트릭에게는 이념보다 실제로 사람들이 어떻게 살아가고 행동하고 반응하는지가 더 중요했다. 이러한 관점으로 피츠패트릭은 소비에트 시기에 만연했던 투서나 청원, 고발 같은 특정한 유형의 관행에 집중했다. 피츠패트릭은 최근에도 스탈린 시기 고위 정치의 관행을 다루는 저서를 펴내면서 여든에 가까운 나이에도 쉬지 않고 학문에 정진하고 있다. 피츠패트릭의 이러한 연구는 후속 세대에게 끊임없는 영감을 던졌으며, 또한 피츠패트릭이 창조한 개념은 학자들에게 지속적으로 논쟁의 대상이 됐다. 피츠패트릭 이후에 소련사를 연구하는 역사가들은 누구라도 피츠패트릭이라는 "거인의 어깨" 위에 서 있는 셈이다.

옮긴이는 올해 초 러시아 혁명 100주년을 맞아 벨라루스와 발트 3국을 거쳐 상트페테르부르그에 5일간 머무르며 10월 혁명 관련 유적지 탐방을 했다. 얼어붙은 네바강에 정박해 있는 러시아 사회주의 혁명의 상징 아브로라함艦의 모습은 바로 옆 강변의 건물위에 큼지막하게 설치해놓은 한국 자본주의의 상징 삼성의 로마자 이름 일곱 글자와 대비를 이루며 묘한 느낌을 줬다. 지금은 에르미타주박물관으로 쓰이는 겨울궁전에는 아직도 10월 혁명 당시 임시정부 각료들이 체포됐던 방이 그대로 남아 있다. 1917년에 볼셰비키당 본부로 쓰인 크셰신스카야 저택은 지금 정치사박물관으로 사용 중이다. 레닌이 7월 사태 때 연설하던 발코니 밑에서 주위를 바라보니 그 주변을 에워싸고 볼셰비키에게 권력 장악을 요구하던 시위대 무리가 보이는 듯했다. 그러나 러시아혁명의 역사는 페테르부르크 시민들에게 잊힌 것처럼 보였다. 네프스키대로의 현수막은 혁명 100주년이 아니라 레닌그라드 포위전을 기념하고 있었다.

2008년 세계 경제 위기 이후에 자본주의의 대안을 찾는 목소리가 높다. 그러나 높은 목소리와는 반대로 과거에 있었던 한 '대안'의 역사에 대한 관심은 상대적으로 덜한 듯하다. 러시아혁명과 소련에 관심 있는 사람들은 주로 나온 지 수십 년은 지난 낡은 책이나 혁명가들의 저작, 혹은 비전문가가 자신의 정치적 의도가 담긴 관점으로 쓴 글을 통해 공부하곤 한다. 그러나 서양 역사학계는 수십년 동안 러시아혁명 연구를 축적했으며, 특히 1991년 소련 붕괴 이후 개방된 소련공산당 문서보관소를 바탕으로 한 이른바 '문서고 혁명'이라고 부르는 혁신적 연구의 흐름이 지금껏 이어지고 있다. 옮긴이가 이 책을 번역하기로 마음먹은 이유는 소련사학계가 지금껏 쌓아올린 이러한 연구 성과를 일반 대중들에게 알리고 싶었기 때문이다. 물론 1917년 혁명 자체만으로 본다면 의미 있는 책들이 여럿 번역됐지만, 이 책에 나와 있는 1920~1930년대의 지방 당 정치나 문화혁명 같은 내용들은 학계의 논문을 제외한다면 역사에 관심 있는 일반 독자들에게도 잘 알려져 있지 않다. 만약 이 책을 읽고 신선한 충격이나 지적 자극을 받는 독자분이 계신다면 옮긴이로서 아주 만족스러울 것이다.

이 책이 출간되기까지 매우 많은 분들의 도움이 있었다. 대학원에서 옮긴이의 석사논문을 지도해주신 한정숙 선생님께서는 번역본 초고를 꼼꼼하게 읽어주시며 옮긴이의 미숙함이나 실수에서 나온 여러 오류들을 바로잡아주셨다. 김남섭 선생님께서는 번역 및 출판과 관련해서 많은 번역본을 출판하신 경험에서 우러나오는 귀중한 충고를 아끼지 않으셨다. 노경덕 선생님께서는 옮긴이가 놓치거나 가볍게 넘겨버린 문장에 담겨 있는 피츠패트릭의 의도에 대해 정확하게 지적해주셨다. 권경택 선생님은 대학원 학기가 시작해서 몹시 바쁘신 가운데에도 번역본을 읽고 어색한 부분을 수정해주셨다. 임명묵 선생님은 국방의 의무를 다하는 와중에도 틈틈이 시간을 내서 초고를 읽고 고칠 부분을 알려주셨다. 대학 후배 전세용은 바쁜 직장 생활 와중에도 일반 독자의 입장에서 책을 읽고 번역에 대해 평을 해줬다. 이 모든 분들의 도움이 없었더라면 지금의 이 번역은 없었을 것이다. 모두에게 진심으로 깊은 감사를 드린다. 그러나 만일 이 책의 번역에서 오류가 발견된다면 온전히 옮긴이의 책임이다. 그리고 러시아혁명이라는 쉽지 않은 주제를 다루는 책을 출간하기로 결심한 사계절출판사와 출간과 관련해서 여러모로 수고를 아끼지 않은 사계절 이창연 씨에게도 깊은 감사의 말씀을 드린다. 이 책의 번역은 러시아 타타르스탄공화국 카잔에서 시작했으며, 미국 오리건주 유진에서 끝났다. 카잔에서 매일 밤 피보만Пивоман에서 산 맛있는 생맥주를 함께 했던 룸메이트 박상혁과, 유진의 하숙집 주인으로 매일 맛있는 저녁을 차려주고 항상 활기 넘치는 격려로 첫 미국 생활에 큰 힘을 보태준 할리 벌리Hali Burley에게 마지막 감사를 바친다.

러시아혁명 100주년을 맞아

고광열

주

서문

1) 심지어 이 혁명에 이름을 붙이기도 복잡해졌다. '러시아혁명'이라는 용어는 러시아에서 결코 사용한 적이 없었다. 많은 러시아인들이 이제는 피하려 하는 소련 시절 용법으로는 '10월 혁명', 또는 간단히 '10월'이었다. 소련 해체 이후에 선호하는 용어는 '볼셰비키 혁명'인 듯하다.

2) 1918년 달력 변경 이전의 날짜는 러시아가 1918년에 채택한 서양 달력보다 13일이 늦은 옛 방식으로 쓰인다.

3) Crane Brinton, *The Anatomy of Revolution* (rev. edn; New York, 1965). 프랑스혁명에서 테르미도르 9일(1794년 7월 27일)은 혁명력으로 로베스피에르가 실각한 날짜이다. '테르미도르'라는 단어는 혁명적 테러의 종말과 혁명에서 영웅다운 국면의 종말 모두를 나타내는 약칭으로 쓰인다.

4) 아래 295쪽을 보라.

5) 국가 테러에 관한 나의 생각은 콜린 루카스Colin Lucas의 글에 상당한 빚을 졌다. Colin Lucas, 'Revolutionary Violence, the People and the Terror', in K. Baker (ed.), *The French Revolution and the Creation of Modern Political Culture*, vol. 4: The Terror (Oxford, 1994).

6) 당의 명칭은 '러시아사회민주노동당(볼셰비키)'에서 1918년 '러시아(나중에

전연맹)공산당(볼셰비키)'으로 바뀌었다. 1920년대에는 '볼셰비키'와 '공산주의

자'라는 용어가 번갈아가며 쓰였으나, 1930년대에는 '공산주의자'가 더 일반

적 용법이 됐다.

7) 이 용어는 애리스티드 R. 졸버그Aristide R. Zolberg에게 빌렸다. Aristide R.

Zolberg, 'Moments of Madness,' *Politics and Society* 2:2 (Winter, 1972), 183-

207.

8) Adam Ulam, 'The Historical Role of Marxism,' in Ulam, *The New Face of

Soviet Totalitarianism* (Cambridge, MA, 1963), 35.

9) 이 주제에 관해서는 다음을 보라. Igal Halfin, *Terror in My Soul: Communist

Autobiographies on Trial* (Cambridge, MA, 2003).

10) '대숙청'은 소련식 용어가 아니라 서양식 용어이다. 여러 해 동안 러시아어

로 이 사건을 공공연하게 언급하는 일은 용인되지 않았는데, 공식적으로는 일

어난 사건이 아니었기 때문이다. 따라서 개인끼리의 대화에서는 주로 에둘러

서 '1937년'으로 불렀다. 일반 '숙청'과 '대숙청' 사이의 명명법 혼란은 소련에

서 사용한 한 완곡어법에서 유래한다. 1939년 제18차 당대회에서 테러를 외

견상 부정하며 끝맺음했을 때, 명목상으로 부정된 것은 '대중 숙청массовые

чистки'이었다. 사실상 당 내부에서 엄밀한 의미의 어떠한 일반 당원 숙청도

1936년 이후로는 일어나지 않았지만 말이다. 대중 숙청이라는 표현은 러시아

어에서는 짧게 사용하다가 곧 사라진 반면, 영어에서는 일반적 표현으로 정착

했다.

11) 대테러는 이 주제를 다루는 로버트 컨퀘스트의 고전 저작의 제목이다.

1장. 배경

1) Frank Lorimer, *The Population of the Soviet Union* (Geneva, 1946), 10, 12.

2) A. G. Rashin, *Formirovanie rabochego klassa Rossii* (Moscow, 1958), 328.

3) Barbara A. Anderson, *Internal Migration during Modernization in Late Nineteenth-Century Russia* (Princeton, NJ, 1980), 32-38.

4) A. Gerschenkron, *Economic Backwardness in Historical Perspective* (Cambridge, MA, 1962), 5-30.

5) 농민의 저항과 노동계급 혁명에 관해서는, Leopold Haimson, 'The Problem of Social Stability in Urban Russia, 1905-1917', *Slavic Review*, 23: 4 (1964), 633-637을 보라.

6) *Between Tsar and People. Educated Society and the Quest for Public Identity in Late Imperial Russia*, ed. Edith W. Clowes, Samuel D. Kassow, and James L. West (Princeton, NJ, 1991)을 보라.

7) 앨프리드 리버Alfred Rieber는 러시아 사회에서 사회 정체성의 옛 형태와 새 형태가 공존하는 상태를 묘사하려고 '침전sedimentary'이라는 용어를 사용했다. 리버의 논문 'The Sedimentary Society' in *Between Tsar and People*, 343-366을 보라.

8) Marc Raeff, *Origins of the Russian Intelligentsia. The Eighteenth-Century Nobility* (New York, 1966)을 보라.

9) 이는 Richard S. Wortman, *The Development of a Russian Legal Consciousness* (Chicago, 1976), 286-289를 비롯해서 책의 곳곳에서 논의됐다. 대개혁의 더 폭넓은 쟁점에 대해서는 *Russia's Great Reforms, 1855-1881*, ed. Ben Eklof, John Bushnell, and Larissa Zakharova (Bloomington, IN, 1994)를 보라.

10) Richard Pipes, *Russia under the Old Regime* (New York, 1974), Ch. 10에 나오는 논쟁을 보라.

11) 이 문제에 대한 인민주의자들의 혜안에 관해서는 Gerschenkron, *Economic Backwardness*, 167-173을 보라.

12) 부정적 시각으로는 Richard Pipes, *Social Democracy and the St Petersburg Labor Movement, 1885-1897* (Cambridge, MA, 1963)을 보라. 더 긍정적 시각으로는 Allan K. Wildman, *The Making of a Workers' Revolution. Russian Social Democracy, 1891-1903* (Chicago, 1967)을 보라.

13) Sidney Harcave, *First Blood: The Russian Revolution of 1905* (New York, 1964), 23에서 인용.

14) 1907년까지 볼셰비키와 멘셰비키 당원에 관한 분석으로는 David Lane, *The Roots of Russian Communism* (Assen, The Netherlands, 1969), 22-23, 26을 보라.

15) 러시아사회민주노동당 분열에 대한 명쾌한 논의로는 Jerry F. Hough and Merle Fainsod, *How the Soviet Union is Governed* (Cambridge, MA, 1979), 21-26을 보라.

16) Trotsky, 'Our Political Tasks' (1904) in Isaac Deutscher, *The Prophet Armed* (London, 1970), 91-92에서 인용.

17) Haimson, 'The Problem of Social Stability', 624-633.

18) 1905년 혁명에 대해서는 Abraham Ascher, *The Revolution of 1905*, 2 vols. (Stanford, CA, 1988 and 1992)를 보라.

19) Roberta Thompson Manning, 'Zemstvo and Revolution: The Onset of the Gentry Reaction, 1905-1907', in Leopold Haimson, ed., *The Politics of Rural*

Russia, 1905-1914 (Bloomington, IN, 1979)를 보라.

20) Mary Schaeffer Conroy, *Petr Arkad'evich Stolypin : Practical Politics in Late Tsarist Russia* (Boulder, CO, 1976), 98.

21) Judith Pallot, *Land Reform in Russia, 1906-1917: Peasant Responses to Stolypin's Project of Rural Transformation* (Oxford, 1999), 8.

22) 심리적 측면에서 이러한 고립이 무엇을 의미했는지 생생하게 묘사한 소설로는 Alexander Solzhenitsyn, *Lenin in Zurich* (New York, 1976)을 보라.

23) Peter Gatrell, *A Whole Empire Walking : Refugees in Russia during World War I* (Bloomington, IN, 1999)를 보라. 사상자 수치에 관해서는 Peter Gatrell, *Russia's First World War : A Social and Economic History* (Harlow, 2005), 246을 보라. 그리고 러시아군의 전쟁수행 능력 재평가에 관해서는 David R. Stone, *The Russian Army in the Great War : The Eastern Front, 1914-1917* (Lawrence, KS, 2015)를 보라.

24) 로마노프 가족의 비극은 Robert K. Massie, *Nicholas and Alexandra* (New York, 1967)에서 동정과 이해심을 담아 그려진다.

2장. 1917년: 2월과 10월 혁명

1) 이 논쟁에 관한 역사 서술에 관해서는, Stephen F. Cohen, 'Bolshevism and Stalinism', in Robert C. Tucker, ed., *Stalinism* (New York, 1977)을 보라.

2) W. G. Rosenberg, *Liberals in the Russian Revolution* (Princeton, NJ, 1974), 209에서 인용.

3) George Katkov, *Russia, 1917: The February Revolution* (London, 1967),

444.

4) 니콜라이의 마지막 날들에 관한 문서 증언에 대해서는, Mark D. Steinberg and Vladimir M. Khrustalev, *The Fall of the Romanovs* (New Haven and London, 1995), 277-366을 보라.

5) A. Tyrkova-Williams, *From Liberty to Brest-Litovsk* (London, 1919), 25.

6) Allan K. Wildman, *The End of the Russian Imperial Army* (Princeton, NJ, 1980), 260에서 인용.

7) Sukhanov, *The Russian Revolution*, 1917, i. 104-105.

8) 지방에서 전개되던 혁명 상황에 관한 생생한 증언으로, Donald J. Raleigh, *Revolution on the Volga* (Ithaca and London, 1986)을 보라.

9) Leonard Schapiro, *The Origin of the Communist Autocracy* (Cambridge, MA, 1955), 42 (n. 20)에서 인용.

10) V. I. Lenin, *Collected Works* (Moscow, 1964), xxiv. 21-26. 레닌이 인용한 비판자는 골덴베르그다.

11) 1917년 당원 데이터에 관한 신중한 분석으로는, T. H. Rigby, *Communist Party Membership in the USSR, 1917-1967* (Princeton, NJ, 1968), Ch. 1을 보라.

12) Wildman, *The End of the Russian Imperial Army*. 책의 중심 주제인 1917년 2~4월의 군대에 관해서뿐만 아니라, 이 책은 2월의 권력 이양에 관해서 유효한 최고의 분석을 제공한다.

13) Marc Ferro, *The Russian Revolution of February 1917*, trans. by J. L. Richards (London, 1972), 112-21.

14) 다양한 대중들의 반응에 관해서는, Mark D. Steinberg, *Voices of*

Revolution, 1917 (New Haven and London, 2001)에 나타난 사료들을 보라.

15) 7월 사태에 관해서는, A. Rabinowitch, *Prelude to Revolution : The Petrograd Bolsheviks and the July 1917 Uprising* (Bloomington, IN, 1968)을 보라.

16) A. Rabinowitch, *The Bolsheviks Come to Power* (New York, 1976), 115에서 인용.

17) 알렉세예프 장군과 인터뷰한 신문기사(*Речь*, 1917년 9월 13일, p. 3)는, Robert Paul Browder and Alexander F. Kerensky, eds, *The Russian Provisional Government 1917 : Documents* (Stanford, 1961), iii. 1622.

18) Robert V. Daniels, *Red October* (New York, 1967), 82에서 인용.

19) 10월 혁명에 참여한 주요 볼셰비키의 행동과 의도는 훗날 자기 위주의 수정과 정치적 신화 만들기의 대상이었다. 이는 공식적인 스탈린주의 역사에서뿐만 아니라, 트로츠키가 쓴 고전 역사책 겸 회고록인 『러시아혁명사』에도 나타난다. Daniels, *Red October*, Ch. 11에 나타나는 논쟁을 보라.

20) Leon Trotsky, *The History of the Russian Revolution*, trans. by Max Eastman (Ann Arbor, MI, 1960), iii. Chs. 4-6.

21) 예컨대, Roy A. Medvedev, *Let History Judge : The Origins and Consequences of Stalinism* (1st edn ; New York, 1976), 381-384를 보라.

22) 이어지는 분석은 O. Radkey, *Russia Goes to the Polls : The Election to the All-Russian Constituent Assembly 1917* (Ithaca, NY, 1989)에 기반을 둔 것임.

3장. 내전

1) 지방에서 혁명의 여파에 관한 설명으로는 Peter Holquist, *Making War,*

Forging Revolution: Russia's Continuum of Crisis, 1914-1921 (Cambridge and London, 2002)(돈 지역)와 Donald J. Raleigh, *Experiencing Russia's Civil War: Politics, Society, and Revolutionary Culture in Saratov, 1917-1922* (Princeton, NJ, 2002)를 보라.

2) Terry Martin, *The Affirmative Action Empire* (Ithaca, 2001), 8, 10.

3) 이 쟁점에 관한 논의에 관해서는 Ronald G. Suny, 'Nationalism and Class in the Russian Revolution: A Comparative Discussion', in E. Frankel, J. Frankel, and B. Knei-Paz, eds, *Russia in Revolution: Reassessments of 1917* (Cambridge, 1992)를 보라.

4) 내전이 끼친 영향에 관해서는 D. Koenker, W. Rosenberg, and R. Suny, eds, *Party, State, and Society in the Russian Civil War* (Bloomington, IN, 1989)를 보라.

5) T. H. Rigby, *Communist Party Membership in the USSR, 1917-1967* (Princeton, NJ, 1968), 242; *Vsesoyuznaya partiinaya perepis' 1917 goda. Osnovnye itogi perepisi* (Moscow, 1927), 52.

6) Robert C. Tucker, 'Stalinism as Revolution from Above', in Tucker, *Stalinism*, 91-92.

7) 이 논의는 Sheila Fitzpatrick, 'The Civil War as a Formative Experience', in A. Gleason, P. Kenez, and R. Stites, eds, *Bolshevik Culture* (Bloomington, Ind., 1985)에서 명료하게 나타난다.

8) John W. Wheeler-Bennett, *Brest-Litovsk. The Forgotten Peace, March 1918* (New York, 1971), 243-244에서 인용.

9) 수치는 Aleksandr I. Solzhenitsyn, *The Gulag Archipelago, 1918-1956*, trans. Thomas P. Whitney (New York, 1974), i-ii, 300에서 인용함. 페트로그

라드에서 체카의 활동에 관해서는 Mary McAuley, *Bread and Justice. State and Society in Petrograd, 1917-1922* (Oxford, 1991), 375-393을 보라.

10) 테러에 관하여 레닌이 언급한 예시로 W. Bruce Lincoln, *Red Victory: A History of the Russian Civil War* (New York, 1989), 134-139를 보라. 트로츠키의 시각은 트로츠키가 쓴, *Terrorism and Communism: A Reply to Comrade Kautsky* (1920)을 보라.

11) 농민들의 태도에 관해서는 Orlando Figes, *Peasant Russia, Civil War: The Volga Countryside in Revolution, 1917-21* (Oxford, 1989)를 보라.

12) 경제에 관해서는 Silvana Malle, *The Economic Organization of War Communism, 1918-1921* (Cambridge, 1985)를 보라.

13) Alec Nove, *An Economic History of the USSR* (London, 1969), Ch. 3을 보라.

14) 거래 정책에 관해서는 Julie Hessler, *A Social History of Soviet Trade* (Princeton, NJ, 2004), Ch. 2를 보라.

15) 식량 조달에 관해서는 Lars T. Lih, *Bread and Authority in Russia 1914-1921* (Berkeley, 1990)을 보라.

16) '2차 혁명'은 없었다는 주장에 관해서는 T. Shanin, *The Awkward Class: Political Sociology of Peasantry in a Developing Society: Russia 1910-1925* (Oxford, 1972), 145-161을 보라.

17) N. Bukharin and E. Preobrazhensky, *The ABC of Communism*, trans. by E. and C. Paul (London, 1969), 355.

18) 특히 시골에서 토지 문제를 놓고 일한 농업 전문가들의 존재를 통해 본 스톨리핀 개혁 시기와 1920년대 사이의 연속성에 관해서는 George L. Yaney, 'Agricultural Administration in Russia from the Stolypin Land Reform to

Forced Collectivization: An Interpretive Study', in James R. Millar, ed., *The Soviet Rural Community* (Urbana, IL, 1971), 3-35.

19) Richard Stites, *Revolutionary Dreams: Utopian Vision and Experimental Life in the Russian Revolution* (Oxford, 1989)와 William G. Rosenberg, ed., *Bolshevik Visions: First Phase of the Cultural Revolution in Soviet Russia* (2nd edn, Ann Arbor, MI, 1990)을 보라.

20) Bukharin and Preobrazhensky, *The ABC of Communism*, 118.

21) Sheila Fitzpatrick, *The Commissariat of Enlightenment* (London, 1970), 20에서 인용.

22) T. H. Rigby, *Lenin's Government. Sovnarkom, 1917-1922* (Cambridge, 1979). 권력을 쥔 레닌에 관한 최근의 문서보관소 자료를 이용한 설명은 Robert Service, *Lenin: A Biography* (London, 2000), Chs. 15-25를 보라.

23) *Sto sorok besed s Molotovym. Iz dnevnikov F. I. Chueva* (Moscow, 1991), 184. 위는 내 번역이다. *Molotov Remembers*, trans. Albert Resis (Chicago, 1993), 107에 나오는 영어 번역은 부정확하다.

24) 개인의 계급 정체성은 자명하다고 본 볼셰비키의 최초 가정이 틀렸다는 것이 곧 증명됐지만, 실제적·개념적 어려움을 고려하지 않은 볼셰비키는 인구를 사회적 계급으로 분류하려는 노력을 10~15년 동안 계속했다. 이 어려움에 관해서는 Sheila Fitzpatrick, *Tear off the Masks!* (Princeton, NJ, 2005), Chs. 2-4와 (돈 지역에서 '계급의 적'으로서 카자크에 관해서는) Holquist, *Making War, Forging Revolution*, esp. 150-197을 보라.

25) Bukharin and Preobrazhensky, *The ABC of Communism*, 272.

26) Sheila Fitzpatrick, *Education and Social Mobility in the Soviet Union*,

1921-1934 (Cambridge, 1979), Ch. 1을 보라.

27) 유대인과 혁명에 관해서는 Yuri Slezkine, *The Jewish Century* (Princeton, NJ, 2004), esp. 173-180, 220-226을 보라.

4장. 네프와 혁명의 미래

1) 1912년과 1926년 사이에 모스크바와 레닌그라드에 사는 유대인 수는 네 배로 늘었고, 우크라이나 수도인 키예프(1934년부터)와 하르키우(1919~1934년) 에서도 비슷하게 증가했다. Slezkine, *Jewish Century*, 216-218을 보라.

2) 노동계급의 소멸에 관해서는 D. Koenker, 'Urbanization and Deurbanization in the Russian Revolution and Civil War', in D. Koenker, W. Rosenberg, and R. Suny, eds, *Party, State, and Society in the Russian Civil War* (Bloomington, Ind, 1989)와 Sheila Fitzpatrick, 'The Bolsheviks' Dilemma: The Class Issue in Party Politics and Culture', in Sheila Fitzpatrick, *The Cultural Front* (Inthaca, NY, 1992)를 보라.

3) Oliver H. Radkey, *The Unknown Civil War in Soviet Russia* (Stanford, CA, 1976), 263.

4) Paul A. Avrich, *Kronstadt, 1921* (Princeton, NJ, 1970)과 Israel Getzler, *Kronstadt, 1917-1921* (Cambridge, 1983)을 보라.

5) 네프에 관해서는 Lewis H. Siegelbaum, *Soviet State and Society between Revolutions, 1918-1929* (Cambridge, 1992)를 보라.

6) Lenin, 'Political Report of the Central Committee to the Eleventh Party Congress' (Mar. 1922), in V. I. Lenin, *Collected Works* (Moscow, 1966), xxxiii. 282.

7) Richard Pipes, ed., *The Unknown Lenin*, trans. Catherine A. Fitzpatrick (New Haven, 1996), 152-154.

8) A. I. Mikoyan, *Mysli i vospominaniya o Lenine* (Moscow, 1970), 139.

9) *Molotov Remembers*, trans. Resis, 100.

10) Rigby, *Communist Party Membership*, 96-100, 98. 지역 수준에서 1921년 숙청을 생생하게 재현한 소설로는 F. Gladkov, *Cement*, trans. by A. S. Arthur and C. Ashleigh (New York, 1989), Ch. 16을 보라.

11) Lenin, *Collected Works*, xxxiii. 288.

12) 'Better Fewer, But Better' (2 Mar. 1923), in Lenin, *Collected Works*, xxxiii. 488.

13) I. N. Yudin, *Sotsial'naya baza rosta KPSS* (Moscow, 1973), 128.

14) *Kommunisty v sostave apparata gosuchrezhdenii i obshchestvennykh organizatsii. Itogi vsesoyuznoi partiinoi perepisi 1927 goda* (Moscow, 1929), 25; *Bol'shevik*, 1928 no. 15, 20.

15) '유언장'의 전문은 Robert V. Daniels, ed., *A Documentary History of Communism in Russia from Lenin to Gorbachev* (Lebanon, NH, 1993), 117-118에 있다.

16) Robert V. Daniels, *The Conscience of the Revolution* (Cambridge, MA, 1960), 225-230을 보라.

17) 이는 대니얼스Daniels의 표현이다. 이를 다룬 명확하고 간결한 논의에 관해서는 Hough and Fainsod, *How the Soviet Union is Governed*, 124-133, 144를 보라.

18) 1920년대 분파투쟁의 과정에서 스탈린의 팀이 형성된 과정에 관해서는

Sheila Fitzpatrick, *On Stalin's Team: The Years of Living Dangerously in Soviet Politics* (Princeton, 2015), ch. 1을 보라.

19) 이는 1920년대 공산주의 반대파에 관한 대니얼스의 연구에 나타나는 일관된 주제이다. 『혁명의 양심*The Conscience of the Revolution*』이라는 그의 책 제목이 나타내듯이, 대니얼스는 당내 민주주의에 대한 호소를 반대파의 고유 기능이라기보다는 혁명적 이상주의의 표현으로 보지만 말이다.

20) Moshe Lewin, *Lenin's Last Struggle* (New York, 1968)을 보라. 대안적 해석으로는 Service, *Lenin*, Chs. 26-28을 보라.

21) 레닌 숭배의 등장에 관해서는 Nina Tumarkin, *Lenin Lives!* (Cambridge, 1983)을 보라.

22) Lenin, 'Our Revolution (A Propos of the Notes of N. Sukhanov)', in V. I. Lenin, *Collected Works*, xxxiii. 480.

23) Yu. V. Voskresenskii, *Perekhod Kommunisticheskoi Partii k osushchestvleniyu polikiti sotsialisticheskoi industrializatsii SSSR* (1925-1927) (Moscow, 1969), 162에서 인용.

24) J. V. Stalin, 'October, Lenin and the Prospects of Our Development', in J. V. Stalin, *Works* (Moscow, 1954), vii. 258.

25) 이 논의에 관해서는 E. H. Carr, *Socialism in One Country*, ii. 36-51을 보라.

26) 논쟁의 상세한 연구는 A. Erlich, *The Soviet Industrialization Debate, 1924-1926* (Cambridge, MA, 1960)을 보라.

27) Stephen F. Cohen, 'Bolshevism and Stalinism', in Tucker, ed., *Stalinism* 과 *Bukharin and the Bolshevik Revolution* (New York, 1973); Moshe Lewin,

Political Undercurrents in Soviet Economic Debates : From Bukharin to the Modern Reformers (Princeton, NJ, 1974)를 보라.

28) 테르미도르에 관한 당내 논쟁에 관해서는 Deutscher, *The Prophet Unarmed* (London, 1970), 312-332와 Michal Reiman, *The Birth of Stalinism*, trans. by George Saunders (Bloomington, IN, 1987), 22-23을 보라.

29) 젊은이의 소외에 관한 걱정으로는 Ann E. Gorsuch, *Youth in Revolutionary Russia* (Bloomington, IN, 2000), 168-181을 보라.

5장. 스탈린 혁명

1) 예컨대 Adam B. Ulam, *Stalin* (New York, 1973), Ch. 8을 보라.

2) 자코뱅 공회는 혐의자법(1793년 9월 17일)을 반포하면서 행동·연줄·저술·일반적 처신 때문에 혁명에 위협이 될 법한 모든 사람들을 즉각 체포하라는 명령을 내렸다. 프랑스의 혁명적 테러에 대한 스탈린의 찬양에 관해서는 Dmitri Volkogonov, Stalin. *Triumph and Tragedy*, trans. Harold Shukman (London, 1991), 279를 보라.

3) Reiman, *Birth of Stalinism*, 35-36은 독일 외무부 정치문서보관소의 자료에서 인용.

4) 샤흐틔 재판과 이후의 '산업당' 재판에 관해서는 Kendall E. Bailes, *Technology and Society under Lenin and Stalin* (Princeton, NJ, 1978), Chs. 3-5를 보라.

5) Sheila Fitzpatrick, 'Stalin and the Making of a New Elite', in Fitzpatrick, *The Cultural Front*, 153-154, 162-165를 보라.

6) 스탈린이 멘진스키에게 보낸 편지는 Diane P. Koenker and Ronald D. Bachman, eds, *Revelations from the Russian Archives: Documents in English Translation* (Washington, DC, 1997), 243.

7) 곡물조달 위기(1928년 1~2월)에 관한 스탈린의 언급은 Stalin, *Works*, xi. 3-22에 있다. Moshe Lewin, *Russian Peasants and Soviet Power* (London, 1968), 214-240도 보라.

8) 프룸킨의 조언은 *Za chetkuyu klassovuyu liniyu* (Novosibirsk, 1929) 73-74에 있다. 우글라노프는 이 조언에 관해 1월 말에 모스크바에서 간략하게 연설했고, *Vtoroi plenum MK RKP(b), 31 yanv.-2 fev. 1928. Doklady i rezoliutsii* (Moscow, 1928), 9-11, 38-40으로 출간됐다.

9) Fitzpatrick, *On Stalin's Team*, 55-57을 보라.

10) Cohen, *Bukharin and the Bolshevik Revolution*, 322-323을 보라.

11) 이 언급은 1930년 여름에 스베르들로프스크에서 릐코프가 한 뒤늦은 '우파' 연설에 대한 응답으로 우랄 당 서기 이반 카바코프Иван Кабаков가 했다. *X Ural'skaya konferentsiya Vsesoyuznoi Kommunisticheskoi Partii* (bol'shevikov) (Sverdlovsk, 1930), Bull. 6, 14.

12) Stalin, *Works*, xiii. 40-41.

13) 스탈린의 발언은 *Puti industrializatsii* (1928), no. 4, 64-65에서 인용.

14) E. H. Carr and R. W. Davies, *Foundations of a Planned Economy, 1926-1929* (London, 1969), i. 843-897을 보라.

15) David Ryazanov, in *XVI konferentsiya VKP(b), aprel' 1929 g. Stenograficheskii otchet* (Moscow, 1962), 214.

16) 제1차 5개년 계획 공업화 기간의 정치에 관해서는 Sheila Fitzpatrick,

'Ordzhonikidze's Takeover of Vesenkha: A Case Study in Soviet Bureaucratic Politics', *Soviet Studies* 37: 2 (Apr. 1985)를 보라. 지역 사례 연구로는 James R. Harris, *The Great Urals: Regionalism and the Evolution of the Soviet System* (Ithaca, 1999), 38-104를 보라.

17) Alec Nove, *An Economic History of the USSR* (London, 1969), 150.

18) R. W. Davies, *The Socialist Offensive* (Cambridge, MA, 1980), 148에서 인용.

19) Stalin, *Works*, xii. 197-205.

20) 수치는 Nove, *Economic History of the USSR*, 197, 238에서 인용. 이만 오천인에 관해서는 Lynne Viola, The Best Sons of the Fatherland (New York, 1987)을 보라.

21) *Slavic Review*, 50: 1 (1991), 152.

22) 통계적 증거에 관한 논의로는 R. W. Davies and Stephen Wheatcroft, *The Years of Hunger: Soviet Agriculture, 1931-33* (Basingstoke and New York, 2004), 412-415.

23) Stalin, *Works*, xiii. 54-55.

24) Sheila Fitzpatrick, 'The Great Departure: Rural-Urban Migration in the Soviet Union, 1929-1933', in William R. Rosenberg and Lewis H. Siegelbaum, eds, *Social Dimensions of Soviet Industrialization* (Bloomington, IN, 1993), 21-22.

25) 다음에 이어지는 논의는 Sheila Fitzpatrick, ed., *Cultural Revolution in Russia, 1928-31* (Bloomington, IN, 1978)에서 끌어왔음.

26) 이어지는 논의는 Fitzpatrick, 'Stalin and the Making of a New Elite', in Fitzpatrick, *The Cultural Front*와 Fitzpatrick, *Education and Social Mobility*, 184-205에서 끌어왔음. 유사한 정책들이 우즈베크와 바시키르 같은 '후진' 민

족을 대표해서 수행됐음을 참조하라. 이에 관해서는 Martin, *The Affirmative Action Empire*, esp. Ch. 4를 보라.

27) 제1차 5개년 계획 동안 노동자들의 변화하는 처지에 관해서는 Hiroaki Kuromiya, *Stalin's Industrial Revolution* (Cambridge, 1988)을 보라. 이어지는 국면에 관해서는 Donald Filtzer, *Soviet Workers and Stalinist Industrialization* (New York, 1986)을 보라.

28) *Izmeneniia sotsial'noi struktury sovetskogo obshchestva 1921-seredina 30-kh godov* (Moscow, 1979), 194; *Sotsialisticheskoe stroitel'stvo SSSR. Statisticheskii ezhegodnik* (Moscow, 1934), 356-357.

29) 이 과정에 관해서는 Fitzpatrick, *On Stalin's Team*, 91-95를 보라. 1930년 대에 '지도자вождь'라는 용어는 스탈린에게만 쓰이지 않았다는 점을 명심하라. 예컨대 스탈린의 정치국 동료들도 언론에서 '지도자들вожди'로 언급됐다.

30) 소련의 고립에 관해서는 Jerry F. Hough, *Russia and the West: Gorbachev and the Politics of Reform* (2nd end; New York, 1990), 44-66을 보라.

6장. 혁명의 종료

1) Crane Brinton, *The Anatomy of Revolution* (rev. end, New York, 1965), 17.

2) L. Trotsky, *The Revolution Betrayed* (London, 1937); Nicholas S. Timasheff, *The Great Retreat: The Growth and Decline of Communism in Russia* (New York, 1946).

3) 문해율 문제에 관해서는 Fitzpatrick, *Education and Social Mobility*, 168-176을 보라. 1937년의 억압 민족 인구 조사에서는 9세부터 49세까지 인구의

75퍼센트가 문맹이었다고 밝혔다(Sotsiologicheskie issledovaniya, 1990 no. 7, 65-66). 50세 이상 집단을 포함하면 명백히 수치는 더 낮아질 것이다.

4) 투르크시브에 관해서는 Matthew J. Payne, *Stalin's Railroad: Turksib and the Building of Socialism* (Pittsburgh, 2001)을 보라. 드네프로스트로이에 관해서는 Anne Rassweiler, *The Generation of Power: The History of Dneprostroi* (Oxford, 1988)을 보라.

5) Alec Nove, *An Economic History of the USSR* (new edn; London, 1992), 195-196.

6) Holland Hunter, 'The Overambitious First Soviet Five-Year Plan', *Slavic Review*, 32: 2 (1973), 237-257. 더 긍정적인 저작으로는 Robert C. Allen, *Farm and Factory: A Reinterpretation of the Soviet Industrial Revolution* (Princeton, NJ, 2003)을 보라.

7) James R. Millar, 'What's Wrong with the "Standard Story"?', from James Millar and Alec Nove, 'A Debate on Collectivization', *Problems of Communism* (July-Aug. 1976), 53-55를 보라.

8) 1930년대 실제 콜호즈 생활의 상세한 논의에 관해서는 Fitzpatrick, *Stalin's Peasants*, Chs. 4-5를 보라.

9) J. Stalin, *Stalin on the New Soviet Constitution* (New York, 1936). 헌법 전문에 관해서는 1936년 12월 5일 소련 제8차 소비에트 특별대회에서 승인된 *Constitution: Fundamental Law of the Union of Soviet Socialist Republics* (Moscow, 1938)을 보라.

10) 소비에트 선거를 민주화하려는 체제의 순수한 의도가 대숙청과 관련된 사회적 긴장 때문에 좌절됐다는 논의에 관해서는 J. Arch Getty, 'State and

Society under Stalin: Constitutions and Elections in the 1930s', *Slavic Review*, 50: 1 (Spring, 1991)을 보라.

11) N. L. Rogalina, *Kollektivizatsiya: uroki proidennogo puti* (Moscow, 1989), 198에서 인용.

12) Fitzpatrick, *Tear off the Masks!*, 40-43, 46-49를 보라. 비록 차별의 옛 형태는 사라졌지만, 새로운 형태의 차별이 있었다. 추방당한 쿨라크와 다른 행정적 유형자는 말할 것도 없거니와, 콜호즈 농민들은 다른 시민들과 동등한 권리를 누리지 못했다.

13) Fitzpatrick, 'Stalin and the Making of a New Elite', in Fitzpatrick, *The Cultural Front*, 177-178을 보라.

14) 1930년대에 젊은이였던 사람들의 일기와 회고록은 '대후퇴'라는 인식을 거의 보여주지 않는다. 예컨대 Jochen Hellbeck, *Revolution on My Mind* (Cambridge, MA, 2006)을 보라.

15) Lewis H. Siegelbaum, *Stakhanovism and the Politics of Productivity in the USSR, 1935-1941* (Cambridge, 1988).

16) Fitzpatrick, *Education and Social Mobility*, 212-233; Timasheff, *The Great Retreat*, 211-225.

17) David Brandenberger, *National Bolshevism: Stalinist Mass Culture and the Formation of Modern Russian National Identity, 1931-1936* (Cambridge, MA, 2002), 43-62를 보라.

18) 낙태 논쟁에 관해서는 Sheila Fitzpatrick, *Everyday Stalinism* (New York, 1999), 152-156을 보라.

19) Wendy Z. Goldman, *Women at the Gates: Gender and Industry in Stalin's*

Russia (Cambridge, MA, 2002), 1.

20) 부인 운동에 관해서는 Fitzpatrick, *Everyday Stalinism*, 156-163을 보라. 남편의 억압에 대한 저항을 포함한 옛 해방의 메시지는 여전히 '후진' 여성(농민, 소수 민족)과 관련해서는 지지를 받고 있었으며, 특정한 엘리트 여성이 자선사업의 봉사자 역할을 선택했다 할지라도, 여전히 여성의 노동은 중요한 가치가 있었다.

21) Sarah Davies, *Popular Opinion in Stalin's Russia* (Cambridge, 1997), 138-144를 보라.

22) 특권에 관해서는 Fitzpatrick, *Everyday Stalinism*, 99-109를 보라.

23) Trotsky, *The Revolution Betrayed*, 102-105; Molotov Remembers, 272-3.

24) Milovan Djilas, *The New Class: An Analysis of the Communist System* (London, 1966); Robert C. Tucker, *Stalin in Power* (New York, 1990), 319-324.

25) 이 입장을 명확하게 해주는 글로 Sheila Fitzpatrick, 'Becoming Cultured: Socialist Realism and the Representation of Privilege and Taste', in Fitzpatrick, *The Cultural Front*, 216-237.

26) 'New Conditions-New Tasks in Economic Construction' (23 June 1931) in Stalin, *Works*, xiii. 53-82를 보라.

27) Thomas Carlyle, *The French Revolution* (London, 1906), ii. 255.

28) J. Arch Getty and Oleg V. Naumov, *The Road to Terror: Stalin and the Self-Destruction of the Bolsheviks*, 1932-1939 (New Haven, 1999), 250-255.

29) 이 재판들은 Robert Conquest, *The Great Terror: Stalin's Purge of the Thirties* (London, 1968), 증보판으로 *The Great Terror: A Reassessment* (New York, 1990)에 생생하게 묘사되고 있다.

30) Molotov, in *Bol'shevik*, 1937 no. 8 (15 Apr.), 21-22.

31) 총회 자료로는 Getty and Naumov, *Road to Terror*, 369-411을 보라.

32) *Khrushchev Remembers*, trans. and ed. Strobe Talbott (Boston, 1970), 572: Graeme Gill, *The Origins of the Stalinist Political System* (Cambridge, 1990), 278.

33) 스탈린이 서명한 1937년 7월 2일 정치국 결의안, 'On Anti-Soviet Elements', 예조프(NKVD 수장)가 서명한 7월 30일의 작전 명령은 Getty and Naumov, *Road to Terror*, 470-471.

34) Oleg V. Khlevnyuk, *The History of the Gulag: From Collectivization to the Great Terror* (New Haven, 2004), 305, 308, 310-312에서 온 수치. 이 수치는 교정노동수용소의 것만이다. 노동식민지, 감옥, 행정유형은 포함하지 않고 있다.

35) 중앙위원회 2~3월 총회 토론에서 에이혜Эйхе. 러시아사회정치사국립문서보관소(RGASPI), f. 17, op. 2, d. 612, l. 16.

36) 고발에 관해서는 Fitzpatrick, *Stalin's Peasants*, Ch. 9와 idem, Tear off the Masks!, Chs. 11-12.

37) Zvezda (Dnepropetrovsk), 1 Aug. 1937, 3: *Krest'yanskaia pravda* (Leningrad), 9 Aug 1937, 4.

38) 예조프의 추락과 몰락에 관해서는 Marc Jansen and Nikita Petrov, *Stalin's Loyal Executioner: People's Commissar Nikolai Ezhov, 1895-1940* (Stanford, 2002), 139-193, 207-208.

39) J. Stalin, *Report on the Work of the Central Committee to the Eighteenth Congress of the C.P.S.U.[B.]* (Moscow, 1939), 47-48.

40) Volkogonov, *Stalin*, 260, 279.

41) 닐 맥파쿼Neil MacFarquhar의 보고서 2017년 3월 10일 『뉴욕 타임즈』에 실린 「혁명? 무슨 혁명? 러시아인들이 100년 후에 묻다」. 혁명 100주년에 러시아가 느끼는 당혹감에 대해서 더 알아보려면, Sheila Fitzpatrick, 'Celebrating (or Not) the Russian Revolution, *Journal of Contemporary History* 52: 4 (2017), 816-831을 보라.

정선 참고문헌

ALEXOPOULOS, GOLFO, *Stalin's Outcasts: Aliens, Citizens, and the Soviet State, 1926-1936* (Ithaca, NY, 2003).

ASCHER, ABRAHAM, *The Revolution of 1905, i: Russia in Disarray* (Stanford, Calif., 1988); ii: *Authority Restored* (Stanford, CA, 1992).

AVRICH, PAUL, Kronstadt, 1921 (Princeton, NJ, 1970).

BABEROWSKI, JÖRG, *Scorched Earth: Stalin's Reign of Terror*, trans. Steven Gilbert et al (New Haven, 2016).

BALL, ALAN M., *And Now My Soul Is Hardened: Abandoned Children in Soviet Russia, 1918-1930* (Berkeley, CA, 1994).

BENVENUTI, F., *The Bolsheviks and the Red Army, 1918-1922* (Cambridge, 1988).

BROVKIN, VLADIMIR N., *Behind the Front Lines of the Civil War: Political Parties and Social Movements in Russia, 1918-1922* (Princeton, NJ, 1994).

BROWDER, ROBERT P., and KERENSKY, ALEXANDER F. (eds.), *The Russian Provisional Government, 1917* (3 vols., Stanford, CA, 1961).

BUDNITSKII, O. V. *Russian Jews between the Reds and the Whites, 1917-1920* (Philadelphia, 2012).

CARR, E. H., *A History of Soviet Russia* (London, 1952-1978). 개별 제목: *The*

Bolshevik Revolution, 1917-1923 (3 vols., 1952), [국역] 이지원 옮김, 『볼셰비키 혁명사』, 화다, 1985(첫 권만 번역), *The Interregnum, 1923-1924* (1954), *Socialism in One Country, 1924-1926* (3 vols., 1959), *Foundations of a Planned Economy, 1926-1929* (3 vols., vol. 2 with R. W. Davies, 1969-1978).

CHAMBERLIN, W. H., *The Russian Revolution* (2 vols., London, 1935).

CHASE, WILLIAM, *Workers, Society, and the Soviet State: Labor and Life in Moscow, 1918-1929* (Urbana, IL, 1987).

CLEMENTS, BARBARA E., *Bolshevik Feminist: The Life of Alexander Kollontai* (Bloomington, IN, 1979).

COHEN, STEPHEN F., *Bukharin and the Bolshevik Revolution: A Political Biography, 1888-1938* (New York, 1973).

CONQUEST, ROBERT, *The Harvest of Sorrow: Soviet Collectivization and the Terror-Famine* (New York, 1986).

The Great Terror: A Reassessment (New York, 1990).

CORNEY, FREDERICK, *Telling October: Memory and the Making of the Bolshevik Revolution* (Ithaca, NY, 2004), [국역] 박원용 옮김, 『10월 혁명-볼셰비키 혁명의 기억과 형성』, 책세상, 2008.

DANIELS, ROBERT V., *The Conscience of the Revolution: Communist Opposition in Soviet Russia* (Cambridge, MA, 1960).

Red October: The Bolshevik Revolution of 1917 (New York, 1967).

DAVIES, R. W., *The Industrialisation of Soviet Russia*, i: *The Socialist Offensive: The Collectivisation of Soviet Agriculture, 1929-1930* (Cambridge, Mass., 1980); ii: *The Soviet Collective Farm, 1929-1930* (Cambridge, Mass., 1980); iii: *The Soviet Economy in Turmoil, 1929-*

1930 (Cambridge, Mass., 1989); iv: *Crisis and Progress in the Soviet Economy, 1931-1933* (London, 1996); v (with Stephen G. Wheatcroft): *The Years of Hunger: Soviet Agriculture, 1931-1933* (Basingstoke, Hants., 2004); vi (with Oleg V. Khlevnyuk and Stephen G. Wheatcroft): *The Years of Progress: The Soviet Economy, 1934-1936* (Basingstoke, Hants., 2014).

DEUTSCHER, ISSAC, *The Prophet Armed: Trotsky, 1879-1921* (London, 1954), [국역] 김종철 옮김, 『무장한 예언자 트로츠키 1879-1921』, 시대의창, 2017.

The Prophet Unarmed: Trotsky, 1921-1929 (London, 1959), [국역] 한지영 옮김, 『비무장의 예언자 트로츠키 1921-1929』, 시대의창, 2017.

The Prophet Outcast: Trotsky, 1929-1940 (London, 1970), [국역] 이주명 옮김, 『추방된 예언자 트로츠키 1929-1940』, 시대의창, 2017.

EDELE, MARK, *Stalinist Society 1928-1953* (Oxford, 2011).

FAINSOD, MERLE, *Smolensk under Soviet Rule* (London, 1958).

FERRO, MARC, *The Russian Revolution of February 1917*, trans. J. L. Richards (London, 1972).

October 1917: A Social History of the Russian Revolution, trans. Norman Stone (Boston, 1980), [국역] 황인평 옮김, 『1917년 10월 혁명-러시아혁명의 사회사』, 거름, 1983.

FIGES, ORLANDO, *Peasant Russia, Civil War: The Volga Countryside in Revolution, 1917-1921* (Oxford, 1989).

A People's Tragedy: A History of the Russian Revolution (London, 1996).

and KOLONITSKII, BORIS, *Interpreting the Russian Revolution: The Language and Symbols of 1917* (New Haven, 1999).

FILTZER, DONALD, *Soviet Worker and Stalinist Industrialization: The Formation of Modern Soviet Production Relations, 1928-1941* (New York, 1986).

FISCHER, LOUIS, *The Soviets in World Affairs: A History of Relations Between the Soviet Union and the Rest of the World, 1917-1929* (Princeton, NJ, 1951).

FITZPATRICK, SHEILA, *The Commissariat of Enlightenment: Soviet Organization of Education and the Arts under Lunacharsky, October 1917-1921* (London, 1970).

The Cultural Front: Power and Culture in Revolutionary Russia (Ithaca, NY, 1992).

Education and Social Mobility in the Soviet Union, 1921-1934 (Cambridge, 1979).

Everyday Stalinism: Ordinary Life in Extraordinary Times, Soviet Russia in the 1930s (New York, 1999).

On Stalin's Team: The Years of Living Dangerously in Soviet Politics (Princeton, NJ, 2015).

Stalin's Peasants: Resistance and Survival in the Russian Village after Collectivization (New York and Oxford, 1994).

Tear off the Masks!: Identity and Imposture in Twentieth-Century Russia (Princeton, NJ, 2005).

RABINOWITCH, A., and STITES, R. (eds.), *Russia in the Era of NEP: Explorations in Soviet Society and Culture* (Bloomington, IN, 1991).

FÜLÖP-MILLER, RENÉ, *The Mind and Face of Bolshevism: An Examination of Cultural Life in Soviet Russia* (London, 1927).

GALILI, ZIVA, *The Menshevik Leaders in the Russian Revolution: Social Realities and Political Strategies* (Princeton, NJ, 1989).

GATRELL, PETER, *A Whole Empire Walking: Refugees in Russia during World War I* (Bloomington, IN, 1999).

GETTY, J. ARCH, *Practicing Stalinism: Bolsheviks, Boyars, and the Persistence of Tradition* (New Haven, 2013).

and NAUMOV, OLEG V., *The Road to Terror: Stalin and the Self-Destruction of the Bolsheviks, 1932-1939* (New Haven, 1999).

GETZLER, ISRAEL, *Kronstadt, 1917-1921: The Fate of a Soviet Democracy* (Cambridge, 1983).

GORSUCH, ANNE E., *Youth in Revolutionary Russia: Enthusiasts, Bohemians, Delinquents* (Bloomington, IN, 2000).

GRAZIOSI, ANDREA, *The Great Soviet Peasant War: Bolsheviks and Peasants, 1917-1933* (Cambridge, MA, 1996).

HAIMSON, LEOPOLD, *The Russian Marxists and the Origins of Bolshevism* (Cambridge, MA, 1955).

'The Problem of Social Stability in Urban Russia, 1905-1917', *Slavic Review*, 23: 4 (1964) and 24: 1 (1965), [국역] 이인호 엮음, 「1905-1917년 러시아 도시지역의 사회적 안정성 문제」, 『러시아혁명사론』, 까치, 1992.

The Mensheviks: From the Revolution of 1917 to World War II (Chicago, 1974).

HALFIN, IGAL, *From Darkness to Light: Class Consciousness and Salvation in Revolutionary Russia* (Pittsburgh, 2000).

HARRIS, JAMES R., *The Great Fear: Stalin's Terror of the 1930s* (Oxford,

2016).

HASEGAWA, TSUYOSHI, *The February Revolution: Petrograd, 1917* (Seattle, 1981).

HELLBECK, JOCHEN, *Revolution on My Mind: Writing a Diary under Stalin* (Cambridge, MA, 2006).

HOLQUIST, PETER, *Making War, Forging Revolution: Russia's Continuum of Crisis, 1914-1921* (Cambridge, MA, 2002).

HUSBAND, WILLIAM, *'Godless Communists': Atheism and Society in Soviet Russia, 1917-1932* (De Kalb: Northern Illinois Press, 2000).

KELLY, CATRIONA, *Comrade Pavlik: The Rise and Fall of a Soviet Boy Hero* (London, 2005).

KENEZ, PETER, *Civil War in South Russia, 1918* (Berkeley, CA, 1971).
Civil War in South Russia, 1919-1920 (Berkeley, CA, 1977).
The Birth of the Propaganda State: Soviet Methods of Mass Mobilization 1917-1929 (Cambridge, 1985).

KENNAN, GEORGE F., *Soviet-American Relations, 1917-1920, i: Russia Leaves the War* (Princeton, NJ, 1956); ii: *The Decision to Intervene* (Princeton, NJ, 1958).

KHLEVNIUK, OLEG V., *The History of the Gulag: From Collectivization to the Great Terror* (New Haven, 2004).
Stalin: New Biography of a Dictator (New Haven, 2015), 유나영 옮김, 류한수 감수, 『스탈린-독재자의 새로운 얼굴』, 삼인, 2017.

KOENKER, DIANE, *Moscow Workers and the 1917 Revolution* (Princeton, NJ, 1981).
Republic of Labor: Russian Printers and Soviet Socialism, 1918-1930

(Ithaca, NY, 2005).

ROSENBERG, W. G., and SUNY, R. G. (eds.), *Party, State, and Society in the Russian Civil War: Explorations in Social History* (Bloomington, IN, 1989).

KOTKIN, STEPHEN, *Magnetic Mountain: Stalinism as a Civilization* (Berkeley, CA, 1995).

Stalin, i: *Paradoxes of Power, 1878-1928* (London, 2014); ii: *Waiting for Hitler, 1929-1941* (London, 2017).

KOTSONIS, YANNI, *States of Obligation: Taxes and Citizenship in the Russian Empire and Early Soviet Republic* (Toronto, 2014).

KRAUS, TAMÁS, *Reconstructing Lenin: An Intellectual Biography*, trans. Bálint Bethlenfalvy with Mario Fenyo (New York, 2015).

KUROMIYA, HIROAKI, *Stalin's Industrial Revolution: Politics and Workers, 1928-1932* (Cambridge, 1988).

Freedom and Terror in the Donbass: A Ukrainian-Russian Borderland, 1870s-1990s (Cambridge, 1998).

LAZITCH, BRANKO, and DRACHKOVITCH, MILORAD M., *Lenin and the Comintern*, i (Stanford, CA, 1972).

LEWIN, MOSHE, *Lenin's Last Struggle* (New York, 1968).

The Making of the Soviet System: Essays in the Social History of Interwar Russia (New York, 1985).

Russian Peasants and Soviet Power: A Study of Collectivization (Evanston, IL, 1968).

LIH, LARS T., *Bread and Authority in Russia, 1914-1921* (Berkeley, CA, 1990).

LINCOLN, W. BRUCE, *Red Victory: A History of the Russian Civil War* (New York, 1989).

LOHR, ERIC, *Russian Citizenship: From Empire to Soviet Union* (Cambridge, MA, 2012).

MALLE, SILVANA, *The Economic Organization of War Communism, 1918– 1921* (Cambridge, 1985).

MALLY, LYNN, *Culture of the Future: The Proletkult Movement in Revolutionary Russia* (Berkeley, CA, 1990).

MARTIN, TERRY, *The Affirmative Action Empire: Nations and Nationalism in the Soviet Union, 1923–1939* (Ithaca, NY, 2001).

MAWDSLEY, EVAN, *The Russian Civil War* (Boston, 1987).

MCAULEY, MARY, *Bread and Justice: State and Society in Petrograd, 1917– 1922* (Oxford, 1991).

MEDVEDEV, ROY A., *Let History Judge: The Origins and Consequences of Stalinism* (rev. edn; New York, 1989), 황성준 옮김, 『역사가 판단하게 하라』, 2 vols., 새물결, 1991.

MONTEFIORE, SIMON SEBAG, *Stalin: The Court of the Red Tsar* (New York, 2004).

NAIMAN, ERIC, *Sex in Public: The Incarnation of Early Soviet Ideology* (Princeton, NJ, 1997).

PETHYBRIDGE, ROGER, *The Social Prelude to Stalinism* (London, 1974).

PIPES, RICHARD, *The Formation of the Soviet Union: Communism and Nationalism, 1917–1923* (Cambridge, MA, 1954).

The Russian Revolution (New York, 1990).

ed., *The Unknown Lenin: From the Secret Archive*, trans. Catherine A.

Fitzpatrick (New Haven, 1996).

RABINOWITCH, ALEXANDER, *Prelude to Revolution: The Petrograd Bolsheviks and the July 1917 Uprising* (Bloomington, IN, 1968).

The Bolsheviks Come to Power: The Revolution of 1917 in Petrograd (New York, 1976), [국역] 류한수 옮김, 『1917년 러시아혁명-노동계급이 권력을 잡다』, 책갈피, 2017.

The Bolsheviks in Power: The First Year of Soviet Rule in Petrograd (Bloomington, IN, 2007).

RADKEY, OLIVER H., *The Agrarian Foes of Bolshevism: Promise and Default of the Russian Socialist Revolutionaries, February to October 1917* (New York, 1958).

The Sickle under the Hammer: The Russian Socialist Revolutionaries in the Early Months of Soviet Rule (New York, 1963).

Russia Goes to the Polls: The Election to the All-Russian Constituent Assembly, 1917 (Ithaca, NY, 1989).

RALEIGH, DONALD J., *Revolution on the Volga: 1917 in Saratov* (Ithaca, NY, 1986).

Experiencing Russia's Civil War: Politics, Society, and Revolutionary Culture in Saratov, 1917-1922 (Princeton, NJ, 2002).

REED, JOHN, *Ten Days That Shook the World* (London, 1966), [국역] 서찬석 옮김, 『세계를 뒤흔든 열흘』, 책갈피, 2005.

REIMAN, MICHAL, *The Birth of Stalinism: The USSR on the Eve of the 'Second Revolution'*, trans. George Saunders (Bloomington, IN, 1987).

RIGBY, T. H., *Lenin's Government, Sovnarkom: 1917-1922* (Cambridge, 1979).

ROSENBERG, WILLIAM G., *Liberals in the Russian Revolution* (Princeton, NJ, 1974).

Bolshevik Visions: First Phase of the Cultural Revolution in Soviet Russia (2nd edn., 2 vols., Ann Arbor, MI, 1990).

SAKWA, RICHARD, *Soviet Communists in Power: A Study of Moscow during the Civil War, 1918-1921* (New York, 1988).

SANBORN, JOSHUA A., *Drafting the Russian Nation: Military Conscription, Total War, and Mass Politics, 1905-1925* (De Kalb, IL, 2003).

Imperial Apocalypse: The Great War and the Destruction of the Russian Empire (Oxford, 2014).

SCHAPIRO, LEONARD, *The Origin of the Communist Autocracy: Political Opposition in the Soviet State: First Phase, 1917-1922* (Cambridge, MA, 1955).

SCHLÖGEL, KARL, *Moscow, 1937* (Cambridge, 2012).

SCOTT, JOHN, *Behind the Urals: An American Worker in Russia's City of Steel*, rev. ed. prepared by Stephen Kotkin (Bloomington, IN, 1989).

SERGE, VICTOR, *Memoirs of a Revolutionary* (New York, 2012), [국역] 정병선 옮김, 『한 혁명가의 회고록-불굴의 혁명가 빅토르 세르주 자서전』, 오월의봄, 2014.

SERVICE, ROBERT, *The Bolshevik Party in Revolution: A Study in Organizational Change, 1917-1923* (London, 1979).

Lenin: A Biography (Cambridge, MA, 2000), [국역] 김남섭 옮김, 『레닌』, 교양인, 2017.

SIEGELBAUM, LEWIS H., *Soviet State and Society between Revolutions, 1918-1929* (Cambridge, 1992).

and MOCH, LESLIE PAGE, *Broad is My Native Land: Repertoires and Regimes of Migration in Russia's Twentieth Century* (Ithaca, NY, 2014).

SMELE, JONATHAN D., *The "Russian" Civil Wars 1916-1926* (London, 2015).

SLEZKINE, YURI, *The Jewish Century* (Princeton, NJ, 2004).

SMITH, STEPHEN A., *Red Petrograd: Revolution in the Factories, 1917-1918* (Cambridge, 1983).

SOLZHENITSYN, ALEKSANDR I., *The Gulag Archipelago 1918-1956*, trans. Thomas P. Whitney, i-ii, iii-iv (New York, 1974-8), 김학수 옮김, 『수용소 군도』, 6 vols., 열린책들, 2017.

STEINBERG, MARK D., *Proletarian Imagination: Self, Modernity and the Sacred in Russia, 1910-1925* (Ithaca, NY, 2002).

Voices of Revolution, 1917 (New Haven, 2001).

and KHRUSTALEV, VLADIMIR M., *The Fall of the Romanovs: Political Dreams and Personal Struggles in a Time of Revolution* (New Haven, 1995).

STITES, RICHARD, *Revolutionary Dreams: Utopian Vision and Experimental Life in the Russian Revolution* (Oxford, 1989).

STONE, NORMAN, The Eastern Front, 1914-1917 (New York, 1975).

SUKHANOV, N. N., *The Russian Revolution 1917* (2 vols., ed. and trans. by Joel Carmichael; New York, 1962).

SUNY, RONALD G., *The Baku Commune, 1917-1918: Class and Nationality in the Russian Revolution* (Princeton, NJ, 1972).

TIMASHEFF, NICHOLAS S., *The Great Retreat: The Growth and Decline of Communism in Russia* (New York, 1946).

TROTSKY, L., *The Revolution Betrayed* (London, 1937), [국역] 김성훈 옮김, 『배반당한 혁명』, 갈무리, 1995

The History of the Russian Revolution, trans. Max Eastman (Ann Arbor, MI, 1960), [국역] 최규진 옮김, 『러시아혁명사 (상): 2월 혁명의 발발과 이중권력의 수립』, 『러시아혁명사 (중): 반혁명세력의 준동』, 『러시아혁명사 (하): 노동자국가의 수립』, 풀무질, 2003~2004.

TUCKER, ROBERT C., *Stalin as Revolutionary, 1879-1929* (New York, 1973).

Stalin in Power: The Revolution from Above, 1928-1941 (New York, 1990).

TUMARKIN, NINA, *Lenin Lives!: The Lenin Cult in Soviet Russia* (Cambridge, 1983).

ULAM, ADAM B., *The Bolsheviks: The Intellectual and Political History of the Triumph of Communism in Russia* (New York, 1965).

VALENTINOV, NIKOLAY [N. V. Volsky], *Encounters with Lenin* (London, 1968).

VIOLA, LYNNE, *The Best Sons of the Fatherland: Workers in the Vanguard of Peasant Rebels under Stalin: Collectivization and the Culture of Peasant Resistance* (New York, 1996).

The Unknown Gulag: The Lost World of Stalin's Special Settlements (New York, 2007).

VOLKOGONOV, DMITRI, *Stalin: Triumph and Tragedy*, ed. and trans. by Harold Shukman (London, 1991), 한국전략문제연구소 옮김, 『스탈린』, 세경사, 1993.

VON HAGEN, MARK, *Soldiers in the Proletarian Dictatorship: The Red*

Army and the Soviet Socialist State, 1917-1930 (Ithaca, NY, 1990).

WADE, REX A., *The Russian Search for Peace : February-October 1917* (Stanford, CA, 1969).

WILDMAN, ALLAN K., *The End of the Russian Imperial Army, i : The Old Army and the Soldiers' Revolt* (March-April 1917) (Princeton, NJ, 1980); ii: *The Road to Soviet Power and Peace* (Princeton, NJ, 1987).

WOOD, ELIZABETH A., *The Baba and the Comrade : Gender and Politics in Revolutionary Russia* (Bloomington, IN, 1997).

Performing Justice : Agitation Trials in Early Soviet Russia (Ithaca, NY, 2005).

ZEMAN, Z. A. B. (ed.), *Germany and the Revolution in Russia, 1915-1918 : Documents from the Archives of the German Foreign Ministry* (London, 1958).

찾아보기

러시아혁명

2017년 12월 29일 1판 1쇄
2023년   1월 31일 1판 3쇄

지은이 쉴라 피츠패트릭
옮긴이 고광열

편집 이진·이창연·홍보람 **디자인** 김민해
제작 박홍기 **마케팅** 이병규·양현범·이장열 **홍보** 조민희·강효원

인쇄 한승문화사 **제책** J&D바인텍

펴낸이 강맑실 **펴낸곳** (주)사계절출판사
등록 제406-2003-034호 **주소** (우)10881 경기도 파주시 회동길 252
전화 031)955-8588, 8558 **전송** 마케팅부 031)955-8595 편집부 031)955-8596
홈페이지 www.sakyejul.net **전자우편** skj@sakyejul.com
블로그 blog.naver.com/skjmail **페이스북** facebook.com/sakyejul
트위터 twitter.com/sakyejul

값은 뒤표지에 적혀 있습니다. 잘못 만든 책은 서점에서 바꾸어 드립니다.

사계절출판사는 성장의 의미를 생각합니다.
사계절출판사는 독자 여러분의 의견에 늘 귀기울이고 있습니다.

이 책은 저작권법에 따라 보호받는 저작물이므로 무단전재와 무단복제를 금합니다.

ISBN 979-11-6094-334-4 93920